一流本科教育的认识与评价

饶燕婷　张男星　等著

中国财经出版传媒集团
中国财政经济出版社

图书在版编目（CIP）数据

一流本科教育的认识与评价 / 饶燕婷等著. --北京：中国财政经济出版社，2021.12

ISBN 978 - 7 - 5223 - 0954 - 5

Ⅰ.①一… Ⅱ.①饶… Ⅲ.①本科 - 教育研究 - 研究 - 中国 Ⅳ.①G649.21

中国版本图书馆 CIP 数据核字（2021）第 238024 号

责任编辑：武志庆　　责任印制：张　健

责任校对：徐艳丽　　版式设计：楠竹文化

一流本科教育的认识与评价

中国财政经济出版社 出版

URL：http：//ckfz.cfeph.cn

E - mail：cfeph@cfeph.cn

社址：北京市海淀区阜成路甲 28 号　邮政编码：100142

营销中心电话：010 - 88191537

天猫网店：中国财政经济出版社旗舰店

网址：https：//zgczjjcbs.tmall.com

北京财经印刷厂印刷　各地新华书店经销

成品尺寸：170mm × 240mm　16 开　11 印张　100 000 字

2021 年 12 月第 1 版　2021 年 12 月北京第 1 次印刷

定价：45.00 元

ISBN 978 - 7 - 5223 - 0954 - 5

（图书出现印装问题，本社负责调换）

本社质量投诉电话：010 - 88190744

打击盗版举报热线：010 - 88191661　QQ：2242791300

前　言

当今世界正经历百年未有之大变局，第四次工业革命和产业变革的深入发展、国际竞争格局持续演变，我国正处于实现中华民族伟大复兴的关键时期，面临前所未有的机遇和挑战，经济社会的高质量发展对高质量人才需求日益迫切。“发展是第一要务，人才是第一资源，创新是第一动力。”在此特殊历史机遇期，坚定不移地走创新驱动发展之路已成为举国共识，而“创新驱动实质是人才驱动”。加快推动发展方式转变、促进增长动力转化、实现高质量发展，离不开高素质人才，人才是创新驱动发展战略的核心支撑，也是国家创新体系建设的关键。因此，高等教育作为基础研究和高层次人才培养的基地，已成为新发展格局的重要一环，高等教育的科技研发和人才培养紧系国家战略，事关国运浮沉、民族兴衰。正如习近平总书记在清华大学考察时指出的：“党和国家事业发展对高等教育的需要，对科学知识和优秀人才的需要，比以往任何时候都更为迫切”，“建设一流大学，关键是要不断提高人才培养质量。”

为了加快推动我国从高等教育大国向高等教育强国转变，提升高等教育对国家经济社会发展的支撑力，我国于 2015 年开始启动“双一流”政策，剑指世界一流，志在铸造国之重器，培养大国脊梁。基于人才是第一资源的理念，继“双一流”政策实施之后建设一流本科教育、加快一流人才培养成为我国高等教育发展的又一个强音。2018 年 6 月，教育部召开了新时代全国高等学校本科教育工作会议，提出建设中国特色、世界水平的一流本科教育。2018年9月，又下发了《教育部关于加快建设高水平本科教育 全面提高人才培养能力的意见》（教高〔2018〕2号），明确了本科教育建设目标，“到2035年，形成中国特色、世界一流的高水平本科教育，为建设高等教育强国、加快实现教育现代化提供有力支撑”。自此，在全国吹响了一流本科教育建设的号角，掀起了新一轮本科教育振兴浪潮，不少高校都相继颁布了一流本科教育建设方案或行动计划，积极开展一流本科教育建设与改革。

重视本科教育的发展是世界高等教育发展的共识和趋势。从世界高等教育发展的普遍规律来看，继高等教育规模大发展之后，许多国家都重视和加强了本科教育。例如，美国继20世纪70年代高等教育发展黄金期之后，本科教育出现了地位下降、质量下滑等问题，因此80年代以来开始了本科教育质量提升和改革行动，《美国大学教育：现状、经验、问题及对策》《重建本科生教育：美国研究型大学蓝图》《投身学习：发挥美国高等教育潜力》《学院：美国本科生教育的经验》等系列报告的发布引起了巨大反响，掀起了一场本科教育教学改革的高潮。相比之下，我国直至20世纪末才开始加速扩展高等教育规模，历经20余年的发展，目前已步入高等教育普及化阶段，成为世界高等教育大国，然而距离高等教育强国仍有不小的差距，尤其是在高水平原创性科研成果和高质量人才培养上仍有不足。要由大变强，走以质量提升为核心的高质量发展道路是我国高等教育发展的必然选择。本科教育是大学教育的根基，对高等教育发展具有战略性、全局性的影响。因此，在我国高等教育迈入内涵发展新阶段的大背景下，建设一流本科教育是高质量发展的应有之义，也是高等教育自身发展的逻辑。

然而，一流本科教育作为一个新的政策话语，对于“什么是一流本科教育”“如何识别一流本科教育”“如何评判一所高校的本科教育是否一流”尚没有清晰的界定和统一的认识，尤其是当一流本科教育从政策话语转化为高校的建设行动时，如何评价高校的本科教育是否达到一流就成为亟须解答的问题，直接关系到政策目标的执行和落实，也影响着高校的建设行动和方向。当前我国对本科教育评价的研究和实践主要聚焦于合格评估、审核评估，其主旨是确保本科教育质量的底线，对上水平的卓越本科教育评估关注较少，目前尚没有对高质量本科教育的选优型评估。然而，随着我国高等教育内涵发展的深入推进、“双一流”建设的实施及一流本科教育建设进程的加快，卓越本科教育评价的需求也日益迫切。一流本科教育评价体系，一方面可以识别最优本科教育供给者，发挥质量标杆作用，引领和带动高校本科教育质量的全面提升；另一方面可以以高质量标准引导高校本科教育高水平发展，促进本科教育质量标准整体上移。因而，开展一流本科教育评价研究、破解一流本科教育的时代之问、构建一流本科教育评价体系，是一流本科教育政策持续推进的要求，也是新的历史时期高等教育发展的需求。

2021 年 11 月

目　　录

第一篇　多维认识：什么是一流本科教育

第二篇　国际经验：如何推进一流本科教育

第三篇　评估框架：如何评价一流本科教育

◎ 第一篇

多维认识：什么是一流本科教育

本科教育是高等教育的基本组成部分，由高等学校开办的一种可授予学士学位的高等教育类型。根据《教育大辞典》的定义：“本科教育是高等教育的中级层次教育，包括普通本科教育、职业本科教育、应用型本科教育等各类本科层次的教育。本科教育与专科教育、研究生教育构成高等教育内部的三个层次，为高等教育的主干部分。”本科教育的概念是既定的、明确的、没有异议的，然而一流本科教育的概念却具有较强的模糊性和极大的不确定性。自 2018 年一流本科教育概念提出以来，对于“什么是一流本科教育”尚未有明确界定，也未能形成共识。并且，相较于一流大学，一流本科教育的概念显得更加抽象和模糊。然而，如果要将一流本科教育真正落实为高校的本科教育改革和质量提升行动，要对高校的一流本科教育建设成效进行适时认可和评定，就必须对一流本科教育的概念及内涵进行界定，若没有基本概念的明晰，一流本科教育建设最终只能是雾里看花、水中望月。本篇从理论认识、实践认知和文本分析三个维度对一流本科教育进行分析，以回应“什么是一流本科教育”这一问题。

第一章

一流本科教育的理论认识

自一流本科教育政策发布以来，一流本科教育的概念尚未有清晰界定，导致人们对一流本科教育认识的模糊化、抽象化。本章围绕“如何定义一流本科教育”“一流本科教育的基本内涵是什么”“有什么典型特征”等基本问题，对一流本科教育进行理论探讨。

一、一流本科教育提出的背景和意义

一流本科教育是我国在国家经济社会发展的新时期、高等教育发展的新阶段提出的高等教育质量提升政策。作为一个政策话语，对一流本科教育的认识不应局限于就教育论教育，要将其置于政治、经济和社会发展的大环境中去认识和探讨。

（一）一流本科教育提出的背景

一流本科教育是我国在高等教育发展进入普及化阶段，经济社会发展进入新常态，迫切要求加快由高等教育大国向高等教育强国迈进的大背景下，在“双一流”政策全面推进的基础上提出的。通过对一流本科教育政策提出的背景进行梳理，有助于把握一流本科教育政策的源起、目的以及深层次意义。

1. 国家重大发展战略亟须大批一流本科人才

当前，我国经济社会发展正处于重要战略时期，为了在“百年未有之大变局”中抓住机遇，实现社会经济高质量跨越式发展，政府出台了创新驱动发展战略、科教兴国战略、人才强国战略、可持续发展战略等系列国家重大发展战略，这些重大战略的实施都需要高水平人才支撑。人才是最重要的战略资源，高水平人才既是国家战略制胜的关键，也是发展的重大掣肘。长期以来，我国高层次创新人才一直处于紧缺状况，并且随着科学技术日益成为经济社会发展的主要驱动力，对高层次人才的需求愈发迫切，这种供需矛盾更加凸显。高等教育作为高端人才培养和科技创新的主阵地，肩负着培养高素质创新型人才的重任。然而，人才培养质量却不尽如人意，再加上在大数据和人工智能时代人才培养又面临着许多新的挑战。因此，如何根据时代发展和国家需求提升育人质量、培养大批高水平人才是新形势下要思考和解决的问题。

2. “双一流”建设的深入推进要求高校重视本科教育

一流本科教育是在全面推进“双一流”建设的背景下提出的，旨在重申本科教育的地位和重要性，扭转或防止高校出现重视科研、忽视本科教育的现象。自“双一流”建设启动以来，不论是入围高校还是未入围高校都突出或强化了科研工作的核心地位。“双一流”评选主要是高校科研实力的大比拼，使高校把建设重点都聚焦在科研上，容易导致对教育教学，尤其是容易导致对本科教育的忽视。然而，人才培养是高校最核心的使命，一流人才培养应当是一流大学的应有之义。正如习近平总书记在全国高校思想政治工作会议上所强调的，只有培养出一流人才的高校，才能够成为世界一流大学。对此，2016 年教育部明确提出：“一流本科是一流大学的重要基础和基本特征，各高校要大力发展建设一流本科教育，将建设一流本科教育纳入‘双一流’建设方案。”[①] 不难看出，一流本科教育政策在一定程度上是为了避免高校出现“重科研，轻教学”的现象，引导高校在教学工作与科研工作上齐头并进，做到“两手抓，两手都要硬”。

3. 高等教育普及化要求建设高质量本科教育体系

自 20 世纪末以来，我国高等教育进入发展的快车道，2002 年进入大众化阶段，之后仅用了十几年的时间就迈入了普及化阶段。据相关报道，2019 年我国高等教育毛入学率已达到 50%，正式进入高等教育普及化时代。快速的规模发展满足了我国经济社会发展对各级各类高层次人才的需求，也带来了教育质量的隐患。随着学生人数的剧增，高等学校的教育教学难免会受到影响，以质量换规模的现象并不鲜见。再加上进入高等教育大众化阶段后教育质量观出现了多元化的趋势，高等教育质量越来越多地被定义为“合乎规格”“适用性”“顾客满意”等，“卓越质量观”日渐被冷落，带来的后果是高水平精英人才培养不足。因此，这些年我国高等教育虽然在规模上有了大发展，但是在质量上却一直徘徊不前。然而，进入普及化阶段后，高等教育的规模发展任务已告一段落，发展的重心转向了以质量提升为核心的内涵式发展。近年来，包括党的十八大

---

① 中国教育科学研究院网站．将建设一流本科教育纳入“双一流”建设方案[J]．大学（研究版）．2016（3）．

报告、党的十九大报告在内的各种政府文件都明确提出高等教育要加强内涵发展，《中共中央关于制定国民经济和社会发展第十四个五年规划和二〇三五年远景目标的建议》进一步明确了要“建设高质量教育体系”的目标。本科教育是高等教育中人才培养体量最大的一部分，其质量与水平直接影响着高等教育的整体质量，是高等教育质量全面提升的重要抓手和着力点。因此，进入普及化阶段后，我国高等教育面临着建设高质量高等教育体系的新挑战，而建设一流本科教育则是其中应有之义。

（二）一流本科教育建设的时代意义

我国在高等教育强国战略目标下，继“双一流”政策之后，提出“以本为本”，建设一流本科教育有其时代性和紧迫性。

1. 建设一流本科教育是国家创新发展的迫切要求

当前，我国正处于世界大变局之中，面临前所未有的发展机遇，经济社会发展也处于升级提速的转型期，对高等教育的战略定位、历史使命和目标任务提出了新的更高要求，亟须高等教育提高人才培养水平，培养大批拔尖创新人才，为创新驱动发展战略、人才强国战略、科教兴国战略等国家战略提供有力支撑，为经济高质量发展提供高素质劳动者。本科教育是高等教育的基础，本科人才是经济社会发展的中坚力量，提高本科教育水平和人才培养质量是提高高等教育服务国家战略和经济社会发展能力、促进国家创新发展的重要突破口。

2. 建设一流本科教育是普及化阶段高等教育内涵式发展的要求

我国高等教育进入新发展阶段后，面临新起点、新使命、新形势，必须走内涵发展和多样化发展的转型发展之路。这既是经济社会发展的需求，也是高等教育自身发展的必然逻辑。目前，我国高等教育发展的主旋律已由规模发展转向质量提升，面临高质量发展，建立高质量高等教育体系的重任。本科教育是高等教育的基石，不仅人才培养体量大，而且直接影响着研究生的人才储备和培养质量。因此，本科教育质量直接制约着高等教育的质量和水平，加强一流本科教育建设是高等教育进入普及化阶段后内涵发展的要求。

3. 建设一流本科教育也是普及化阶段高等教育走多样化发展之路的要求

在普及化阶段，高等教育走多样化发展之路是必然趋势。我国高等教育在毛入学率上虽然已经达到普及化阶段的数量标准，但是与高等教育先发国家相比，普及化阶段的发展特征尚未充分显现。“我国高等教育与国际上认可的普及化阶段高等教育还有很大距离，其中最重要的一点区别是多样化。”① 本科教育是高等教育的重要构成，也是高等教育多样化发展的主力军，在普及化阶段要求分层分类特色发展，以满足社会对不同类型和层次本科人才的需求。一流本科教育政策的提出，是对高等教育多样化发展的推进，要求本科教育基础较好的高校实行差异化发展，实施精英本科教育，培养高水平拔尖创新人才，促进本科教育办学层次更加丰富多样。因此，建设一流本科教育也是进入普及化阶段后高等教育多样化发展的必然选择。

---

① 温才妃，范苏．高教普及化的新挑战：高质量、多样化、跨学科［EB/OL］．［2021－06－21］．http：//news. sciencenet. cn/htmlnews/2020/11/448333. shtm.

二、一流本科教育的概念界定

（一）定义一流本科教育的挑战

一流本科教育是指高质量的本科教育。尽管不少国家在持续开展以质量提升为导向的本科教育改革，国内外学术界也对本科教育质量做了许多研究和探讨，然而到目前对本科教育质量尚没有一个约定俗成的定义，反倒是达成了一个普遍的共识，即定义本科教育的质量是困难的。有研究者甚至认为，“质量”与“自由”和“平等”一样是一个“难以明确的概念（slippery concept)”，具有难以把握的性质，并提出质量不是一个“统一的概念”“没有单一的正确定义”。[①] 例如，不少研究者强调，本科教育质量的定义取决于其提出的背景，要在理解本科教育目的的基础上才能定义其质量，而本科教育的背景是不断变化的，本科教育目的也是有争议的。此外，不同的利益相关者对本科教育质量也有不同的诉求和价值判断，因此对本科教育质量的定义也各不相同。政府通常将本科教育质量定义为与国家经济社会发展的适切性，即能够培养出经济社会发展需要的高素质劳动力；用人单位倾向于将高质量定义为适用性；学术界则更强调与学生参与度和学生学习相关的质量。对此，学者总结出了五种对质量的不同理解：质量是卓越（最高标准），质量是符合标准，质量是目标适切，质量是达到高校既定目标的效

① Harvey, L., Green, D. Defining quality [J]. Assessment and Evaluation in Higher Education, 1993, 18 (1): 9-34.

果（有效性），质量是对用户明确需求或潜在需求的满足度。然而，这么多不同的教育质量定义对质量提升和质量保障活动不可避免地会带来很多困扰，无法发挥应有的指导作用，尤其是当教育质量成为高等教育管理的主要实践对象，各种评估、管理、标准制定活动日益增加时，必然要求进一步明确教育质量的概念。因此，也有一些学者提出只有“目标适切”才是定义质量的有意义的方法。在高等教育普及化和多元文化的背景下，这一定义将人们从“质量是什么”的问题中解放出来，进而致力于制定切实可行的质量目标。

总的来看，定义本科教育质量的困难主要来自三个方面：一是“本科教育质量的定义取决于其提出的背景，必须在理解本科教育目的的基础上定义质量”①；二是本科教育质量的定义还取决于定义它的机构及其动机，不同的机构基于不同的动机对本科教育质量的界定也不同；三是本科教育有多个利益相关者，需要权衡不同的利益相关者对本科教育质量的诉求。

对本科教育质量定义的困难，致使“一流本科教育”的概念更不易界定。根据《汉语词典》，“一流”通常用来形容事物的等级和类别，是指第一等的、头等的、最好的，具有一个类别和上层区间的意思，即等第次序居首位的。在高等教育中，一流被认为是“杰出的质量”，大幅超越了普遍标准或质量基准。因此，在“本科教育”前加上“一流”的前缀，特指卓越

① Turner, D. A. Quality in Higher Education [M]. Rotterdam, Netherlands: Sense Publishers, 2011 [2021-06-21]. https://doi.org/10.1007/978-94-6091-684-7.

的、杰出的、最优质的本科教育。然而，由于“一流”与“质量”一样是一个内涵和外延都很丰富的概念，并且也涉及对质量的价值选择与判断。因此，要对一流本科教育的概念进行定义，有必要先考察高等教育质量的定义和模型。

（二）有关高等教育质量的定义

对于“什么是高等教育质量”，从不同的质量观出发可以得出不同的理解和定义。学界对包括本科教育在内的高等教育质量观存在持续而深入的探讨，提出了多种认识高等教育质量的维度和框架。

早在20世纪80年代，Astin就提出存在五种不同的高等教育质量观：神秘观、声誉观、资源观、成果观和增值观。其中，神秘观认为高等教育具有如此多的复杂性和不确定性，以至于其质量无法定义或测量。声誉观基于大众对高校的认同或共识来评价其质量，即根据社会声誉来评判高校的教育质量。资源观基于投入或资源来评判高校的教育质量，包括学生、教师以及高校要完成其任务所需要的设施，其假设是：投入越多、资源越好，高校的教育质量就越高。成果观则认为教育质量应由高校的产品——学生来评判。增值观遵循经济原则，认为应根据高校给学生带来的收益和增值来评价其教育质量。并且，在此基础上，Astin还提出了另一种质量观：“质量是持续的批判性自我检查过程，应强调高校对学生智力和个人发展的贡献。”[1] Astin对高等教育质量的分析至今仍很重要，有利于对教育质量

① Astin, A. W. When does a College Deserve to be Called High Quality? [A]. Improving Teaching and Institutional Quality [C]. Washington, DC: American Association for Higher Education, 1980: 1-9.

进行国际比较和分析，现在仍被广泛应用，如当前的大学排名和质量认证都强调对教育投入和产出的测量。

基于已有研究，Harvey 和 Green 认为有五种反思高等教育质量的方法："质量可以被视为卓越、完美（或一致性）、合乎目标、物有所值、具有变革性。"① 他们在已有质量观的基础上还提出了另一种观点：质量就是变革，即高校的产品和服务给学生学习带来的积极改变，并且高等教育的质量应根据该标准来测量。此外，Schindler 等提出了一个包含四个质量概念的模型：合目的性、变革性、卓越性和具问责性。② Teeroovengadum 等在已有研究的基础上，也提出了一个高等教育服务质量模型。该模型涉及五个因素：管理质量、物理环境质量、核心教育质量、配套设施质量和变革性质量。③ 近年来，有学者还提出"高等教育具有强烈的个人性质"，并提出"对高等教育质量的判断只能由正在经历或已经经历过该过程的个人来完成"。④ 基于这种观点，欧美发达国家近年来出现了强调以学习者为中心，将学生的学习体验、学习表现和成就作为高等教育质量评价标准的趋势。

---

① Harvey, L., Green, D. Defining quality [J]. Assessment and Evaluation in Higher Education, 1993, 18 (1): 9-34.

② Schindler, L., Puls-Elvidge, S., Welzant, H., Crawford, L. Definitions of quality in higher education: A synthesis of the literature [J]. Higher Learning Research Communications, 2015, 5 (3): 3-13.

③ Teeroovengadum, V., Kamalanabhan, T. J., Seebaluck, A. K. Measuring service quality in higher education: Development of a hierarchical model (HESQUAL) [J]. Quality Assurance in Education, 2016, 24 (2): 244-258.

④ Turner, D. A. Quality in Higher Education [M]. Rotterdam, Netherlands: Sense Publishers, 2011.

总体来看，对高等教育质量主要有以下几种理解：质量是卓越，质量是符合既定标准，质量是目标达成，质量是需求满足，质量是目标适切。这些已有的关于高等教育质量观和质量框架的探讨，为我们认识、测量高等教育质量提供了多维视角。

（三）定义一流本科教育的两种策略

基于已有关于高等教育质量的探讨不难发现，要达成一个广泛认可的一流本科教育的统一定义似乎并不可行，但是一流本科教育是我国在一定时期和背景下提出的政策目标，因此可以在特定语境下对其进行界定。综合已有研究，定义一流本科教育有两种策略。一种策略是凸显比较优势，将所有高校中本科人才培养质量最好的定义为一流本科教育。例如，本科教育评估最佳的高校或是本科人才培养声誉最高的高校等。另一种策略是根据一个核心目标来定义一流本科教育。例如，实现既定的使命或愿景。这种定义方式可以根据既定的质量标准来界定一流本科教育，强调满足一系列预先制定的一流本科教育质量标准、质量要求，抑或强调追求卓越和质量超越，把一流本科教育视作超出既定的质量阈值、具有杰出质量的本科教育。

如果采用第一种策略，那么可以将所有高校中本科人才培养表现最优异者定义为一流本科教育。这是一种经过比较和竞争后选出来的结果，犹如体育比赛中的优胜者，其潜在逻辑是同一群体中表现最好的就可以认为达到一流水平。如果采用第二种策略，则可以将一流本科教育定义为达到一流本科教育质量标准，或质量阈值远远超过一般的本科教育质量的本科教育。

这种定义方法的潜在逻辑是一流本科教育有一套既定的质量标准，只要高校能达到或超越该标准就可以称为“一流”。从我国一流本科教育政策提出的背景和目的来看，采用第二种定义策略可能更加适用。一流本科教育政策出台以来，许多高校积极响应，纷纷颁布一流本科教育建设方案，开启一流本科教育建设行动。因此，一流本科教育并不是一个政策口号，已成为高校的教育改革行动。并且，根据相关政策文件，一流本科教育建设的目标实现时间是到2035年，最终成果是“中国特色、世界一流的高水平本科教育”。因而，要跟踪该目标的实现进度，引导高校的一流本科教育建设实践，需要有更加明确和具体的质量标准。

三、一流本科教育的基本内涵

如果说对一流本科教育的概念定义是回答“一流本科教育是什么”的问题，那么对一流本科教育的内涵解析则是要回答“什么样的本科教育是一流本科教育”的问题。尽管对一流本科教育进行精确的定义是困难的，但是我们可以通过转而回答“什么样的本科教育是一流本科教育”来深入解析一流本科教育的概念。

（一）一流本科教育内涵的多维解析

要深入理解一流本科教育的丰富内涵，需要从多维视角加以把握。从高等教育体系自身的发展、高等教育作为社会子系统的发展以及学生个体发展来看，一流本科教育是普及化时代的精英本科教育，是与经济社会发展高度适切的教育，是促进学生最充分全面发展的卓越教育。

从高等教育体系自身发展来看，一流本科教育是普及化时代的精英本科教育。2019 年，我国高等教育毛入学率已达 50%，开始进入普及化阶段，发展的主旋律由规模发展转向内涵发展，并进一步强调多样化、特色化发展，以满足经济社会发展对多层次、多类型人才的需求。建设一流本科教育是普及化阶段高等教育内涵发展和多样化发展的要求，是高等教育自身发展的必然逻辑，也是进入新的发展阶段后面临新起点、新使命、新形势，实现高质量发展的必然要求。

一流本科教育就其实质而言是对精英本科教育的重拾，是对高等教育卓越理想锲而不舍的追求。普及化与精英教育并不相悖，普及化阶段也需要精英教育。在早期对大众化与精英教育的关系论述中，马丁·特罗就曾提出“从精英向大众转变时，精英型和大众型高等教育机构同时存在”“在大众化阶段，精英教育机构不仅存在而且繁荣”。[①] 因而，高等教育发展的三个阶段——普及化、大众化与精英化并不是相互替代、非此即彼的关系，在普及化阶段高等教育也要培养精英人才。

一流本科教育作为普及化阶段的精英本科教育与传统精英化阶段的本科教育不同，是本科教育的金字塔尖，以培养各级各类卓越人才为目标，教育质量和水平明显优于其他同类高校。一流本科教育并不是一流高校的专利，各级各类高校都可以基于自身的办学定位追求本科教育的卓越；也不是专门培养学术型人才的教育，应用型人才也可以培育成业界精英。美国的文

① 潘懋元. 大众化阶段的精英教育［J］. 高等教育研究，2003（11）：1－5.

理学院就是最好的例证。在一流研究型大学林立的美国，这种小型四年制本科院校用卓越的教育质量践行着精英本科教育，被誉为“本科教育的典范”。一流本科教育是由高等教育体系中办学实力最强的本科院校实施，其本科教育的精英性体现在“高度”和“素质”两个方面。其中，“高度”是指教育水平和人才培养质量均瞄准同类高校本科教育的最高质量标准；“素质”是指学生的学识、能力、涵养等均具备拔尖创新人才的标准。

从高等教育作为社会子系统的视角来看，一流本科教育是与国家战略和经济社会发展高度适切的教育。一流本科教育的卓越性也体现在人才培养与经济社会发展的协调与契合程度上。大学服务国家战略和经济社会发展是新时代、新形势赋予高等教育的新使命，也是大学实现跨越式发展的持续推动力。“一流本科是建设高等教育强国的根基”①，而教育强国战略又是重要的国家发展战略。因此，对一流本科教育的理解不能仅局限于高等教育系统内部，应当从经济社会发展和国家战略视角来认识和解析。当前，我国正处于世界大变局之中，面临前所未有的发展机遇，对拔尖创新人才的需求比以往任何时候都迫切。一流本科教育应聚焦国家重大战略需求，肩负起基础学科拔尖创新人才培养的重任，为高端芯片与软件、智能科技、先进制造、国家安全等国家重大战略领域输送人才。此外，一流本科教育要为经济建设和社会发展培育高素质专业人才，强调以社

① 陈宝生．建设中国特色、世界水平的一流本科教育——在新时代全国高等学校本科教育工作会议上的讲话［EB/OL］．［2021－06－20］．https://jwc.wnmc.edu.cn/5d/0e/c283a89358/page.htm.

会需求为导向，人才培养质量和规格符合社会各行各业对高层次专门人才的需求。因此，一流本科教育的专业设置应与产业发展、劳动力市场需求具有较高的适切性，培养的学生应具有创新意识、探究精神、终身学习的能力，能够适应不断变化的环境和未来的挑战，将来能成为各个领域与行业的精英。总之，为社会经济发展和民族复兴培养英才是一流本科教育的核心使命。

从个体发展的视角来看，一流本科教育是鼓励和促进学生最充分全面发展的教育。一流本科教育最终要落在学生的成人成才教育上，只有培养出一流人才的教育才能称得上“一流本科教育”。学生的成长与发展有赖于大学的有效教育实践。“优秀的本科教育最有可能发生在那些最大化良好实践，并增强学生的学术和社会参与的大学中。”“最能预测教育收益的是对教育过程的衡量。”① 优秀的本科教育实践并没有统一模式。从世界一流大学的本科教育来看，其培养模式各具特色，在学生品质和能力的塑造上也各有偏重。例如，哈佛大学以核心课程与通识教育为特色，注重学生个性化发展与文化素质提升的全面发展模式；剑桥大学以模块课程和研讨教学为特色，注重质疑精神和理性思维培养的自主探究模式；斯坦福大学以校企合作和适应为特色，强调创造力培养和学以致用的实践提升模式等。② 然而，从近年

① Gibbs，G. Dimensions of Quality［EB/OL］.［2021－06－20］. https：//s3. eu-west-2. amazonaws. com/assets. creode. advancehe-document-manager/documents/hea/private/dimensions_of_quality_1568036697. pdf.

② 董泽芳，王晓辉．国外一流大学人才培养模式的共同特点及启示——基于对国外八所一流大学培养杰出人才的经验分析［J］．国家教育行政学院学报，2014（4）：83－89.

来世界本科教育的改革趋势和世界一流大学的本科教育实践来看，存在一些卓越本科教育的共性特征，如强调以学生为中心、关注学生的学习、为学生的发展提供个性化的支持；重视为学生提供更广阔的学习环境、强调专业与课程建设；丰富学生的学习体验，拓展跨学科学习；有效利用在线教学和混合式教学技术重塑教学模式；重视核心能力培养，加强通识教育；鼓励学生创新创业等。这些教育实践被证明对学生的发展具有显著的积极影响。

（二）一流本科教育内涵的多重意蕴

一流本科教育概念是一个具有多维性、包容性、竞争性和动态性的概念，通过把握其概念特质，有助于深化对一流本科教育的认识，多角度多层次解读一流本科教育。

1. 多维性

本科教育质量是一个多维的概念。一方面，高等教育的发展受政府、高校、学生、用人单位等利益相关者的制约和影响，不同的利益相关者对一流本科教育质量有不同的价值判断。例如，政府通常将优质本科教育定义为能够培养出促进经济社会发展的高素质创新型劳动力的教育；用人单位强调一流本科教育应培养出综合素质高、能力强、适用性强的毕业生；学生则可能更重视在校期间的学习体验及其自身的价值增值。因此，一流本科教育的概念受到不同利益群体的期望和需求优先级的影响，其内涵取决于该术语的定义者及其动机。另一方面，一流本科教育的质量和水平可以体现在教育资源、教学管理、教师队伍、学科专业、课程体系等方面。正如 1998 年世界高等教育大会通过的《21 世纪的高等教育：展望行动的世界宣言》所指出的："高等教育质量是一个多维的概念，它应该包括所有的功能和活动：教学与教学计划项目、研究与学术活动、教职工队伍、学生、建筑与设施、仪器与设备、对社区与学术环境的服务。"① 此外，不同类型、层次高校的人才培养目标不同，如学术型人才、应用型人才、技能型人才等。一流本科教育仅涵盖学术型人才培养吗？培养未来的学术精英是一流本科教育应肩负的责任，但一流本科教育的培养目标不仅于此，它还应为社会各行各业培养卓越人才。因此，多元利益主体对本科教育质量的不同诉求、影响教育教学质量的多个关键环节以及人才培养目标和定位的多样化，使多维性成为一流本科教育概念的重要特质。

2. 包容性

一流本科教育的多维性要求它应是一个具有包容性的概念。多维性是一种属性、特征，而包容性是我们对待这种属性、特征的意识和态度。美国学院与大学协会（AAC&U）将包容性解释为通过增强对个体与教育系统和高校复杂互动的包容意识、内容知识、认知复杂性和共情理解，在课程、联合课程以及个体可能有联系的社群中，积极、有意识和持续地致力于多元化。② 一流本科教育既是期望，也是目标，应该涵盖多方对优质本科教育的诉求，包括高等教育的社会效益、知识的传承与探究、学生的满意和价值增值。也就是说，一流本科教育的目标

---

① UNESCO. World Declaration on Higher Education for the Twenty-First Century: Vision and Action [EB/OL]. [2021-06-21]. https://bice.org/app/uploads/2014/10/unesco_world_declaration_on_higher_education_for_the_twenty_first_century_vision_and_action.pdf.

② AAC&U. Making Excellence Inclusive [EB/OL]. [2021-06-21]. https://www.aacu.org/making-excellence-inclusive.

应融合多方利益相关者对高质量本科教育的期待，满足社会经济发展、学科发展和个体发展对优质本科教育的需求，要在多元利益主体质量诉求的多重观照中，探寻多重目标的兼顾、共生、协调，为一流本科教育的建设实践提供具有包容性的视野和具有协同性的目标框架。

3. 竞争性

一流是竞争和比较的结果，具有精英主义和排他性。对一流的界定有两种方式：一种是绝对的概念，即达到了既定的标准或超过了定义的阈值就可以被认定为“一流”；另一种是相对的概念，通过与其他同类事物的比较，最优的胜出者被认为是“一流”。然而，不论采用哪种界定方式，“一流”都意味着一事物在某方面比其他事物更优越。其背后隐藏着竞争关系，既包括被认定为一流的事物，也包括与其进行竞争和比较的其他同类事物，这两方都不容忽视。一流本科教育是对优异、杰出和卓越的本科教育的一种认可，往往意味着区别看待，与其他大多数高校的本科教育相比，具有显著的差异和明显的优势。因此，一流本科教育的提出，对于树立本科教育质量的标杆、激发高等学校的竞争意识、提升本科教育的竞争层次都有潜在的意义。

4. 动态性

一流本科教育的概念并不是固化的，而是动态变化的。一流本科教育就其实质而言是指高质量、卓越的本科教育，然而由于质量的概念并不是恒久不变的，会随着社会的发展进步而不断演变。例如，近二三十年，国际标准化组织（ISO）就多次对质量的定义进行修订；1987 年版的质量定义为“反映产品或服务满足明确或隐含需要能力的特征和特性的总和”；1994 年版的定义为“反映实体满足明确或隐含需要能力的特性综合”；2000 年版则修改为“客体的一组固有特性满足要求的程度”；2015 年版进一步演变为“产品和服务的质量不仅包括其预期的功能和性能，而且还涉及顾客对其价值和利益的感知”。因而，质量是一个动态变化的概念。相应的，一流本科教育的概念也具有动态性，会随着社会的发展变化以及高等教育全球竞争环境、高等教育发展阶段等高等教育发展内外部环境的变化而有相应的变化和调整，应将一流本科教育置于不断变化的社会、经济和政治环境中，并以更广泛的高等教育话语和意识形态为基础进行定义。

四、一流本科教育的主要特征

要回答“什么样的本科教育是一流本科教育”的问题，除了内涵阐释之外，有必要对一流本科教育的基本特征进行梳理，以对一流本科教育有更加具象的理解和认识。

（一）良好的育人环境

良好的育人环境是一流本科教育的基石。高校要培养拔尖创新人才，要有良好的育人环境。育人环境就像是人才培养的土壤，对学生品格、素养的养成，理想、志向的确立，对崇高和卓越的追求都具有潜移默化的作用，直接影响着本科人才培养的质量。一流本科教育的育人环境既包括“硬环境”，也包括“软环境”。良好的校园环境、求真创新的大学精神、深厚的文化底蕴、浓郁的学术氛围、追求卓越的共识等对于培养学生的探究精神、创新意识，促进学生的个性发展都有重要作用。当一所高校成为一个鼓励、支持学生设定、追求和实现高学术目标的地方时，才有可能培养出一流的本科人才。

（二）优质的教育资源

一流本科教育要有支撑高标准办学所需的大量资源，包括充裕的办学经费、一流的师资队伍、一流的教学设施、丰富的课程资源等，并且这些资源要定期修复、更新和拓展。在这些资源中，一流师资是一流本科教育的关键核心要素，师资队伍的水平、教学能力、对本科教学的投入程度是本科人才培养质量的重要影响因素。目前，许多“双一流”高校在师资队伍建设时强调对教师科研能力和绩效的考察，对教学能力和效果未给予足够的关注，使重科研轻教学的倾向日益严重，影响了本科教育质量。因此，一流本科教育的师资队伍不仅要有较高的学术水平，还要有先进的教育理念和较高的教学水平，能够带领学生进入学科发展的前沿，体验探究的乐趣，启发学习的兴趣，培养学生的创新意识和能力。

（三）一流的专业与课程

专业与课程是高校本科人才培养的载体和介质。没有一流的专业与课程，就谈不上一流的本科教育。在一流本科教育提出后，教育部于 2019 年启动并实施了一流本科专业和一流课程建设“双万计划”，引导高校加强专业建设和课程建设，提升本科专业人才培养能力和质量。与研究生教育以学科为基础不同，本科教育主要以专业为依托，而专业又是一系列课程的组合。因此，要做强本科教育，必须加强专业建设和课程建设。尤其在我国，专业是高校办学的实体组织和基本单元，只有一流的专业才能聚集一流的师资，吸引一流的生源，吸纳社会各界的教育合力，培养一流的人才。“培养一流人才，基础和核心是一流本科；要办好一流本科，必须有一流专业做支撑”。[①] 同样，要建设一流的专业，必须有一流的课程。因此，一流的专业与课程既是一流本科教育建设的抓手，也是一流本科教育的重要表征。

（四）精英式人才培养模式

人才培养模式是高校实现人才培养目标的现实路径，不同的高校甚至同一高校的不同专业采用的人才培养模式都可能不同，因此一流本科教育没有统一的人才培养模式。然而，从世界一流大学的本科人才培养来看，普遍重视为学生提供充分的学习机会，教会学生如何学习，注重培养学生的批判性思维和好奇心，鼓励学生创新创业，在新生教育、教学方法创新、丰富学习机会和体验、合作领导、国际化、本科生科研等方面都有不同的做法，并形成了各具特色的人才培养模式。这些一流大学的人才培养模式虽然形式各异，但都是以精英人才培养为目标，并被实践证明在杰出人才培养上是卓有成效的。因而，一流本科教育要有与其培养目标相适应的精英人才培养模式。

（五）卓越人才辈出

培养出大批卓越人才是一流本科教育最核心的特征。[②] 高等

---

① 吴岩．一流本科一流专业一流人才［J］．中国大学教学，2017（11）：4－12.

② 眭依凡．一流本科教育改革的重点与方向选择——基于人才培养的视角［J］．现代教育管理，2019（6）：1－10.

学校的教育质量最终体现在人才培养的质量上，“‘一流本科教育’是指向一流人才培养的概念”。当前我国创新驱动发展战略的深入推进、经济的转型升级、国际竞争力的提升亟须高校为各行各业培养大批高素质本科人才。这也是一流本科教育政策的初衷，即引导高校重视本科教育，提升人才培养质量，培养大批经济繁荣、社会进步急需的卓越人才。因此，卓越人才辈出既是一流本科教育的政策目标，也是其重要特征。所谓卓越人才不仅要有良好的品格、知识、能力和素养，也要适应社会经济发展的需要，能够成为社会各个领域的精英和栋梁。

（六）崇高的社会声誉

社会声誉是高校人才培养质量的终极检验，一流本科教育应享有崇高的社会声誉。作为一种社会组织，高校最核心的职能是人才培养。因而，高校的社会声誉很大程度上取决于培养了什么样的人。本科教育由于规模大、影响广，对高校的社会声誉更是有着至关重要的影响。高校培养的本科人才如果能够满足甚至超出学生、家长、用人单位等利益相关者的期望，得到相关领域、行业及其他社会各界的广泛认可，则可以为学校赢得较高的美誉度，进而形成高校的一种重要的无形资产——社会声誉。社会声誉既是高校人才培养质量的外部反馈，也是其办学水平和实力的体现。伯顿·克拉克曾提出“大学竞争的实质就是声誉的竞争”。[①] 因此，崇高的社会声誉是一流本科教育的重要标识，一流本科教育应经得起社会的检验。

---

① Clark, Burton R. The Higher Education System: Academic Organization in Cross-national Prospective ［M］. Berkeley, CA: University of California Press, 1983: 165 – 166.

第二章

一流本科教育的实践认知

教育是一种培养人的社会实践活动，一流本科教育也不例外。高等学校的管理者和教师对人才培养有更直观的感受，在他们眼中什么样的本科教育是一流本科教育呢？为了了解高等教育的实践者对一流本科教育的认识，对高校的校长、书记等管理者和教师开展调查研究，以了解他们如何定义一流本科教育，认为一流本科教育应具备哪些典型特征、关键要素、质量标准以及在建设一流本科教育过程中遇到的问题。

一、文献回顾

本科教育是高等教育的重要组成部分，有关本科教育的研究一直是学界关注的焦点之一，学者们对本科教育改革与发展、本科教育质量评价等做了广泛而深入的探讨。自一流本科教育政策提出后，近几年有关一流本科教育的研究日渐增多，成为学界又一个关注点。从这些已有研究中可以把握本科教育改革与发展的趋势、本科教育评价的要素和标准以及一流本科教育的内涵与特质，为本书提供良好的研究基础。

（一）关于本科教育改革与发展的研究

受世界本科教育改革与发展趋势的影响，近年来许多学者对本科教育范式给予了关注，提出应由“以教为中心”向“以学为中心”转型。例如，李延保提出“以生为本，以学为中心，关注学生，研究学习规律，是当前我国本科教育教学改革的新趋势”。[①] 吴立保认为，面向不确定性知识，本科教育的价值诉求发生了根本性变化，倡导培养学生创新思维，强化教育过程学生主体性发挥，注重教育内容的生成性，关注教育价值的个体性，并提出应推进本科教育从“教学范式”向“学习范式”的整体性变革。[②] 刘海燕提出，“学习范式”强调本科教育的整体性变革，与“传授范式”相比，两者在理论假设、使命目的、教学结构、教学方法、教师角色、评价标准等方面均存在显著差异；并提出中国要建设一流的本科教育，必须向“学习范式”转型，使学生“学会学习”和“教会学生学习”是提升中国大学本科教育质量的关键。[③]

“以学为中心”的本科教育范式是以学生发展为中心的本科教育，通过厘清哪些教学实践对学生发展影响最大，可以为本科教育教学改革提供明晰的路径。基于全国高校学生调查数据，鲍威采用多水平多元逻辑斯特回归分析方法，尝试明晰和验证中国本科教育中的高影响力教学实践，研究发现促进不同类型学生发展的高影响力教学实践包括六大核心要素（建构促进学生自主学习的教学管理制度、规制与参与相互交融的课堂教学方式、强化课堂场域外师生互动、提供学生多样化校园经历、

---

① 李延保．我国大学本科教育教学改革的新趋势［J］．中国高教研究，2013（7）：19－22．

② 吴立保．论本科教育从“教学范式”向“学习范式”的整体性变革——以知识范式转换为视角［J］．中国高教研究，2019（6）：65－71．

③ 刘海燕．向“学习范式”转型：本科教育的整体性变革［J］．高等教育研究，2017，38（1）：48－54．

优化高校经费配置结构、完善学生支持体系）。[①] 此外，陆根书提出，高校办学质量应体现在教师和学生的发展上，“以学生为中心”的本科教学质量标准应该从学生对学习的投入度、教师对学生的学习影响度、学校对学生学习的支持度和学生的学习获得度四个维度去设定。[②]

（二）关于本科教育评价的研究

目前有关本科教育评价的研究主要聚焦于对本科教育质量的评价。截至目前，在高等教育质量评价实践中处于主导地位的评价标准主要有三种：一是声望标准，主要以专家和雇主的观点为考量重点；二是资源标准，如师资、生源、校舍以及财政资源乃至规模等；三是产出标准，除了杰出毕业生、教师或学生的发文与引用等产出指标外，目前学生学习成果、学习投入评价已成为评价本科教育质量的重要方向。事实上，20 世纪 80 年代以来评价大学教育质量的标准重心日益转向了学生学习成果，以及大学为学生学习目标实现提供的支持力度或努力程度。例如，美国学者泰勒（T. Taylor）和迈克柯兰（C. McClain）等提出了增值评价法，通过对学生在大学就读期间或某个阶段的学习过程、学习结果的分析来描述学生在学习上进步或发展的增量。艾琳（O. Eileen）和雷诺德（Rernolds）等多位研究者通过实证研究得出：学生在课堂内外的学习投入程度同学习动机、出勤率、学术成就、解决问题的能力等一系列学生发展质

① 鲍威．跨越学术与实践的鸿沟：中国本科教育高影响力教学实践的探索［J］．北京大学教育评论，2019，17（3）：105－129.

② 陆根书．如何看待本科教育：专家与学生的视角［J］．大学教育科学，2019（2）：9－11.

量指标呈正相关关系。

国内学者对本科教育评价也给予了广泛关注，不少研究者对我国开展的“普通高等学校本科教育教学审核评估”进行了评析，或是对国外本科教育评价做了比较研究。例如，李作章等[①]以及王中奎、胡啸天[②]对英国大学教学卓越框架（TEF）进行了考察，发现 TEF 从教学质量、学习环境、学生成果和学习收益三个方面评价大学教学的卓越水平，并列出了各指标要达到的程度和具体的评价证据，评价结果作为英国政府向高校拨发教学经费的重要参考，以及高校能否按照通货膨胀率调涨学费上限的核心依据。该框架一定程度上实现了对英国大学本科教学质量的绩效评价和激励问责。

（三）关于一流本科教育的研究

自一流本科教育提出后，不少学者对一流本科教育进行了研究和探讨，相关研究主要聚焦于以下几个方面：

一是对一流本科教育重要性的论述。例如，钟秉林认为一流本科教育是建设世界一流大学和一流学科的重要基础和基本特征。[③] 教育部高教司司长吴岩曾提出，“一流大学的根本是本科”，“没有一流本科，建设一流大学是自娱自乐”。[④] 清华大学

---

① 李作章，刘学智，姜宛辰．基于标准的大学教学质量评价：英国的经验与启示——英国大学教学卓越框架（TEF）评析［J］．外国教育研究，2018（6）：55－66.

② 王中奎、胡啸天．大学本科教学质量绩效评价实现路径：英国的经验与启示［J］．教育发展研究，2018（17）：71－77.

③ 钟秉林．一流本科教育是“双一流”建设的核心任务和重要基础［J］．中国高等教育，2017（19）：16－17.

④ 吴岩．新时代高等教育面临新形势［J］．中国校外教育，2018（1）：4－5.

校长邱勇也指出，“一流本科是一流大学的底色”。[①] 此外，余秀兰和宗晓华回应了中国一流大学是否需要建设一流本科这个问题，并指出从中国国情及高等教育发展阶段特征看，无论从人才培养还是从学科建设、科学研究的视角，中国一流大学办一流本科，都是合理的、必要的。[②] 总体来看，一流本科教育是一流大学的主要特征，这已是学界达成的基本共识。

二是对一流本科教育内涵与特征的研究。例如，别敦荣提出一流大学本科教学具有精英性、基础性、综合性和创新性等性质。[③] 李硕豪认为一流本科教育的逻辑出发点和归宿是本科生基本的、自由的、可持续的、充分的、创造性的发展，并由此指出一流本科教育是全面教育、个性化教育、发展力教育、创造力教育。[④] 王洪才提出，一流本科教育的核心内涵在于高水平的教学，基本特征表现在学生具有很强的学习主动性，教学过程具有研究性，学生思维方式具有批判性，教师以问题为导向开展教学。[⑤]

三是对国外一流本科教育的比较研究。例如，尚红娟对美国一流本科教育的改革与发展趋势进行了探析，并发现美国的一流本科教育重视为学生提供充分的学习机会，满足学生的学

---

① 邱勇．一流本科教育是一流大学的底色［N］．光明日报，2016－06－21．

② 余秀兰，宗晓华．一流大学的一流本科教育：特征与评价［J］．江苏高教，2019（2）：4－11．

③ 别敦荣．一流大学本科教学的性质、特征及建设路径［J］．中国高教研究，2016（8）：7－12．

④ 李硕豪．论一流本科教育的基本特征［J］．中国高教研究，2018（7）：12－16．

⑤ 王洪才．一流本科教育的内涵、特征与建设［J］．中国高教研究，2019（1）：11－15．

习权利；强调让学生“学习如何学习”，培养学生核心能力；注重丰富学生的学习体验；鼓励学生创新与创业。[①] 郄海霞、张钰以加州大学伯克利分校为例，对美国一流大学本科教学质量内部评价体系进行了探析。[②] 李政云以英国帝国理工学院为案例对英国一流本科教育建设的院校战略进行了研究，发现该校紧扣研究型大学定位设定战略目标，围绕“主动学习”理念制定战略重点，坚持科学民主论证，确保战略规划合理可行，抓住资助杠杆保障战略实施。[③]

此外，目前也有少数学者对一流本科教育评价进行了探讨，主要是对一流本科教育评价的观察点、要素等进行论述。例如，张大良提出，评定高校是否办出一流本科教育有如下五个最基本、最核心的观察点：一是学校是否具有一流的师资队伍；二是学校是否有政策制度保障一流的师资配备到本科教育；三是学校是否把一流学科优势和一流科研优势转化为教学优势；四是学校的一流科研成果是否及时转化为教学内容；五是学校是否培养出一大批优秀创新创业人才。[④] 余秀兰和宗晓华提出，应从投入、过程和产出三个维度提取核心要素，并根据要素之间的内在结构与逻辑关系，尽快构建和完善一流本科教育的评价标准。在投入方面，应从一流生源招收、一流师资配备、资源

---

① 尚红娟．美国一流本科教育的改革与发展趋势［J］．2018（3）：37－48.

② 郄海霞，张钰．美国一流大学本科教学质量内部评价体系探析——以加州大学伯克利分校为例［J］．黑龙江高教研究，2015（2）：43－47.

③ 李政云．一流本科教育建设的院校战略——英国帝国理工学院案例剖析［J］．高等教育研究，2019（2）：103－109.

④ 张大良．创建具有中国特色世界水平的一流本科教育［J］．国内高等教育教学研究动态，2016（12）：1－4.

和经费优先配备等方面考察本科教育。在过程方面，应关注立德树人根本任务的落实，是否将一流学科优势和一流科研优势转化为教学优势，是否注重课程的通识性、研究性、跨学科性和国际化，是否将一流的科研成果及时转化为教学内容，是否注重教学的探究性，是否注重本科生科研及创新创业教育。在产出方面，应关注高校是否培养出一大批创新创业人才，直接就业的毕业生是否得到社会用人单位的高度认可，继续深造的毕业生是否在学术领域表现优异，社会公众和毕业生对高校的教育是否认可与满意等。①

综而观之，学界对本科教育及其质量评价的关注由来已久。国内外学者做了大量丰富的研究。而对一流本科教育的关注却是近几年在“双一流”政策和一流本科教育政策的推动下才陆续出现的，现有研究相对较少，并且尚未有深入、系统的研究，研究方法多采用思辨法，未见到运用实证研究方法开展的相关研究。

二、研究方法

（一）研究对象

本书采取便利抽样的方法，以线上问卷填写的方式，对北京大学、浙江大学、中山大学、武汉大学、中国农业大学、中国矿业大学、西南大学、兰州大学、湖南大学、西北农林科技

① 余秀兰，宗晓华．一流大学的一流本科教育：特征与评价［J］．江苏高教，2019（2）：4－11.

大学、南京农业大学、新疆财经大学、广州医科大学等18所高校的管理人员和教师进行了问卷调查，共计发放问卷50份，回收有效问卷43份，有效回收率为86%。被调查对象来自12所"双一流"高校和6所非"双一流"高校，覆盖了北京、浙江、广东、四川、甘肃、陕西、湖南、江苏、安徽、山东、新疆11个省（区、市）。参与调查的人员包括校领导、职能部门负责人、学院院长和教师，其中有7名是高校的副校长、副书记等校级领导，2名是职能部门负责人，还有多名学院院长和教师。调查对象的具体分布情况如表2-1所示。

表2-1　调查对象的分布情况

高校	高校数量（所）	调查人数（人）
"双一流"高校	12	27
非"双一流"高校	6	16

（二）研究工具编制

在前期文献研究、理论研究的基础上，自行编制了"我国一流本科教育评价调查问卷"。该问卷涉及一流本科教育的概念、内涵、特征、标准等核心问题，内容包括以下四个部分：第一部分为调查对象的基本信息。第二部分为一流本科教育的概念内涵与特质，主要考察对一流本科教育基本内涵、主要特征、核心要素等的理解和认识。第三部分为一流本科教育的评价标准，主要询问评判一流本科教育的标准。第四部分为一流本科教育的建设方略与困境，主要考察目前高校一流本科教育的建设情况及存在的问题与障碍。

（三）施测与分析

采用网上在线问卷调查的方式，经过与被调查对象充分沟通，阐明调查目的和保密原则后，发送调查问卷。采用 SPSS25.0 统计软件对数据进行管理和分析。

三、研究结果

（一）一流本科教育的概念与内涵

一流本科教育政策提出之后，对“什么是一流本科教育?”“哪些大学可以建设一流本科教育?”“一流本科教育要培养什么类型和层次的人才?”“一流本科教育有哪些核心要素和特征?”等问题尚没有明确的定义。因此，调查问卷设计了相关问题，拟了解高校的本科教育实践者们对一流本科教育的认识和理解，在实践认知层面厘清一流本科教育的概念与内涵。

从概念的性质来看，一流本科教育可以是一个绝对概念（即达到规定的标准就是一流），也可以是一个相对概念（即本科教育质量排在最前列的高校就可以称为一流）。从调查情况来看，55.8%的被调查者认为一流本科教育应该是一个相对概念，44.2%的被调查者认为是绝对概念（见表2－2）。因而，从该问题的回答情况来看，对一流本科教育究竟是绝对概念，还是相对概念并没有统一认识，认为是相对概念的人更多。

表2－2　　对一流本科教育概念的理解

目前对一流本科教育概念有两种理解，您更倾向于哪一种	人数（人）	所占比例（%）
是一个绝对概念，达到既定的一流标准就可称为“一流”	19	44.2
是一个相对概念，在所有高校中排在最前列的就是“一流”	24	55.8

如果一流本科教育是一个相对概念，那么本科教育质量排名在什么位次的高校可以称为“一流”呢？调查发现，近一半的被调查者认为排在前5%的高校可以看作是一流本科教育，37.2%的被调查者认为排名在前10%的高校应该是一流本科教育，选择排名在前15%和20%的被调查者相对较少，分别只有4.7%、9.3%。由表2－3可知，绝大多数被调查都认为本科教育质量排名前10%的高校可以称为一流本科教育。

表2－3　　对一流本科教育相对位次的认识

如果把一流本科教育看作是一个相对概念，您认为排在前多少位的高校可以称为一流	人数（人）	所占比例（%）
排名前5%	21	48.8
排名前10%	16	37.2
排名前15%	2	4.7
排名前20%	4	9.3

一流本科教育政策提出后，对于“哪些高校应建设一流本科教育”并没有明确规定。那么，一流本教育的建设范畴应包括“哪些高校？”“是不是只有‘双一流’高校才能建设一流本科教育”。调查结果显示，39.5%的被调查者认为一流本科教育的建设范畴应是办学条件和基础较好的重点高校，37.2%的被调查者认为是“双一流”高校，还有23.3%的被调查者认为应覆盖所有本科高校。由表2－4可知，对于哪些大学应纳入一流本科教育建设范畴，意见分歧较大，但是大部分被调查者都认为不应局限于“双一流”高校，一流本科教育可以成为更多本科高校的愿景和目标。

表2-4　　一流本科教育的建设范畴

哪些大学应纳入一流本科教育建设范畴	人数（人）	所占比例（%）
“双一流”高校	16	37.2
办学条件和基础较好的重点高校	17	39.5
所有本科高校	10	23.3

（二）一流本科教育的核心要素与特征

在对一流本科教育概念内涵调查的基础上，这部分调查拟通过考察一流本科教育的核心要素和基本特征来回答“什么是一流本科教育”的问题。对于一流本科教育的核心要素应包括哪些，选择“一流的师资队伍和学术大师”的人数最多，占79.1%，其次是“先进的教育理念”，占60.5%；选择“以拔尖创新人才培养为目标”“培养出一批优秀的拔尖创新人才”的被调查者也相对较多，分别占48.8%、39.5%；此外，还有34.9%的被调查者认为应包括“一流的办学设施、条件”“较高的社会声誉”；相比之下，选择“社会、雇主和学生满意”“与经济社会发展对高层次专业人才的需求紧密对接”“一流的生源”“高标准的学生学习成果”“先进的质量文化”等选项的被调查者相对较少。值得一提的是，选择“高水平的教育投入”选项的人数最少，仅占11.6%。由表2-5可知，被调查者普遍认为，一流师资在一流本科教育中占至关重要的地位，教育理念、培养目标、培养成效是仅次于一流师资的核心要素，而生源质量、学生学习成果、学生学习体验、质量文化、管理制度等要素的重要性程度则相对较低，教育投入也被认为是影响力最低的一流本科教育要素。

表 2-5　　一流本科教育的核心要素

一流本科教育的核心要素应包括	人数（人）	所占比例（%）
一流的师资队伍和学术大师	34	79.1
先进的教育理念	26	60.5
以拔尖创新人才培养为目标	21	48.8
培养出一批优秀的拔尖创新人才	17	39.5
一流的办学设施、条件	15	34.9
较高的社会声誉	15	34.9
社会、雇主和学生满意	12	27.9
与经济社会发展对高层次专业人才的需求紧密对接	12	27.9
一流的生源	10	23.3
高标准的学生学习成果	10	23.3
先进的质量文化	10	23.3
促进本科教育质量持续提升的管理制度	9	20.9
高质量的学生学习体验	7	16.3
高水平的教育投入	5	11.6

在问及一流本科教育有哪些基本特征时，选择“社会认同度高”的最多，占72.1%；其次有55.8%的被调查选择了“英才辈出”和“有一批一流的专业”；51.2%的被调查者选择了“有一批一流的课程”；34.9%的被调查者选择了“学生的就业好”；还有30%左右的被调查者选择了“学生的求学满意度高”“开放多样的教学方式”；27.9%的被调查者选择了“教学条件好”“追求卓越的共同愿景”“国际化水平高”；选择“高选拔性招生”的人数最少。由表2-6可知，被调查者普遍认为一流本科教育的典型特征是社会认同高、培养出大批优秀学生、有一批一流专业和一流课程。

表2－6　　　　一流本科教育的典型特征

一流本科教育有哪些典型特征	人数（人）	所占比例（%）
社会认同度高	31	72.1
英才辈出	24	55.8
有一批一流的专业	24	55.8
有大批一流的课程	22	51.2
学生的就业好	15	34.9
学生的求学满意度高	14	32.6
开放多样的教学方式	14	32.6
教学条件好	12	27.9
追求卓越的共同愿景	12	27.9
国际化水平高	12	27.9
学生的学习选择性高	10	23.3
高选拔性招生	5	11.6

一流本科教育应培养什么类型的人才？调查发现，44.2%的被调查者选择了“与学校办学定位相符合的人才”，34.9%选择了“多种规格的高层次人才”，16.3%选择了“复合型人才”，4.7%选择了“应用型人才”，然而却无一人选择“学术型人才”。由表2－7可知，高校的教育实践者们普遍认为一流本教育不应培养学术型人才、应用型人才等某种单一类型的人才，而是应更多基于学校办学定位培养多种规格的高层次人才。

表2－7　　　　一流本科教育的人才培养类型

一流本科教育的人才培养类型主要是	人数（人）	所占比例（%）
学术型人才	0	0

续表

一流本科教育的人才培养类型主要是	人数（人）	所占比例（%）
应用型人才	2	4.7
复合型人才	7	16.3
多种规格的高层次人才	15	34.9
与学校办学定位相符合的人才	19	44.2

一流本科教育应如何处理通识教育和专业教育的关系，应侧重于通识教育还是专业教育呢？调查结果显示，34.9%的人认为应同时兼顾通识教育和专业教育，两不偏颇；27.9%认为应更重视通识教育，为学生打下厚基础；23.3%认为应更重视专业教育，把学生培养成行业精英。从表2－8不难看出，对于一流本科教育应如何处理通识教育与专业教育的关系，观点不一，分歧较大。

表2－8　　　　一流本科教育的侧重点

一流本科教育应如何处理通识教育与专业教育的关系	人数（人）	所占比例（%）
通识教育与专业教育同时兼顾，两不偏颇	15	34.9
更重视通识教育，为学生打下厚基础	12	27.9
更重视专业教育，把学生培养成行业精英	10	23.3
其他	5	11.6

（三）一流本科教育的评价标准

继一流本科教育的概念、内涵、要素、特征之后，对一流本科教育评价标准进行调查，是对一流本科教育认识的进一步深化。目前，许多高校都启动了一流本科教育建设行动，各个高校的做法和进展不一，对一流本科教育的评价标准进行调查，即就如何才能评判一所高校的本科教育是否达到一流这一问题征询高校管理者和教师的意见，可以为将来一流本科教育评价标准的制定提供现实基础。

首先，对于一流本科教育是否有明确的评价标准，51.2%的被调查者认为有明确的标准，48.8%的人认为没有。从表2－9不难看出，对于一流本科教育是否有明确评价标准的问题争议较大，持两种观点的人各占约半数。

表2－9　　对一流本科教育标准的认识

一流本科教育有明确的评价标准吗	人数（人）	所占比例（%）
有	22	51.2
没有	21	48.8

一流本科教育如果是一个绝对概念，就应存在“一流标准”。对于这个“一流标准”，认为应“以目前世界顶尖一流大学的本科教育为参照”的人数最多，占46.5%；20.9%的被调查者认为应以“最高标准”为参照；还有16.3%的被调查者选择了“其他”；选择“以我国本科教学工作审核评估的优秀等级标准为参照”和“以牛津剑桥等以精英教育享誉世界的老牌名校为参照”的较少（见表2－10）。此外，还有少数被调查者提供了补充意见，包括：“需根据我国国情制定，不宜简单采用定量指标，重点考察对解决重大科学问题、产业问题的贡献”“个人认为可同时参考‘最高标准’和‘以目前世界顶尖一流大学的本科教育为参照’这两项标准”。总体来看，大部分被调查者都认为一流本科教育的标准应“射向月亮”，而不是“射向树梢”，即向世界顶尖大学看齐，以“最高标准”为参照。

表2-10　　对一流本科教育“标准”的认识

一流本科教育标准的制定可以参照	人数（人）	所占比例（%）
以目前世界顶尖一流大学的本科教育为参照	20	46.5
以“最高标准”为参照，即每项办学指标都瞄准国际最高水平，如有获得诺贝尔奖的教师、设施最好的实验室等……	9	20.9
其他	7	16.3
以我国本科教学工作审核评估的优秀等级标准为参照	5	11.6
以牛津剑桥等以精英教育享誉世界的老牌名校为参照	2	4.7

我国一流本科教育建设的目标是“中国特色、世界水平”，其中蕴含了“一流本科教育”应是一个国际可比的概念。那么，接下来的问题是“哪些标准可以用于构建我国本科教育的国际坐标呢?”。调查结果显示，95.3%的被调查者选择了“师资队伍水平”；其次，有72.1%的被调查选择了“学生学习成果”和“人才培养的社会声誉”；还有约半数的被调查者选择了“教育投入水平”“学生学习体验/满意度”“杰出校友的数量”“教学条件设施水平”；选择“教育国际化水平”和“生源的选拔录取比率”的人数较少（见表2-11）。总体来看，被调查者普遍认为师资队伍水平、学生学习成果、社会声誉是三个最重要的国际比较标准。

表2-11　　对一流本科教育国际“标准”的认识

如果“一流本科教育”是一个国际可比的概念，应选用哪些标准来构建我国本科教育的国际坐标	人数（人）	所占比例（%）
师资队伍水平	41	95.3

续表

如果“一流本科教育”是一个国际可比的概念，应选用哪些标准来构建我国本科教育的国际坐标	人数（人）	所占比例（%）
学生学习成果	31	72.1
人才培养的社会声誉	31	72.1
教育投入水平	24	55.8
学生学习体验/满意度	22	51.2
杰出校友的数量	19	44.2
教学条件设施水平	17	39.5
教育国际化水平	12	27.9
生源的选拔录取比率	10	23.3
其他	7	16.3

如果一流本科教育有明确的评价标准，应如何来设定其评价标准呢？研究发现，46.5%的被调查者认为应根据“教育过程”来设计评价标准，20.9%的被调查者认为应根据“投入—产出分析”来设定评价标准，有11.6%的被调查者认为应根据“教育产出”“社会声誉”来设定标准，还有4.7%的被调查者认为应根据“教育投入”来设定评价标准。从表2－12不难看出，大部分被调查者都认为应重教育过程的评价，轻教育投入的评价。

表2－12　　设立一流本科教育标准的方法

应侧重从哪个方面来设定一流本科教育标准	人数（人）	所占比例（%）
教育过程	20	46.5
投入—产出分析	9	20.9
教育产出	5	11.6

续表

应侧重从哪个方面来设定一流本科教育标准	人数（人）	所占比例（%）
社会声誉	5	11.6
教育投入	2	4.7
其他	2	4.7

对于一流本科教育评价的维度，选择“师资队伍水平”的被调查者最多，占95.3%；其次是“教育理念的先进性”，占83.7%；排在第三位的是“经济社会贡献度”，占51.2%；选择“教学条件和设施”“学生的学习体验”“学生的学习成效”和“社会美誉度”这几项的被调查者占30%～40%，相比之下，选择校友成就、质量文化、生源质量、毕业生就业情况和利益相关者满意度的人数较少。从表2－13不难看出，大部分被调查者都认为一流本科教育的评价维度应包括师资队伍的水平、教育理念的先进性、经济社会贡献度，相较而言，对学生学习和社会声誉的重视程度不算高，最不受关注的是生源质量、毕业生就业率和利益相关者满意度。

表2－13　一流本科教育的评价维度

可以从哪几个维度来评价一流本科教育	人数（人）	所占比例（%）
师资队伍的水平	41	95.3
教育理念的先进性	36	83.7
经济社会贡献度	22	51.2
教学条件和设施	17	39.5
学生的学习体验	15	34.9

续表

可以从哪几个维度来评价一流本科教育	人数（人）	所占比例（%）
学生的学习成效	15	34.9
社会美誉度	14	32.6
校友取得的成就	10	23.3
质量文化的先进性	10	23.3
生源的质量	9	20.9
毕业生的就业率	5	11.6
利益相关者满意度	3	7

（四）一流本科教育的建设方略与问题

当前，我国高校是如何建设一流本科教育的？遵循什么建设逻辑？以什么为建设重点？遇到了哪些问题或障碍？本部分调研内容拟对这些问题进行一一回应。

教育的发展逻辑可分为三种：知识生产的逻辑、社会需求的逻辑和人的发展的逻辑。调查发现，62.8%的被调查者认为一流本科教育建设应遵循“人的全面发展的逻辑”，25.6%认为应遵循“国家与社会需求的逻辑”，11.6%认为应遵循“知识生产与发展的逻辑”。由表2－14可知，多数被调查者认为，一流本科教育应以学生的全面发展为建设逻辑。

表2－14　一流本科教育建设的逻辑

一流本科教育建设应主要遵循什么价值逻辑	人数（人）	所占比例（%）
人的全面发展的逻辑	27	62.8
国家与社会需求的逻辑	11	25.6

续表

一流本科教育建设应主要遵循什么价值逻辑	人数（人）	所占比例（%）
知识生产与发展的逻辑	5	11.6
世界本科教育的发展趋势	0	0

在问及一流本科教育建设最核心的抓手是什么时，76.7%的被调查者选择了“建设一支高水平师资队伍”，55.8%认为是“落实以学习者为中心的教育理念”，39.5%认为是“改革人才培养模式”，32.6%选择“将科研成果转化为教学优势”，选择其他选项的人数相对较少。从表2－15可知，大部分被调查者都认为师资队伍建设、以学习者为中心的教育理念和改革人才培养模式是一流本科教育建设最重要的抓手。

表2－15　　　　一流本科教育建设的核心

一流本科教育建设最核心的是什么	人数（人）	所占比例（%）
建设一支高水平师资队伍	33	76.7
落实以学习者为中心的教育理念	24	55.8
改革人才培养模式	17	39.5
将科研成果转化为教学优势	14	32.6
改善办学条件和设施	7	16.3
加大教师对教学的投入	7	16.3
加强专业建设	7	16.3
加强与企事业单位的协同育人	7	16.3
吸引高质量的生源	5	11.6
加强国际交流与合作	3	7
加强课程建设	2	4.7

续表

一流本科教育建设最核心的是什么	人数（人）	所占比例（%）
加强教学方法改革	2	4.7
加强质量文化建设	2	4.7
加强本科教育投入	2	4.7
加强教材建设	0	0

对于高校在一流本科教育建设中遇到的障碍，95.3%的被调查者选择了“制度障碍”，76.7%的被调查者选择了“动力限制”，67.4%的被调查者选择了“理念限制”，60.5%的被调查者选择了“资源限制”，此外分别有39.5%的被调查者选择了“政策限制”和“区位限制”。由表2－16可知，目前高校一流本科教育建设遇到最多的障碍是制度障碍、动力限制和理念障碍。

表2－16　　一流本科教育建设的障碍

一流本科教育建设存在哪些障碍	人数（人）	所占比例（%）
制度障碍：人事制度、教师考核评价制度等对本科教育的制约	41	95.3
动力限制：本科教育改革的内驱力不足	33	76.7
理念限制：教育理念陈旧	29	67.4
资源限制：对本科教育的投入不足	26	60.5
政策障碍：国家、省（区、市）和高校对本科教育的扶持政策力度不够	17	39.5
区位限制：区域经济社会发展水平的限制	17	39.5
其他	3	7

四、研究结论

目前高校的教育实践者对一流本科教育的概念尚未形成统一认识，在一流本科教育是一个绝对概念还是相对概念的问题上有较大分歧，但是大部分人都认为如果一流本科教育是一个相对概念，本科教育质量排在前10%的高校可以称为一流。

一流本科教育的建设范畴不应局限于“双一流”建设高校，可以涵盖办学条件和基础好的重点高校，甚至所有本科高校。

一流的师资队伍是一流本科教育最核心的要素，其次是先进的教育理念、拔尖创新人才培养目标和培养出大批拔尖创新人才。相比之下，学生学习体验、学习成果、质量文化、管理制度等人才培养过程要素受关注度相对较低。

一流本科教育最典型的特征是社会认同度高、英才辈出、有一批一流专业和课程。

一流本科教育的人才培养类型不应局限于学术型人才，而应是基于学校办学定位培养多种规格的高层次人才。对于一流本科教育应如何处理通识教育和专业教育的关系分歧较大。

一流本科教育是否有明确的评价标准尚有较大争议。如果一流本科教育有评价标准的话，则应瞄准世界顶尖大学水平和“最高标准”。一流本科教育标准的设定应侧重教育过程，并兼顾投入产出分析。一流本科教育的国际可比标准应包括师资队伍水平、学生学习成果和社会声誉。

一流本科教育的评价维度可以包括师资队伍、教育理念、经济社会贡献、教学条件。

一流本科教育建设应更多遵循“人的全面发展”的逻辑。建设一支高水平师资队伍是一流本科教育建设最核心的任务，其次是以学习者为中心的教育理念和改革人才培养模式。

当前高校一流本科教育建设的障碍主要是制度障碍、缺乏动力机制、理念限制和资源限制。

第三章

一流本科教育建设方案文本分析

2018 年 6 月 21 日，教育部在四川省成都市召开新时代全国高等学校本科教育工作会议，在会议期间举行的“以本为本、四个回归、一流本科建设”论坛上，150 所高校联合发出《一流本科教育宣言》（成都宣言），提出培养一流人才，建设一流本科教育。随后，各高校依据自身实际陆续推出一流本科教育相关建设方案。

高校的一流本科教育建设方案是学校具体开展一流本科建设工作的实施依据，体现了其对建设一流本科的战略定位、组织布局、发展规划和预期目标。学校制定的一流本科教育建设方案，极大地影响着一流本科教育的建设效果，甚至决定其能否真正办成一流本科。本章对国内 19 所高校（含“双一流”建设高校和普通高校）的一流本科教育建设方案进行质性编码，发现高校一流本科教育相关建设方案主要由制定原因、建设目标、指导思想和基本原则、建设主要内容以及制度保障五项内容构成，建设主要内容包括人才培养、教师队伍建设、专业建设、课程与教材建设、质量保障、教学改革、文化建设、信息化建设、管理体制完善、软硬件设施建设等。其中，“双一流”建设高校、普通建设高校更加关注教师队伍建设、本科教学资源、夯实专业基础、校园文化建设和软硬件设施建设等，“双一流”建设高校现阶段更加强调通识教育、建设创新平台、考核验收，优化管理等。在下一阶段，各高校将通过创新人才培养、建设一流专业、培育优质师资、推进课程改革、加大经费投入五个方面推进一流本科教育建设。

一、研究对象

文本分析的研究对象为高校一流本科教育建设方案。现有多所高校出台了一流本科教育建设方案，但大多数高校仅发布相关新闻，未找到建设方案原文。因而，部分高校选取了新闻中对建设方案内容的描述用于替代研究。现收集到建设方案原文16份，新闻内容3份，共纳入研究19份。

本团队对样本高校进行分类，其中“双一流”建设高校样本有10所（占比52.63%），非“双一流”建设高校样本有9所（占比47.37%）。依据样本高校所属地区划分，位于东部的高校有14所（占比73.68%），位于中部的高校有4所（占比21.05%），位于西部的高校有1所（占比5.26%）。样本高校基本情况见表3－1。

表3－1　高校一流本科教育建设方案样本高校基本情况

序号	学校名称	学校代码	是否为“双一流”	省份	区域
1	中央民族大学	10052	是	北京	东部地区
2	南开大学	10055	是	天津	东部地区
3	天津大学	10056	是	天津	东部地区
4	哈尔滨工业大学	10213	是	黑龙江	东部地区
5	复旦大学	10246	是	上海	东部地区

续表

序号	学校名称	学校代码	是否为“双一流”	省份	区域
6	苏州大学	10285	是	江苏	东部地区
7	东南大学	10286	是	江苏	东部地区
8	南京林业大学	10298	是	江苏	东部地区
9	福州大学	10386	是	福建	东部地区
10	南昌大学	11902	是	江西	中部地区
11	常州大学	10292	否	江苏	东部地区
12	江苏大学	10299	否	江苏	东部地区
13	福建师范大学	10394	否	福建	东部地区
14	闽南师范大学	10402	否	福建	东部地区
15	湖北大学	10512	否	湖北	中部地区
16	中南民族大学	10524	否	湖北	中部地区
17	桂林理工大学	10596	否	广西	西部地区
18	天津城建大学	10792	否	天津	东部地区
19	安徽建筑大学	10878	否	安徽	中部地区

二、研究方法

本书采用文本分析方法，运用 NVivo 质性分析软件对国内 19 所高校有关一流本科教育发展的相关建设方案展开质性编码与深入分析，同时将高校划分为“双一流”建设高校和普通本科高校，基于两者建设方案内容的对比，探寻国内高校一流本科教育相关建设方案的特征，并提出相关建设建议。

（一）文本分析方法

文本分析方法是对文本进行由浅入深的比较、分析、综合、提炼的研究方法，许多社会科学研究领域将其视为质性分析的范畴。然而，近些年也出现不少运用定量方法来处理文本的研究成果，成为文本分析方法新的发展趋势。因此，文本分析方法从某种意义上而言是一种定性和定量相结合的研究方法。高校的一流本科教育建设方案以及一流本科专业建设计划文本集中体现了高校管理者对一流本科教育的内涵理解、对本校一流本科教育的目标定位和未来发展规划。因此，采用文本分析方法研究这些政策文本具有较强的价值。

本书收集了 19 所国内高校关于一流本科教育发展的相关文本，分析这些文本的标题可以发现，中央民族大学、中南民族大学、苏州大学、南京林业大学、闽南师范大学、湖北大学、福州大学和常州大学 8 所高校制定并发布了一流本科专业建设实施方案及意见；天津大学、南开大学、哈尔滨工业大学、复旦大学、东南大学 5 所高校制定了一流本科教育短期或中期行动计划，其中哈尔滨工业大学将行动计划规划至 2025 年，天津大学将行动计划的长度延展到 2030 年；天津城建大学围绕一流本科课程建设制定了实施方案；南昌大学、江苏大学围绕一流本科教育教学制定了实施意见；桂林理工大学、福建师范大学和安徽建筑大学 3 所高校则依据学校发展实际制定了一流本科教育实施方案。

各类学校根据自身校情，针对不同领域制定了不同的建设方案或实施意见，为方便描述，研究文本统称为“一流本科教育相关建设方案”。

（二）NVivo 软件质性编码

“质的研究擅长对特殊现象进行探讨，比较适合从微观层面在自然情境下对个别事物进行细致、动态的描述和分析，然后对事物的‘质’得到一个比较全面的解释性理解。”因此，本书采用质化方法，使用 NVivo 质性分析软件对高校一流本科教育建设方案进行质性编码，从高校建设的视角对一流本科教育评价这一研究主题进行探讨，以期挖掘和发现隐藏在一流本科教育背后的重要因素和特征。NVivo 是目前流行的专业的计算机辅助定性分析软件，能够协助研究者完成文字、图片、声音甚至视频等资料的收集、整理、分析以及呈现工作，可以增进质性研究的严谨性、信实度和趣味性。

本书基于 NVivo 软件创建条目和节点，提取访谈文本中有价值的信息，记录研究思考过程，并对数据采用编码手段进行分析和统计，通过反复梳理访谈资料间的显性以及隐性关系验证一流本科教育相关建设方案的特征。

三、研究结果

现有样本高校 19 份，对 19 份样本高校的一流本科教育相关建设方案展开质性编码后，获得 5 项一级节点，即高校一流本科教育相关建设方案（以下简称“建设方案”）主要包含制定原因、建设目标、指导思想和基本原则、建设主要内容以及制度保障五项内容。样本高校一流本科建设方案编码情况见表 3－2。

表 3-2　　一流本科建设方案编码情况

一级节点名称	材料来源数	参考点数	下设二级子节点数	节点说明
制定原因	16	16	0	高校制定一流本科建设相关方案或计划的原因
建设目标	14	16	0	高校建设一流本科教育的预期目标
指导思想和基本原则	17	79	17	高校制定一流本科建设相关方案或计划的指导思想和基本原则
建设主要内容	19	448	15	高校一流本科教育建设主要内容
制度保障	16	59	9	高校为一流本科教育建设提供的制度保障

在 19 所高校中，16 所高校在建设方案中撰写了帽段，讲述了制定本方案的原因，16 所高校制定方案的原因较为一致，基本是为了全面落实全国教育大会、新时代全国高等学校本科教育工作会议精神以及各项会议和政策文件精神，结合学校实际，提升本科教育教学质量。14 所高校明确了建设目标，例如提升教育教学质量、建设一流本科专业、人才培养、优质课程、精品教材、创新创业成效、校园文化、办学优势和特色更加显著、服务国家战略的能力更加突出、各方面软硬件条件有显著提升等。有 17 所高校明确了建设一流本科的指导思想和基本原则，例如办学理念、产出导向、动态建设、持续改进、分类发展、服务需求、成效导向、更新思想、立德树人、坚守质量、课程建设、目标引领、示范引领、特色发展、完善机制、问题驱动、协同提升、以学生为中心、综合改革、做好专业规划等。19 所高校的建设主要内容包括 448 处参考点，下设 15 个二级子节点，

依据参考点数量排序依次为人才培养、教师队伍建设、课程与教材建设、专业建设、协同育人、教学改革、本科教育质量保障、校园文化建设、国际合作、创新创业教育、校级一流本科专业建设项目、考核验收、信息化建设、完善管理体制、软硬件设施建设等。16所高校为一流本科教育建设提供专门的制度保障，例如加强领导、经费支持、资源倾斜、专业管理、责任考核、提高思想认识、强化评估、基层组织建设以及过程管理等。

图3-1为一流本科教育建设主要内容。一流本科教育建设主要内容包括人才培养、教师队伍建设、专业建设、课程与教材建设、质量保障、教学改革、文化建设、信息化建设、管理体制完善、软硬件设施建设等。

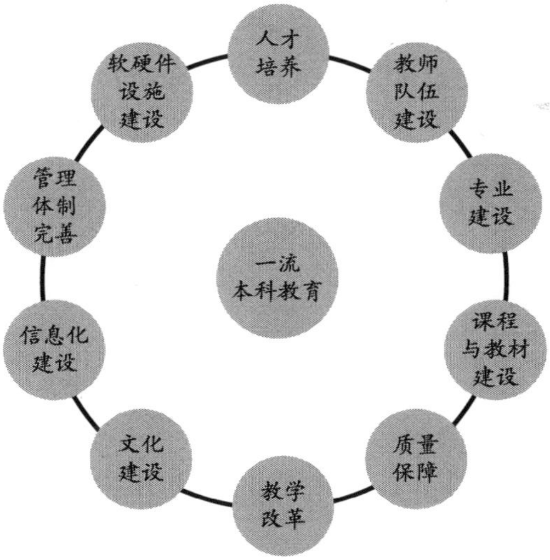

图3-1　一流本科教育建设主要内容

为了更加有针对性地分析一流本科教育建设方案，以是否进入“双一流”建设高校名单为依据，将高校分为两类，对“双一流”建设高校与普通高校一流本科教育相关建设方案的节点进行对比，以期探索处于不同发展阶段的高校在建设一流本科规划上是否存在区别以及存在哪些异同点。

表 3 –3 为“双一流”建设高校与普通高校一流本科教育相关建设方案的编码情况。从编码节点情况看，两类高校在五项一级节点的分布较为相似。在具体参考点数量上，“双一流”建设高校虽然学校数量比普通高校多一所，但建设主要内容的参考点数却比普通高校少了将近 100 项，其指导思想和基本原则、制度保障也存在这种情况，说明普通高校在建设方案中的建设条目更加具体，细节更多。

表 3 –3　　两类高校一流本科建设方案编码情况

高校类型	“双一流”建设高校			普通本科高校		
一级节点	材料来源数	参考点数	下设二级子节点数	材料来源数	参考点数	下设二级子节点数
制定原因	7	7	0	9	9	0
建设目标	7	7	0	7	9	0
指导思想和基本原则	9	34	15	8	45	12
建设主要内容	10	178	14	9	270	14
制度保障	8	21	7	8	38	8

经过质性编码得知，建设主要内容是建设方案中最重要的部分。

对二级子节点及下含的三级子节点编码情况仔细对比后发现，在一些具体规划上两类高校存在差异。两类高校的差异主要体现于建设主要内容、制度保障两个领域。下文将对两类高校在这两个领域之间的异同点进行详细分析。

（一）一流课程、一流专业、经费保障等得到了两类高校的重点关注

现阶段，在建设主要内容和制度保障中，“双一流”建设高校和普通高校在一流课程建设、一流专业建设和强化经费保障等建设内容上达成了共识，在建设方案中都进行了重点关注。第一，强调推进课程改革，评估课程质量，丰富课程选择；第二，致力于在校内建设一流本科专业，夯实专业基础，通过专业评估认证、动态调整等方式建设一流专业；第三，强化制度保障，其中最重要的是加大经费投入，提高经费使用效率，将钱真正花在老师和学生身上。

1. 建设一流课程，开展课程改革

在课程与教材建设领域，两类高校都提出要建设一流课程，开展课程改革。高校依据本校实际推出新形式课程计划：一方面，评估课程质量，提高课程教学水平；另一方面，为学生提供更多个性化课程选择，培养学生创新能力。以复旦大学为例，复旦大学是国内首次集中清理与学校人才培养目标不符的通识教育核心课程的学校。比如，有的自然科学类课程对自然科学专业学生来说太过简单，但对文科学生来说又太过艰深，学校只能将其从通识教育核心课程体系中去除。学校也会对因教师开课需要而设课或学生评价不高的课程重新评估，根据评估结果和学生评价决定课程的去留，例如由必修课改为选修课或被取消。与此同时，学生可以根据生涯规划选择课程，甚至申请学校为其“定制”课程。此外，复旦大学还设置了荣誉课程体

系，通过具有高度挑战性的课程和科研项目，培养拔尖创新人才。完成这些课程和科研项目的学生将获得本科荣誉学位，表明他们是最优秀的本科毕业生。江苏大学将努力推进课程建设与管理，丰富优质课程资源，为学生选择学分创造条件。不少学校在积极探索并推行校际学分互认、优质网络课程学分认定、创新实践学分替换等制度。

2. 加强一流专业建设，助力一流本科教育

在一流专业建设上，两类高校均有部分学校专门设置了校级一流本科专业建设计划。例如，“双一流”建设高校中的南京林业大学、苏州大学、中央民族大学都对校内一流专业提出了特别要求，看重专业建设前景。这些要求一般包含在校内的专业排名、进入国家级/省级建设计划、获得省级相关项目认定或成果表彰。在普通高校中，安徽建筑大学、常州大学、闽南师范大学、天津城建大学、中南民族大学、江苏大学对校内一流专业建设提出了具体要求，这些要求通常包含对省域经济社会发展具有重要意义，进入国家级/省级建设计划，通过专业认证或是适应新工科、新医科、新农科、新文科建设，具有地方特色等具有实用性、交叉性与综合性的专业。例如，江苏大学就提出工程类专业、临床医学类专业、师范类专业力争 3 ~5 年全部通过相关专业认证。

相较而言，在专业建设领域，普通高校更加强调夯实专业基础建设，并提出明确专业定位、规范专业管理、评估专业建设、打造专业集群、培养专业带头人等；“双一流”建设高校在专业建设上的要求更加具体，更加强调专业动态调整、一流专业建设，以及建立学科专业优化机制。例如，天津大学提出

建立学科专业优化和大类招生选拔两个机制，转变“学科导向”的单一专业设置模式，主动布局战略性新兴产业相关专业，做“新工科”建设的“领头雁”。南京农业大学提出，受资助的国家级、省级、校级一流专业及其他专业，重点在一流课程建设（国家、省、校级）、教材建设（国家规划、省重点、校级）、六卓越一拔尖 2.0 计划、教学成果培育、专业认证、虚拟仿真项目（国家、省、校级）、教学团队（省、校级）、高等教育教改课题（省、校级）、教学研究项目九个方面进行建设。

3. 加大经费投入，提供制度保障

表 3 – 4 是两类高校一流本科教育制度保障节点编码情况。由表 3 – 4 可知，“双一流”建设高校建设一流本科的制度保障主要内容有经费支持、加强领导、专业管理、资源倾斜、责任考核、提高思想认识和强化评估。普通高校建设一流本科的制度保障主要包含经费支持、加强领导、责任考核、专业管理、资源倾斜、提高思想认识、基层组织建设和过程管理。其中，经费支持是两类高校制度保障中最重要的内容。

表 3 – 4　两类高校一流本科教育制度保障节点编码情况

一级节点	二级节点	“双一流”建设高校		普通高校	
		材料来源数	参考点数	材料来源数	参考点数
制度保障	经费支持	6	7	7	10
	加强领导	4	4	5	11
	专业管理	2	2	2	4
	资源倾斜	2	2	2	2

续表

一级节点	二级节点	“双一流”建设高校		普通高校	
		材料来源数	参考点数	材料来源数	参考点数
制度保障	责任考核	1	2	3	3
	提高思想认识	1	1	1	1
	强化评估	1	1	0	0
	基层组织，管理中心下移	0	0	1	1
	过程管理	0	0	1	1

在经费支持上，两类高校都纷纷表示要增加教育教学资源和经费投入，不少“双一流”建设高校明确规定了经费支持数额。南京林业大学的经费分配方案中规定，18 个江苏省一流专业建设点专业，平均每个国家/省级一流专业有 30 万元建设经费；22 个校级一流专业，平均每个校级一流专业有 7 万元建设经费；其他 30 个专业，平均每个专业有 3 万元建设经费；其余款项由教务处统筹，主要用于全校层面的教学成果奖培育、教师发展与优秀教学团队建设、一流课程建设、重点教材建设、实验实训条件建设、工程教育认证、学生创新创业训练、教学研究与改革等用于支撑一流专业建设点的各项教学研究与改革项目。苏州大学给予每个立项专业 300 万元建设资金支持、分期拨付，原则上每年投入 100 万元，立项专业可根据实际用款需要确定建设周期内每年投入额度，学校根据申报情况予以统筹调整。对按期完成建设任务且建设成效突出的专业，经考核评估学校一次性奖励立项专业所在学院（部），最高不超过 100 万元；立项专业在建设期满后 2 年内高标准通过国际专业认证，

在国家级（省级）专业、课程、名师、教学团队、教学成果奖等方面取得突破的，经学校认定后可另奖励专业所在学院（部），最高不超过100万元。中央民族大学为支持一流本科专业建设，学校每年资助列入国家级一流本科专业建设点100万元，连续资助3年；每年资助列入省部级一流本科专业建设点50万元，连续资助3年。

在普通高校中，仅有中南民族大学明确了经费支持数额：学校将统筹利用中央高校教育教学改革专项经费支持一流本科专业建设点和配套项目的建设。在建设期内，对于国家级一流本科专业建设点，学校下拨80万元建设经费；对于省级一流本科专业建设点，学校下拨40万元建设经费；对于校级一流本科专业建设点，学校下拨20万元建设经费。在建设期内，对于省级教学团队和优秀基层教学组织，学校下拨30万元建设经费；对于校级教学团队和优秀基层教学组织，学校下拨15万元建设经费。此外，湖北大学也明确提出，确保学费收入的25%用于本科日常教学。

（二）普通本科高校现阶段更加关注教师队伍建设、丰富本科教学资源、夯实专业基础、校园文化建设和软硬件设施建设

现阶段，为了夯实一流本科教育建设基础，进一步提升本科教育教学质量，普通本科高校将有意愿投入更多的精力在建设一流的教师队伍、丰富优质的本科教学资源、进一步夯实专业基础、建设良好的校园文化氛围和强化软硬件设施建设等方面。

1. 普通本科高校对教师队伍建设的需求远高于“双一流”建设高校

表3－5是两类高校教师队伍建设相关内容编码情况，由于

篇幅有限，本书以教师队伍建设编码表为样例展示。在教师队伍建设中，普通本科高校的需求远强于“双一流”建设高校，普通本科高校建设方案中提到教师队伍建设的内容比“双一流”建设高校高出一倍多。

表3－5　两类高校教师队伍建设相关内容编码情况

一级节点建设主要内容		“双一流”建设高校		普通高校	
二级节点	三级节点	材料来源数	参考点数	材料来源数	参考点数
教师队伍建设	教师评价与激励	5	7	5	10
	教学能力提升建设工程	5	5	3	3
	教师团队及工作室	2	2	3	4
	打造教学团队	2	2	2	2
	师德师风建设	2	2	4	5
	教师积极性	1	1	0	0
	教师培训	0	0	4	6
	教师老带新	0	0	2	2
	教师交流国际化	0	0	1	1
	教师发展与教学团队建设	0	0	3	3
	健全教师教学发展支持体系	0	0	2	2
	教师主体责任机制	0	0	2	2
	打造高端智库	0	0	1	1
	首席教授责任制	0	0	1	1
	引进优秀师资	0	0	3	3
	双师型	0	0	2	2

相较于“双一流”建设高校，普通本科高校提出要开展教

师培养、教师老带新、教师交流国际化、教师发展与教学团队建设、健全教师教学发展支持体系、教师主体责任机制、打造高端智库、首席教授责任制、引进优秀师资、打造“双师型”教师等领域的建设，更加注重教师教学能力的提升，注重应用型人才的培养。

一是强调教师培养。教师培训方式多样，通过对各类教师开展师德师风、教育教学理念、教学基本能力、教育教学方法、创新创业教育等系列培训，加强师德师风建设，提升教师在学情研究、教学设计、教学方法、讲课技巧、考试命题、教学研究等各方面的能力。安徽建筑大学、福建师范大学、桂林理工大学、江苏大学在建设方案中强调了教师培养，依据校情建设与之相应的教师培训机制，展开各类培训。其中，安徽建筑大学建立了在岗教师常态培训机制，组织开展骨干教师学科教学能力培训、优秀教师教学创新能力培训、现代教育技术培训、实验教学技能培训、工程实践能力培训、外语技能培训、以及各类专题培训等，有效促进教师教学理念、教学技能与方法、教学研究能力、学术道德和师德等方面的提升。福建师范大学实施了师能水平提升工程，充分发挥教师发展中心作用，持续开展教学培训、教学研讨会与教学工作坊等活动，加大教师适应信息化、人工智能等新技术变革的能力培养力度，打造“学术 + 技术 + 艺术”三个方面结合的新型高素质教师。桂林理工大学构建了“5 +5 +5”教师教学培训体系，通过名师讲坛、教学沙龙、教师工作坊、公开示范课、新老教师传帮带五种形式对各类教师持续展开培训，加强教师教学能力建设。

其中，“双师双能型”教师的培养和教师“老带新”是被高校提及最多的两类教师培训方式。双师双能型，是指教师、工程师等资格兼具，教学能力、实践能力兼备的教师类型，它是对应用型教师的要求。教师“老带新”是学校中常见的教师培养方式。福建师范大学出台“双师双能型”教师认定办法，将青年教师践习经历作为职称评聘的必要条件；建立与企业人才双向任职互聘制度和“访问工程师”进修制度，成立“双师双能”名师工作室。桂林理工大学加强“双师双能型”教师队伍建设，推进行业专家进课堂和专业教师进企业“双进互融”。为帮助年轻教师树立良好的职业道德、教风学风和敬业精神，培养其对教学内容的处理能力、运用教学方法和手段的能力、教学组织和评价能力、语言表达能力、与学生沟通交往能力等。安徽建筑大学实施青年教师教学导师制，通过导师听课评议、审核教案、交流指导等形式对青年教师教学工作进行跟踪指导，教师名师、优秀教师被要求每年至少指导一名青年教师。

二是为教师提供更好的平台，加强高水平教师团队建设，建设教师实习实训基地，全面推进理论与实践相结合、教学与科研相结合，通过交流合作提升整体教师教学科研水平。安徽建筑大学注重加强教学团队及名师工作室建设，以国家级、省（市）级、校级教学团队为主要载体，加强教学团队建设（原则上每个教师必须加入一个教学团队）；各教学团队要合理安排教学经验丰富的教师指导其他成员开展教学活动，尤其加强对青年教师的指导；立项建设的校级及以上教学团队每学期应以课程建设为中心，开展不少于三次主题教研活动，开展集体备课，研讨教学内容、教学方法与手段，集中解决相关教学问题，交流教学经验。桂林理工大学依托一流学科、专业建设、精品课程建设以及实习实训基地建设，建设十个由校内外教学科研人员、企业专家等组成的教学团队，整体提升教师专业能力。中南民族大学积极推进教学团队建设，对接国家一流专业和一流课程建设，构建省校两级教学团队体系；对于获得立项的省级和校级教学团队，在建设期内，省级教学团队可根据项目进展情况申报校级教学项目，教务处备案后予以立项，经费由该团队统筹安排。

三是建设一流教师队伍。教师队伍的“一流”体现于教师的教学质量、科研水平以及对国家和区域经济社会发展具有重要支撑作用。引进优秀师资则是在培养本校人才以外最常见也是相对见效最快的建设优秀师资队伍的方式。湖北大学通过“内配外引、专兼结合”建立一支“双师双能型”教师队伍，实现专业技能训练进课堂。福建师范大学提出打造高端智库。以一流学科建设为引领，围绕国家和福建经济社会发展等重大需求，选取具备潜力的应用类科技成果进行孵化，产出一批重大的科技成果，形成一批重要理论创新成果、政策标准和咨询报告。面向市场优化科研选题，构建以科研成果转化为重点的社会服务体系。完善科研成果转移转化的管理制度，形成成果转化的内生动力；同时，实施“海内外英才计划”和“宝琛计划”，形成引育高端人才和青年英才的可持续机制；构建教学名师培养体系，对青年骨干教师实施重点培养。打造优秀教学团队，形成可持续的人才梯队，完善教师境外进修交流访学制度，提升师资队伍国际竞争力；构建以聘用合同和岗位职责为依据、以业绩贡献和能力水平为导向的考评制度，完善教师晋升、流转和退出机制。

2. 普通本科高校现阶段更加关注加大优质资源对本科生的开放

相较而言，普通本科高校更加关注优质科研资源和一流师资向本科生开放，关注对已有培养方案的修订、对学分管理与学籍管理的完善、对人才培养过程管理的强化、对学生学习过程管理、学生个性培养等的建设。

一是优质资源向本科生开放。例如，通过一流师资给本科生上课、科研项目向本科生开放等方式加强教学投入，实现本科教育与科研的良性互动，以高水平科学研究支撑高质量人才培养，推动高质量师生共创，增强学生科研能力，形成教学团队与科研团队的有机结合，积极推进科研成果进课堂、进教材制度，形成科教协同培养人才的新格局。安徽建筑大学、桂林理工大学、湖北大学和江苏大学均要求教授、知名学者（如教学名师、长江学者、国家优秀青年基金获得者等代表学校高水平教师队伍的学者教授）等为本科生授课，常州大学、福建师范大学、桂林理工大学、湖北大学均提出要求支持本科生参与科研活动。

其中，一些学校对学生享用优质资源做出了更加具体的要求。例如，安徽建筑大学规定教授的本科教学工作量不得低于所在教研室年均工作量的三分之一，同时聘请学术水平高、教学能力强、师德师风好的退休教授，专门从事本科教学工作和青年教师带教工作，充分发挥教授在本科教育工作中的引领示范作用。江苏大学明确教授为本科生讲授基础课和专业基础课的要求，拟晋升二级教授的老师须承担一门学科基础课。桂林理工大学制定了本科生全程导师制实施办法以提高学生的创新精神和实践能力；并提出学生在一年级激发学习兴趣与创新意识，二年级撰写学年论文或提前进入实验室开展初步科学研究，培养创新精神；三年级参与导师课题研究，锻炼创新思维；四年级通过具体的创新训练项目、学科竞赛、毕业论文（设计）等，提高创新能力，要求学生参与教师科研课题的比例不低于30%。

二是对已有培养方案及现有管理过程进行强化和完善。例如，修订人才培养方案、调整教育理念、因材施教、分类培养、个性化培养、通识教育培养、注重特色、完善评价制度等，坚持以学生为中心的教育理念，更加注重学生的个性化发展、注重学科交叉，重视实践教学和科研训练，充分体现通识教育与专业教育、专业教育与创新创业教育有机融合，为学生提供优化的知识结构和个性化培养的空间。

在完善人才培养方案上，根据学科门类、学科专业和人才培养类型的目标和特点，湖北大学以学分制改革为契机，全面修订人才培养方案，实现拔尖创新型、卓越应用型和交叉复合型三类人才的分类培养，并对低年级学生实施以文理为主的通识教育，对高年级学生实施以宽口径的专业培养为载体的综合能力的培养。江苏大学重构本科人才培养计划，面向新时代我国经济社会发展的新要求，以培养德智体美劳全面发展的卓越创新人才为目标，推进大类培养，优化公共课、专业基础课和专业课比例结构，加强课程体系科学设计，提高课程建设规划性、系统性，构建具有本校特色的一流本科人才培养方案。

在个性化培养上，江苏大学将进一步完善学分制，扩大学生学习自主权、选择权；进一步完善转专业制度，扩大学生选择专业的自主权，助力学生达成学业目标。福建师范大学致力于打造个性化培养周教育 2.0 版，出台了《关于推进个性化培养周教育工作的实施意见》，修订了《福建师范大学本科学生素质拓展学分管理办法》，将个性化培养周教育内容融入人才培养全过程，推动第一课堂、第二课堂有机衔接。

在加强学习过程管理、强化评估监督上，江苏大学加强学业过程管理、完善学籍预警机制和淘汰机制。制订为优秀学士学位获得者颁发相应的荣誉证书的实施办法，增强学生学习的主动性、积极性和荣誉感。桂林理工大学制定了进一步加强学习过程管理的实施办法，全面梳理各门课程的教学内容，淘汰“水课”、打造“金课”，增加课程难度、拓展课程深度，合理增负，切实提高课程教学质量；加强学习过程考核，专业基础课、核心课过程考核成绩比重不能低于 40% ~50%；建立健全毕业论文（设计）盲审制度，严肃处理抄袭、伪造、篡改、代写、买卖毕业论文等违纪问题，确保本科毕业生论文（设计）质量。天津城建大学以激发学习动力和专业志趣为着力点，完善过程评价制度；加强对学生课堂内外、线上线下学习的评价，强化阅读量和阅读能力考查，提升课程学习的广度；加强研究型、项目式学习，丰富探究式、论文式、报告答辩式等作业评价方式，提升课程学习的深度；加强非标准化、综合性等评价，提升课程学习的挑战性。

3. 普通高校更关注校园文化建设

在校园文化建设领域，普通高校的关注度高于“双一流”建设高校，通过多种方式加强高校组织文化建设、强化标准文化建设以及推进制度文化建设；或是坚持社会主义核心价值观，教育师生树立正确的世界观、人生观和价值观，引导师生钻研学术、奉献学术，营造浓郁的学术文化氛围；或是大力推进创新创业教育活动，通过设立大学生创新创业奖励基金鼓励学生开展创新学习、创新实验及创业模拟活动，增强学生们的创新意识和创新能力；或是加强体育文化和社团文化建设，形成具有本校特色的校园文化。以湖北大学为例，在建设方案中提到如下内容：一要构建核心价值文化，发挥校史育人作用，增强校园文化凝聚力，提升校园文化认同感；二要营造浓郁的学术文化氛围，大力弘扬“日思日睿、笃志笃行”的校训精神和“自强不息、克难奋进”的“习坎”精神以及求真务实的踏实的学风；三要大力宣扬“双创”文化，建设湖北大学乐创园，为学生提供“创意—创法—创新—创造—创业”五创一体的创新创业教育；四要强化体育育人功能，塑造学生的健康体魄，培养学生的顽强意志，形成具有湖北大学特色的校园文化；五要进一步加强社团文化建设，建立社团文化教育与品牌艺术活动相结合的长效机制，提高学生的艺术修养，激发学生的想象力和创造力。

此外，福建师范大学立足本校特色，提出通过发挥闽地文化研究优势、打造福建师大文化品牌，发展地方文化和建设学校文化品牌。一方面，加强福建特色文化研究，传承中华优秀传统文化和闽学文化精华，发掘以“古田会议精神”为代表的原中央苏区、革命老区“红色”优质教育资源，有机衔接海丝、客家、闽南等地方文化，加强对中华优秀传统文化和社会主义核心价值观的研究和宣传，不断增强中国特色社会主义文化自信。另一方面，溯源福建师范大学百年文脉，推动学校一流学科建设等办学成就经验及典型案例在国家、省级各大主流媒体上的覆盖率和传播力，加强大学文化形象推广，增强师生文化自信，形成推动社会进步、引领地方文化、特色鲜明的师大精神和师大文化。

4. 普通高校更关注软硬件设施建设

普通高校进一步提出加强软硬件设施建设。例如，完善软硬件设施的建设标准、推进教育教学数字化发展等。安徽建筑大学要求完善教室、实验室和专业系（教研室）等“三室”标准化建设，即创新资源平台、管理平台的建设、应用模式，增强信息化服务教育教学与管理的能力，建设一批适应学生自主学习、自主管理、自主服务需求的智慧教室和智慧实验室，推动专业系（教研室）以课程组为单位进行建设，将“基层党组织、基层学术组织、科技创新平台与基层教学组织”四位一体同步建设。常州大学提出，建设数字化教学资源，全面推进在线开放课程、虚拟仿真实验项目建设，大力推动互联网、大数据、人工智能、虚拟现实等现代技术在教学、实践和管理中的应用，建立基本覆盖专业核心、主干课程的数字化教学资源，实现校内开放、校外共享，实质性开展在线开放课程学分认定。

（三）“双一流”建设高校现阶段更加强调通识教育、建设创新平台、考核验收和优化管理

相较而言，现阶段，为了进一步提高本科教育质量，向国际一流水平看齐，“双一流”建设高校更加强调加强通识教育、制订独特的人才培养计划、搭建创新创业平台、明确考核验收条件、优化管理体制等内容的建设。

1. “双一流”建设高校更加强调通识教育和独特人才培养

在人才培养相关内容中，两类高校都有提及立德树人、探索与改革人才培养模式、理想信念教育等内容，但也有一些不同。相较于普通高校，“双一流”建设高校更加强调加强通识教育建设，并结合国家与社会发展需求、学生未来发展制订独特的人才培养计划。

一是加强通识教育建设，增加学生知识的广度与深度，拓展学生视野，提升学生的人文素养与科学素养，促进学生全面发展。复旦大学、南开大学和南昌大学三所“双一流”建设高校提出了加强通识教育建设。复旦大学还给予每门通识课程 3 万元经费支持，以鼓励老师开设新的高质量通识课程，并在绩效考评方面予以更多倾斜，最高可能获得数十万元奖励。尤其，鼓励老师定期开设小班讨论课，解决“沉默课堂”等教学实际问题。南开大学提出围绕促进学生全面发展优化通识教育体系。南昌大学则是专门建立通识课程中心。

二是制订独特的人才培养计划，因人施教，使学生既能具备深厚的专业基础，又充分接触前沿研究，并具有宽阔的国际视野和持久的竞争力，为学生未来发展创造更多可能。天津大学在学生主修专业确认和转专业方面建立了全新的模式——主修专业确认机制，按大类招生的学生，在大学一年级入校后将有两轮确认自己主修专业的机会，第一轮是大类内的专业确认，第二轮则可以提出类内或者跨类专业的申请，在学生转专业的过程中实施“转出无门槛，转入有要求”的制度，给予学生更大的专业选择自主权。

复旦大学制定了“2+X”本科培养体系、“学程教育计划”、书院修身养德六大计划、本科荣誉项目等。“2+X”是指构建通识与多元选择有机结合的“2+X”培养体系，即在“大类招生、通识教育、专业教育、多元发展”的人才培养理念的基础上，在本科前两年着重开展通识教育和大类基础教育，专注基础融通。“学程教育计划”是鼓励学生可在主修专业之外，有系统地修读其他专业的基础课程或特设主题的系列课程，获得更多的交叉创新发展的新路径。根据本科生“适应—提升—拓展”的阶段特点，聚焦“思想引领、文化涵养、学术拓展、关爱成长、创新实践、领袖人才”的书院修身养德六大计划被推出，探索书院教育成绩单为基础的评价体系，探索建立国际学生书院，并推进全员导师制。此外，为了激发本科生在学习和研究上的最大潜能，复旦大学还探索实施本科荣誉项目，完善拔尖人才培养模式。荣誉项目以富有挑战性的荣誉课程和高标准的科研实践为核心，荣誉课程将设置更多的大学分课程，具有明显高于普通课程的教学深度。据悉，2019 年首批参与荣誉项目的本科生有机会获得荣誉学业证书。2020 年所有院系均能开展荣誉项目教学。

2. “双一流”建设高校更关注建设创新平台

在创新创业教育领域，“双一流”建设高校更加关注创新平台的建设，搭建创新创业相关课程体系，搭建各类创新创业实验室、组建创新创业教师团队、吸纳创业支持资金，培养高水平创新创业交叉型人才。

以复旦大学和哈尔滨工业大学为例。复旦大学一直高度重视创新创业人才的培养，设立实践场所、建设创新创业教育链，培养高水平创新型人才；计划设立创新交叉实验室、创新实训湾以及由学生自主创立的各式创新俱乐部等创新创业教育平台；设立创新创业导师团，壮大创新创业基金，支持创新创业孵化项目；完善创新创业教育政策，建设创新支持中心，为开展创新创业教育、支持学生创新创业项目提供公共性服务。同时，随着复旦大学国际化合作办学在广度和深度上的推进，学校设立多种与海外知名高校或顶尖专业联合培养项目、双学位项目，试点建设海外教育中心，扩大学生海外中长期（一个学期及以上）交流规模，进一步丰富各类海外短期交流实践项目等优质资源，加大奖助支持力度，争取每年提供的海外学习交流机会（人次数）达到每个年级本科生人数的一倍左右，使更多的本科生在读期间能获得一次以上的海外学习经历。

哈尔滨工业大学为了建设创新平台，以现有国家级实验示范中心、国家级工程实践教育中心、全国高校实践育人创新创业基地、大学生创新创业园、工程训练创新中心为牵引，充分推动各级各类实验中心、创新创业实践基地在创新实践育人中的重要支撑作用。加大在创新实践平台的投入，建设本研一体化的创新实验大厦，建成课内实验、大学生创新创业计划、学科竞赛、实习实训、科研开发等全链条的综合性一体化协同创新实践平台，建设包括创客空间、创业企业孵化器、创业咖啡、创业商学院及配套功能区的全要素、全功能、全过程的大学生创新创业园。加强协同创新实践平台的信息化建设工作，加强信息化管理，创造全天候、全空间、全员开放环境和条件。加强创新实践平台软科学建设力度，提高实验平台管理人员水平，为高质量服务提供支撑保障。建立校院两级创新实践平台建设机制，实现每个学院建成一类特色基地、服务一类创新创业项目、支持一类高水平学科竞赛、培育一批高水平创新创业成果。

3. “双一流”建设高校更关注考核验收

在考核验收方面，“双一流”建设高校提出了更加细致、具体的考核条件。南京林业大学对国家级一流专业建设点、江苏省一流专业建设点、校级一流专业建设点、其他专业在建设期内都提出了十分具体的建设要求。苏州大学发布了“苏州大学一流本科专业建设通用指标体系”，指标体系包含专业目标与要求、师资队伍、教学资源、培养过程、学生发展、质量保障6项一级指标、14个二级指标和26个观测点，再加一个名为“专业特色”的附加评分项目。“专业特色”是指在专业建设理念、人才培养模式、师资队伍建设、产学合作教育、课程开发与建设、学生能力培养、教学管理与改革等方面开展的特色工作及取得的标志性成果，得到社会广泛认可。在指标体系实施过程中，苏州大学针对各项观测点进行A、B、C等级评价，所有26个观测点中获得16个及以上的A级且无C级，则专业所在学院（部）可推荐申报。建设期满，凡在26个观测点中获得A级不少于23个且无C级的专业，视为项目建设完成，可以结项。

4. “双一流”建设高校更关注优化管理体制

“双一流”建设高校进一步提出对管理体制进行优化，建立符合现代大学制度的教育教学治理体制。改进方式有深化体制机制改革，推动人事制度改革，清除体制机制障碍和阻力；推动多部门协调联动，形成人才培养强大合力，提升工作效率，提升公共服务水平，提高教师学生满意度；优化资源配置，调整经费收支结构，调整激发办学活力、增强内生动力。例如，东南大学提出强化学生思想引领、学业发展指导、职业发展指导、心理健康指导、帮困助学服务等全方位指导服务，创新教务处、学生处、实验与设备管理处、团委、教师教学发展中心协同育人模式，强化目标导向，建立“可视、公开、约束、激励”的教育教学管理机制，引导和激励广大师生员工潜心教书育人。南昌大学要求“两办”、发展规划与学科建设处、人事处、教务处、教学督导与评估办公室等完善本科教育管理体制，在校院二级管理体制下明确学校办校、学院办学、教授治学的管理理念；要求计划财务处、教务处、学工委办、学生工作处、招生与就业工作处、资产管理处、现代教育技术中心、高校教师教学发展中心切实把教学工作作为经费投入的重点，加大对教学经费的投入力度，以资源配置为核心推进本科教育教学的综合改革，逐步实现本科生学费全部用于本科教学。

四、研究结论

从各高校的一流本科教育建设方案可以看出，高校都在坚持立德树人，以学生发展为中心，加强本科育人平台建设，推进创新创业教育，强化实践环节育人功能，提升国际化办学水平，打造科研与创新创业、社会实践、国际合作、校企校地校校合作、信息化建设等全员、全过程、全方位、多维度的融合育人空间。相较而言，“双一流”建设高校在通识教育、创新平台、一流专业等领域提出更加具体、细致的建设要求；普通高校在人才培养计划、教师队伍、专业管理、校园文化、软硬件设施等领域提出更加具体、细致的建设要求。针对各高校的一流本科教育建设方案，提炼出创新人才培养，优化教育理念；建设一流专业，突出专业特色；培育优质师资，构建一流教师队伍；推进课程改革，建设高水平教材；加大经费投入，保障方案落实五个一流本科教育建设特征并提出相关建设建议。

（一）创新人才培养，优化教育理念

“培养什么人”“怎样培养人”“为谁培养人”，历来是我们党和国家教育的根本问题。人才培养质量是教育质量的核心，强调人才培养创新是一流本科建设的必经之路。从 2009 年起，我国陆续启动实施了基础学科拔尖学生培养试验计划和一系列卓越人才教育培养计划，共称“六卓越一拔尖”计划。如今，国家又提出了建设一流本科教育，愈加显现国家对本科教育质量的重视。传统的人才培养模式已不能完美适应国家政治、经济、社会、文化发展的最新需求，培养一流的本科人才，需要创新人才培养模式，优化教育理念。创新人才培养的重要性已经得到了国内高校的广泛关注，在各高校的一流本科教育建设方案中都有所体现。

在党的十八大报告中，“立德树人”被首次明确为教育的根本任务，并在党的十九大报告中要求“落实立德树人根本任务”。2018 年 9 月，习近平总书记在全国教育大会上强调，要把立德树人融入思想道德教育、文化知识教育、社会实践教育各环节，贯穿基础教育、职业教育、高等教育各领域。在一流本科教育建设方案中，无论是“双一流”建设高校还是普通高校，都将立德树人放在了十分重要的位置，并从不同角度出发探索改革人才培养模式。例如，强化理想信念教育，培养拔尖创新人才，发展通识教育，鼓励跨专业、跨院系、跨年级贯通培养，

改进学生学习评价等。相较而言，“双一流”建设高校更加强调加强通识教育建设，并结合国家与社会发展需求、学生未来发展制定了独特的人才培养计划。这些措施都体现了高校以本为本，努力在本科人才培养上改革创新的坚定信念。普通本科高校更加关注优质科研资源、一流师资向本科生开放，关注对已有培养方案的修订、对学分管理与学籍管理的完善、对人才培养过程管理的强化、对学生学习过程管理、学生个性培养等的建设。

培养一流人才是中国高等教育新时代内涵式发展的最核心的标准。[①] 高校在建设一流本科教育中，需要创新人才培养模式，优化教育理念，用新教育理念引领人才培养创新，做到以本为本，以生为本。创新人才培养包括完善本科生人才培养方案甚至因人施教制订独特的人才培养计划、加强思想政治教育、发展通识教育、给予学生更多课程和科研选择、让本科生有更多的机会接触和享受到优质科研资源和一流师资、强化学生过程管理等。优化教育理念指在建设一流本科教育中更加关注学生个体意识和国家与社会发展需求，强化“以学生为中心”的教育理念，从服务国家发展战略出发，以先进的教育理念为国家与社会经济发展培养符合社会主义核心价值观的，具备扎实的专业知识基础、较强创新精神和实践能力、宽广的国际视野、强烈的社会责任感、良好的思想道德品质的高素质拔尖创新人才和高级专门人才。

---

① 吴岩．一流本科一流专业一流人才［J］．中国大学教学，2017（11）：4－12，17．

（二）建设一流专业，突出专业特色

专业是大学的细胞和根基，承担着人才培养和服务社会的重要任务，尤其重点建设专业，是一个学校的象征性品牌和代表性的标志，是保持学校长期竞争力的关键性因素。[①] 2019 年 4 月 9 日，教育部决定启动一流本科专业建设“双万计划”。“双万计划”是指教育部以建设面向未来、适应需求、引领发展、理念先进、保障有力的一流专业为目标，实施一流专业建设，计划在 2019—2021 年建设 1 万个左右国家级一流本科专业点和 1 万个左右省级一流本科专业点。“双万计划”有效引起了高校对一流专业建设的重视，推动了国内一流专业建设。一时间有关各类专业、各层次高校一流专业建设的相关研究和观点甚嚣尘上。管理者和研究者都在思考“一流专业的内涵与特征是什么”“应该如何去建设一流专业”等问题，不少高校也纷纷将建设一流专业纳入一流本科教育建设方案当中。

一流专业建设是一流本科教育建设成效的重要体现之一。建设一流专业也有助于学校提升在相关专业或行业领域的地位和话语权，吸引更多优质生源，为国家和社会经济发展培养和输送更多一流人才。“双一流”建设和“双万计划”提出之后，国内高校都在结合区域特色、发展需求或学校性质明确本校特色专业和优势专业，致力于建设一流专业，优化专业结构，提升高等教育质量。所有样本高校都花费了较大篇幅用于专业建设，不仅对入选国家级、省级一流专业建设名单的专业进行大

---

① 高正艳，王战军，杨旭婷．一流专业建设达成度评价：内涵与特征［J］．上海教育评估研究，2019，8（2）：21－24．

力支持，两类高校均有部分高校专门设置了校级一流本科专业建设计划，在校内形成专业建设梯队，对不同级别的一流专业提出不同等级的要求和提供不同的支持力度，鼓励各专业争创一流。相较而言，“双一流”建设高校在专业建设上的要求相对更加具体，更加强调专业动态调整、一流专业建设以及建立学科专业优化机制。普通高校更加强调夯实专业基础建设，提出明确专业定位、规范管理专业、评估专业建设、打造专业集群、培养专业带头人等。

一流专业是建设高等教育强国的基础，是一流人才培养的基本单位。高校在建设一流专业时，需首先厘清一流专业的内涵和特征，判断本校是否适合及有条件建设一流专业、本校有什么优势专业或特色专业、本校什么专业可以建设成一流专业。在“两个一百年”奋斗目标的历史交汇期，学校要重点建设的一流专业应当是对国家或区域经济社会发展具有重要意义的、具有区域特色的、优先是国家发展急需的专业。其次，明确一流专业建设定位和内容，夯实专业基础建设，规范专业管理，提升专业课程教学质量和科研水平，努力获得权威专业认证甚至在专业相关标准制定上拥有话语权。最后，强化专业评估，以评促建、以评促改、以评促管、评建结合是有效推进一流专业建设、保障专业建设效果的重要方式。构建科学合理的一流专业评估指标体系，建立一流专业动态调整机制，能够激励相关专业师生和管理者优化学科专业，提升专业教育教学和人才培养质量。

（三）培育优质师资，构建一流教师队伍

一流的教师是培养一流人才的关键。只有一流的教师队伍才能培养一流的人才，才能建成一流的大学，才能引领中国由教育大国走向教育强国。① 近年来，我国高校师资队伍水平有较大的提升，从国际上引进了一大批一流师资，有效提升了我国高校的教学科研水平尤其是科研成果的产出，推动了相关学科专业的发展，但仍存在一些问题制约高校向一流水平迈进。例如，师资队伍整体结构不够完善、对师德师风建设的重视程度不足、本土一流教师培育能力不足、教师实践能力偏弱、教师职称等相关评估考核制度不科学等。② 这些问题无论是在“双一流”建设高校，还是普通高校都普遍存在。在一流本科建设相关方案中培育优质师资、构建一流教师队伍也成为重点建设领域之一。

习近平总书记在北京大学师生座谈会上讲话时提出：人才培养的关键在教师。教师队伍素质直接决定着大学办学能力和水平。优秀的师资队伍是高校科研创新水平、人才培养水平和竞争力的重要体现，是建设一流本科教育的一项关键因素和重要支点。在教师队伍建设中，普通本科高校的需求远强于“双一流”建设高校，普通本科高校建设方案中提到教师队伍建设的内容比“双一流”建设高校高出一倍多。普通本科高校提出要做教师培养、教师“老带新”、教师交流国际化、教师发展与教学团队建设、健全教师教学发展支持体系、教师主体责任机制、打造高端智库、首席教授责任制、引进优秀师资、打造

① 谢和平. 打造一流师资队伍　建设一流本科教育［J］. 中国大学教学，2019（4）：8－10，33.

② 李霏，刘绍满. “双一流”背景下我国高校师资队伍发展的瓶颈与对策研究［J］. 科教文汇（上旬刊），2021（2）：13－14.

“双师型”教师等领域的建设，更加注重教师教学能力的提升，注重应用型人才的培养。“双一流”建设高校则将师资队伍建设重点放在教师评价与激励、教学能力提升建设工程、教师团队及工作室建设、优质教学团队建设、师德师风建设和提高教师积极性等方面。教师培训方式多种多样，其中“双师双能”型教师的培养和教师“老带新”是被高校使用最多的方式。

师资是大学的战略性资源，一流师资队伍既要靠引进，更要靠培养。从培养方案中对一流师资队伍的建设中汲取经验，高校应当从把好优质师资入口关、培育关和评估关三个方面建设一流教师队伍，为一流本科教育建设稳住人才培育口。第一，把好优质师资入口关，从校外或国外招聘或引进优质师资是建设高水平教师队伍时最常见也相对见效最快的方式，但在招聘或引进时要把好质量关，以“高门槛高标准”选才、用才。第二，把好优质师资培育关，“双一流”建设启动后，出现东部高校到中西部高校挖人的现象，对中西部高校的学科专业发展造成了极大的不良影响，即使从国外引进一流教师也会出现水土不服的现象。所以，除了“引进来”更需要“养起来”，通过组织教师校内外培训、教师“老带新”、组建教育智库、鼓励教师出国合作交流等方式培育本土一流师资，形成可持续的人才梯队。第三，把好优质师资评估关，教学与科研是教师的主责主业，应构建科学合理的教师评价指标体系，破“五唯”，同时突出教师的教学科研成果对区域社会发展的贡献度，完善教师晋升、流转、退出机制，真正提升教师水平。

（四）推进课程改革，建设高水平教材

课程是教育最微观、最普通的问题，它要解决的却是教育中最根本的培养人的问题，是落实“立德树人”根本任务的具体化、操作化和目标化，但课程也是中国大学普遍存在的短板、瓶颈、软肋，是一个关键问题。[①②] 作为体现“以学生发展为中心”理念的“最后一公里”，课程建设质量是重中之重，“消灭水课，打造金课”是建设一流本科教育的必由之路。2018 年 11 月，教育部高等教育司司长吴岩在“第十一届中国大学教学论坛”上提出了“两性一度”的金课标准，即高阶性、创新性、挑战度，也为一流课程的建设提供了新思路和新标准。

课程在“双一流”建设中具有举足轻重的作用，是一流本科教育建设的支点。两类高校都不约而同地提出要建设一流课程、编写一流教材，其中天津城建大学更是直接针对一流本科课程建设制定了《天津城建大学一流本科课程建设实施方案》。一方面，高校积极开展课程改革，通过开发课程平台给予学生更多选择，通过增设思想政治教育课程建设强化学生的思想政治意识，通过制订课程质量标准、施行课程评估提高课程质量，通过课程改革提高学生创新能力和批判性思维能力。另一方面，高校积极推进高水平教材建设，不仅要完善教材的开发、遴选、更新和评价体系，建设高水平的教材、打造精品教材；也要注重教材特色建设，体现教材的高质量、科学性和前沿性。

高质量的课程是科研与教学的交汇点，没有一流的课程，“双一流”就不可能实现。[③] 有意建设一流本科教育的高校可从

① 尹雪聪．“双一流”背景下高校师资队伍建设的研究与探索［J］．科教文汇（上旬刊），2021（4）：10－11．

② 吴岩．建设中国“金课”［J］．中国大学教学，2018（12）：4－9．

③ 柯政．“双一流”中的课程建设：上海纽约大学的启示［J］．中国高等教育，2016（Z2）：53－56．

以下三个方面积极推进课程与教材建设。第一，改革课程设计思路和课程教学方式，邀请知名学者或一流教师参与课程与教材设计，提升本科课程的针对性和适切性，根据课程需要综合运用线上与线下、听讲与讨论、理论与实践相结合的多样化教学模式，提高学生的课程参与度和知识获得性。第二，优化课程与教材内容，与时俱进，增强课程内容的前沿性，给予学生更多的课程选择和学习模式选择，同时在课程和教材中更加深层次地体现国家与社会发展需求，提升课程质量。第三，强化课程与教材评估，构建以质量为导向的课程与教材相关的评估指标体系，通过定期评估保障和提升课程与教材的质量。

（五）加大经费投入，保障方案落实

国务院印发《统筹推进世界一流大学和一流学科建设总体方案的通知》《统筹推进世界一流大学和一流学科建设实施办法（暂行）》《中央高校教育教学改革专项资金管理办法》《中央高校教育教学改革专项资金管理办法》等文件都对我国高校建设中的经费筹措、经费使用、经费预算、经费管理、经费分配等提出了要求。这些文件的出台无不体现出国家通过经费改革提升高等教育质量、建设世界一流大学的坚定决心。① 加大经费投入是保障一流本科教育方案顺利落实的基础。

经费筹措和支出是大学经费运行的两个重要环节，前者保障财力基础，后者影响建设质量。经费筹措能力决定了大学发展的经济基础，经费支持是我国高校建设一流本科教育道路上

① 王战军，蓝文婷，布莱恩·麦考尔．美国一流高校经费收入特征及其对我国“双一流”建设的启示［J］．高等教育研究，2019，40（10）：96－102.

不可回避的问题，是国内高校一流本科教育建设过程中的重要内容。在经费支持方面，两类高校都纷纷表示要增加教育教学资源和经费投入，不少“双一流”建设高校明确规定了经费支持数额。同时，各高校都在通过各种渠道吸纳更多经费，加强各类平台建设。在创新创业教育领域，“双一流”建设高校注入经费建设创新平台。在考核验收方面，“双一流”建设高校相对提出了更加细致具体的考核条件。在管理体制方面，“双一流”建设高校进一步提出对管理体制进行优化。相较而言，普通高校进一步提出加强软硬件设施建设和校园文化建设。这些建设都需要经费支持。

对此，高校需要保障学校建设一流本科的经费，加大本科教育投入，提高经费使用效益，注重本科教育改革绩效评价，确保经费落实到位。第一，多渠道筹资，国家专项建设资金是引导性资金，资金总额是有限的，“双一流”建设高校不能单独依靠某一项或少数几项收入，否则易陷入“少钱少干，没钱不干”的怪圈，应当在政府财政拨款以外增加社会资金在高校经费收入中的比重。第二，建立健全的经费管理机构和庞大的经费管理队伍，提高经费使用效率，将经费真正用到学生身上。例如，增加服务类支出，一流本科教育建设需要良好的建设氛围，公共服务支出等有助于营造良好的校园环境、改善大学师生的工作和生活质量，同时还需要提高学校经费管理的行政效率，提升师生满意度。第三，构建科学合理的经费绩效评价体系。经费使用科学高效是提高一流本科教育建设成效的重要因素，经费绩效评价体系的构建对经费使用效率的提高具有重要意义。

◎ 第二篇

国际经验：如何推进一流本科教育

本科教育是高等教育的重要组成部分，在促进个体发展、推动社会进步、加快国家现代化进程中发挥了不可或缺的作用。从国际比较的视角来看，世界各国都视加强本科教育为重要的教育发展策略。特别是自20世纪八九十年代以来，随着科学技术日新月异的发展和国家间竞争的日益加剧，提升本科教育质量成为世界高等教育发展的一个重要特征和趋势。美国的重建本科教育运动、英国的教学卓越框架、日本的国立大学改革、欧盟的教育一体化改革等无不把关注点投向了本科教育，采取一系列改革措施，加强本科教育的主体地位。调整课程结构，促进通识教育和专业教育协调发展；加快教学改革，助力学生全面化、个性化发展；改革评价制度，强化学习效果评价；完善激励机制，调动教师教学积极性；创新人才培养机制，突出人才培养特色和优势；利用现代信息技术，构建开放共享的教育生态。这些措施加强了本科教育在国家教育体系中的地位，保障高端人才的国际竞争力和高等教育的全球吸引力和影响力。

评估是保障本科教育质量的重要手段，随着一流本科教育实践的深化，评估的理论和方法也在不断丰富和拓展。要开展一流本科教育评估，就要先弄清楚三个问题："评什么?""谁来评?""怎么评?"（也就是，评估内容、评估主体和评估指标）。评估内容是评估对象的具体化呈现。在不同的评估理念下，评估内容侧重点不尽相同。例如，条件性评价理念关注经费收入、师资条件等量化内容的考察。增值性评价理念关注学生在学习环境下情感和认知的"增值"。过程性评价理念学者们提出，关注学习者与教学主体、教学环境、教学活动之间的互动过程。评估主体是解决谁来评的问题。根据利益相关者理论，高等教育存在着多元价值，满足不同群体的利益诉求。因此，高等教育评估主体呈现多元化的特征，包括国家、社会、高校、协会组织以及家长学生。评价指标是评价内容的具体化和可操作化的呈现。根据不同的评价目标和评价内容，评价指标也不尽相同、各有侧重，并根据评估理念的变化不断进行修正和调整。

当前和今后的一段时期是我国高等教育进入普及化发展阶段，加快实现第二个百年目标和实现教育现代的关键时期，高质量发展成为今后工作的主线。借助西方国家高等教育的发展经验，我国一流本科教育发展要坚持以本为本，强化本科教育的基础性地位，采取灵活多样的人才培养机制，强化优势特色，完善课程体系，促进通识教育和专业教育融合发展，创新教学方法，倡导研究性、合作性教学改革，充分开发在线教育资源，为学生提供多样化的教育选择。

第四章

国外一流本科教育改革的政策举措

随着知识经济的发展和全球化的加剧，国与国的竞争关键是高层次人才的竞争。而高层次人才的成长关键时期是本科教育阶段。世界各国意识到本科教育的重要性，运用多种政策手段，加快了本科教育改革，不断强化本科阶段在人才培养上的作用，提高人才培养质量，力图在国际竞争中处于优势。

一、国外一流本科教育改革政策

梳理和回顾国外本科教育改革的政策制定，是加强理解国外本科教育改革实践的有效方式。本节重点梳理美国、欧洲、英国和日本为代表的本科教育改革，期望从中发现一流本科教育改革的共同规律和特征。

（一）美国重建本科教育运动

20 世纪八九十年代，美国掀起了一场旨在提高本科教育质量的运动，以此扭转长期以来美国本科教育中存在的突出问题：学业成绩下滑、本科生专业面过窄、教师不重视教学、学生学习积极性不高等。美国本科教育的式微源自第二次世界大战以后美苏“冷战”的需要，研究生教育得到不断加强，相反本科教育在相当长一段时间里被忽视了。面对本科教育发展的不利局面，提高本科教育质量逐渐成为美国社会的共识，一系列围绕提升本科教育质量的课程改革、评价改革和教学管理改革陆续出台，就此美国高等教育进入了提高质量为中心的时代。

这场声势浩大的运动始于1983年发布的《国家处于危机之中——教育改革势在必行》报告。该报告对第二次世界大战以来美国教育发展存在的问题进行了深刻的反思，引起了社会的广泛关注，以此为标志开启了美国新一轮教育改革。1984年《投身学习：发挥美国高等教育的潜力》报告指出，美国本科教育存在质量下滑、教师职业倦怠、竞争力不足等一系列问题，并在此基础上提出全面提升本科教育质量的三个关键要素是促进学生投身学习、严格的要求以及评价和反馈。1998年美国发表了《重建本科教育，美国研究型大学发展蓝图》（即《博耶报告》）。该报告认为，研究型大学要有责任让每一个学生都有完整的教育体验，为下一个世纪培养科学、政治、经济上的创造者和领导者。要完成这样的使命，“大学现在必须致力于重大的改革。研究型大学要立即面对本科教育中的问题，不要为过去的实践所蒙蔽，要考虑基本的问题并准备对运行方式进行根本性变革”。[①]《博耶报告》一定程度上影响了美国研究型大学对本科教育的重视，常春藤等名校开始着手推动本科教育改革。为了吸引和留住全球的优秀学生和高层次人才，美国政府近年来出台了一系列高等教育国际化的政策。小布什时期为了提高美国学术竞争力，强化美国在STEM教育方面的优势地位，分别于2006年和2007年先后出台了《美国竞争力计划》

① The Boyer Commission on Educating Undergraduate in the Research University. Reinventing Undergraduate Education: A Blueprint for America's Research Universities [M]. Stony Book, NY: Carnegie Foundation for the Advancement of Teaching, 1999.

和《美国竞争法案》，联邦政府加大对科学、工程、医学等领域的资助力度，吸引全世界优秀人才从事基础研究，确保美国学术领导者的地位。为了培养杰出创新人才，2010 年美国发布了《培养未来科学、技术、工程和数学（STEM）领域的杰出创新人才》报告，加强科技领域杰出创新人才的培养模式改革，引导青年人致力于学习自然科学基础学科和工程技术学科的研究兴趣。

（二）欧洲教育一体化进程

欧洲是现代大学的发源地，由于历史文化等因素，欧洲各国的教育体制不尽相同，教育层次、结构、类型也有很大差异。伴随着欧洲经济社会一体化进程的加快，欧洲各国意识到必须要对各国高等教育进行重构，建立一个规模更大、流动性更强的高等教育系统，打破人才培养的体制机制障碍，促进高层次人才的自由流动和本科教育水平的提升，提高教育国际吸引力、影响力和竞争力。为此，1998 年英、法、德、意四国发表了《巴黎宣言》，明确提出了建立“欧洲高等教育空间”的发展目标，促进高等教育资源的流动、开放和共享。1999 年 6 月，欧盟 29 个国家负责高等教育的部长齐聚博洛尼亚，共同签署了《博洛尼亚宣言》，揭开了“博洛尼亚进程”的帷幕，通过可比的学位制度、学分转换系统、质量保障体系等措施，欧洲高等教育一体化进程不断加快。2001 年发表的《布拉格宣言》呼吁各国高等院校构建相互认可学位的课程体系，进一步提高欧洲高等教育的可比性和相容性。从博洛尼亚进程到欧洲高等教育区的建立，欧洲高等教育系统进行了一次系统性的重构。经过多年的努力，欧洲高等教育区中的 22 个成员国已经完成了国家资格框架的全部 10 个实施步骤，31 个国家实现了文凭补充文件的自动颁发，欧洲学分转换和累积系统的实施接近完成，一半以上的成员国实现高等教育支出占公共财政支出的 2.7%以上。[①] 在博洛尼亚进程的有力推动下，欧洲区人才培养体制机制上的障碍被打破，国家间教育资源的流动性和共享性、教育体系的兼容性和适应性得到显著提高，为人才培养质量的提升打下了坚实的基础。

（三）英国“教学卓越”框架

英国是世界公认的高等教育强国，拥有牛津大学、剑桥大学等世界级一流大学和学科，培养了大量的国际化高端人才，具有国际影响的科研产出也不胜枚举。英国高等教育的成功得益于政策性引导。1992 年，英国成立了高等教育基金委员会（HEFCs），负责对英国的大学进行公共财政拨款，拨款的原则同大学科研水平挂钩，从而保证了高等教育对经济社会发展的强力支撑，同时也提高了英国高等教育的国际竞争力。2014 年，英国继续实施“研究卓越框架”（REF），在不断增加的财政拨款的政策激励下，英国科研产出和科研收入不断提高。然而，近年来，英国高等教育中重研轻教的弊端正日益凸显，大学毕业生的就业质量下降，就业的结构性矛盾突出，高等教育的溢价正在逐步衰减。据英国高等教育署 2015 年进行的学生学习体验调查显示，有超过 60% 的学生认为他们所修课程的所有或部分内容没有达到之前的预期，满意度普遍较低，并且有三分之

---

① Eurydice. The European Higher Education Area in 2015 ［R］. bologna process implementation report，2015：39.

一的学生认为这是由较低的教学质量所导致。① 英国逐步认识到必须对高等教育的功能和作用进行重新的认定，在大学的激励措施上进行重新的调整和修订。2015 年，随着保守党在英国大选中胜出，一份旨在提升大学教学质量和学生就业的“教学卓越框架”应运而生。同年，英国发布了《实现我们的潜能：卓越教学、社会流动和学生选择》绿皮书，提出高等教育要促进社会流动，为学生提供更多的选择机会，提高就业率；2016 年，又发布了《知识经济的成功：卓越教学、社会流动与学生选择》白皮书，强调未来英国高等教育将在三个方面进行改革：一是增加高等教育市场化竞争、学生的选择权，扩大学生参与和社会流动；二是推行“教学卓越框架”（TEF），提升大学教学质量；三是更新高等教育监管体系，建立学生事务办公室和研究创新部。英国高等教育的改革以教学卓越为质量评价的抓手，强化了教学的主体地位，使大学的科研和教学功能得到很好的平衡。

（四）日本国立大学改革

国立大学是日本高等教育的主体部分，在一定程度上代表着日本高等教育的国际水平和声誉。随着全球化竞争的加剧和知识经济的到来，日本逐步认识到体制问题成为高等教育发展的掣肘。2004 年，日本开始逐步推行国立大学法人化改革。所谓法人化改革，是日本政府机构精简的一个重要举措，就是让

① Higher Education Police Institute, The Higher Education Academy. The HEPI-HEA 2015 Student Academic Experience Survey: Summary and recommendations [EB/OL]. [2021 - 06 - 21]. http://www. Hepi. ac. uk/wp-content/uploads/2018/10/AS-PRINTED-HEA_Student Academic Experiance Survey Report_PRINT3. pdf.

一部分国立大学从政府机构中分离出来，赋予其独立法人资格，参与市场竞争，增强大学的自立性、自治性和自律性。国立大学的法人化改革打破了传统以政府为中心的封闭型系统，通过引入竞争机制，让大学融入市场的新秩序。2005 年，《日本高等教育未来展望》指出，日本的人口结构正面临着老龄化和少子化的双重压力。面对社会结构和人口结构的变化，该报告提出，日本大学在功能定位上要进行分类，从而满足市场对人才培养的多样化需求。2013 年，日本文部科学省发布《国立大学改革方案》，对未来日本高等教育的发展定位进行了分类：一是世界性教研据点负责世界尖端科研创新，二是全国性教研据点负责开展全国顶尖的科研活动和与世界接轨的特色教学活动，三是地域发展核心据点负责培养适应地方需求的人才，解决地方发展中面临的现实问题。[①] 根据这三个定位，日本的高等教育系统进行了重新的功能优化，形成了功能定位各异的三种类型："世界一流水准的卓越教育研究"大学、有"特色专业领域的优秀教育研究"大学、主要致力于为"地域发展贡献"的大学。2016 年，日本又提出建立"指定国立大学法人制度"，即由文部科学大臣指定若干所能够在未来开展世界最高水平教育研究活动的国立大学法人为"指定国立大学法人"，此举有力推动了日本世界一流大学的建设。2019 年，日本文部科学省发布国立大学改革方针，提出了国立大学改革的七个方向：一是成为培养高水平优质人才的据点；二是成为引领世界智慧的创新中心；三是成为多样的人才循环中心；四是打造与社会和地方相互支

① 程亚静．日本启动国立大学分类改革［N］．人民日报，2016－11－06．

持的国立大学；五是在国立大学中建立严谨的管理制度；六是建设相互协作的、网络化的国立大学；七是形成合理的国立大学规模。[①] 为了实现这七个目标，文部科学省为国立大学的改革提供强有力的保障措施。日本国立大学改革的逻辑在于促进高等教育转型发展，丰富完善大学职能，提高大学国际竞争力和服务地方经济社会发展能力。从实施的效果来看，日本国立大学改革扩大了大学办学自主权，推动了高等教育系统的多样化发展，不同类型的高校可以根据自身的历史优势和学科特色，制订不同的办学定位，内部治理体系和治理模式灵活多样，满足了经济社会发展对不同类型、不同层次人才的多样化需求。

总体来看，各国或地区根据自身高等教育体系的历史特点、面临的重点问题，选择了不同的政策发展路径。例如，美国的重建本科教育运动，重点推动研究型大学的教学转向；英国通过制订教学卓越框架，加强对本科教学的重视；欧洲教育一体化旨在推动区域内高等教育资源的开放共享；日本的国立大学改革促进本科教育的差异化发展，提高办学特色。政策重点不尽相同，但改革的目标一致，加强本科教育的主体地位，提高人才培养质量，从而保障高端人才的国际竞争力和高等教育的全球吸引力和影响力。

---

① 陈晓婷．日本发布国立大学改革方针［J］．世界教育信息，2019，16（472）：74.

二、国外一流本科教育改革举措

从各国的教育改革实践来看，为了扭转本科教育地位下降、质量下滑的不利局面，解决人才培养中存在的问题，世界各国对本科教育进行了深刻反思，并通过加大本科教育的投入、调整课程结构、改善教学方法、创新人才培养机制、完善激励制度等一系列的改革措施，提高人才培养质量，保障本科教育的基础性地位。

（一）调整课程结构，促进通识教育和专业教育协调发展

课程是教学的载体，凝练着教育改革的价值选择和发展理念。纵观国外本科教育改革，无不从课程改革入手，根据经济社会发展的需要，适时地进行课程调整和更新。首先，在课程设置上加强核心课程和基础性课程的地位。哈佛大学的核心课程建设被誉为高等教育课程改革的里程碑，旨在“向学生展示本科教育不可或缺的领域里的知识，了解人类探索知识所需要的不同的分析手段及其使用方式以及它们的价值”。[①] 核心课程和基础性课程的作用是为本科生的发展打下宽广、扎实的知识基础，提高人才未来发展的潜力，培养多样化视角分析问题和解决问题的能力。其次，在课程结构上呈现灵活多样、自由选择的特征。日本京都大学的课程结构和专业选择呈现“灵活多样、选择自由、循序渐进”的特征，无论学生所属院系如何，

① Harvard University. Introduction to the Core Curriculum：a Guide for Freshmen [M]. Cambridge. MA. US，1994：1.

所有的学生都能根据自己的需求，自主地对自己的本科课程进行规划，自由地选择由不同院系开设的全校通识教育及专业课程。① 美国哈佛大学的课程结构总体上呈现“核心课程＋专业课程＋选修课程”的整体架构，力求实现博雅教育与专业教育的平衡发展。本科生在一年级可以根据自己的兴趣，自由地规划和选择课程，在进入二年级才进行专业分流。在专业选择上，哈佛大学也提供有经验的教师和教辅人员为学生的专业规划、发展和选择提供咨询和指导服务，以便学生可以根据兴趣选择适合自己的专业。再次，在课程内容上更加注重科学素养和人文素养并重。麻省理工学院在人才培养模式上更注重基础知识、人文知识与广博知识的教育。其本科生通识教育课程主要分为六大类课程：理科核心课程（数量化生）、HASS（人文、艺术、社科类）课程、沟通技巧、实验课程、REST 课程（科学技术类）以及体育课。② 最后，在课程结构上注重学科的交叉和融合发展。现代信息技术的发展和全球化的加速推进，对人才的素质和能力提出了更高的要求。为应对人才培养的需要和现代科学知识学科交叉融合的特点，世界各国的课程改革越来越要求打破原有的学科专业壁垒，促进学科间的交叉和融合，加强本科生跨学科知识、技能和思维的训练，培养复合型人才。例如，英国牛津大学的综合性课群模式，学校近一半的课程为交叉学科群。东京大学的综合科目课程和基础实验课程，都是学科交

① 严平．本科教育创新人才培养模式研究——基于日本京都大学课程设置的视角［J］．复旦教育论坛，2013，11（3）：81－84．

② MIT. MIT General Institute Requirements［EB/OL］．［2021－10－15］．http：//mitadmissions. org/discover/the-mit-education/general-institute-requirements/.

义的优秀样本。

（二）加快教学改革，助力学生全面化、个性化发展

本科教育改革的出发点和落脚点是促进教学改革，教学质量是教育质量的根本保证。长期以来，在科研导向的评价制度下，高校的教学工作被放在了次要的位置上，出现了重科研轻教学的现象，面对各个方面的批评，一些大学（特别是研究型大学开始转型），把更多的教育资源投向教学，并以此保障教学质量的提升。

一是创新课堂教学组织形式，突出学生学习的主体地位，采取小班化、小组化教学形式，注重学生差异化、个性化、多样化的发展需求。例如，牛津大学和剑桥大学坚持小型化习明纳研讨班教学形式，以学生自主探究为主，导师引导为辅，倡导思想自由，鼓励观点创新。

二是开展自主性学习、探究性教学。以教师为中心的传统课堂教学模式，不利于学生学习主动性的发挥和创造力的培养。因此，要打破传统课堂教学模式，以生为中心，鼓励学生独立思考、自主学习，教师不再是知识的“传声筒”，而是课堂讨论的引导人和组织者，解放学生，让学生自主思考并得出创造性的结论。在美国、英国、日本等国的大学里普遍采取探究式的教学形式，课前学生围绕某个问题，认真阅读大量资料，形成个人观点，课堂上采取讨论和辩论的方式，激发学生的参与热情。

三是注重教学研究和管理工作。教学质量的提升离不开专业的教学研究机构，系统性地分析、监测、更新教学理念和内容。例如，哈佛大学专门成立了博克教学中心，开展教学方面的研究、出版教学研究成果、举办教学方法研讨会，开展相关的教师教学培训，提高教师教学能力等。

四是提高本科生科研参与。本科生参与科研，有助于研究方法、研究思维、研究意识的训练，为今后的研究工作打下基础。正如，斯坦福大学校长杰拉德·卡斯帕尔所说："我不知道应该再如何强调这一点的重要性。从长远来看，任何领域的学术和科学如果没有学生尽早的积极的参与都不可能繁荣。"[①] 伯克利大学要求本科生必须要 20 个以上的学分来进行研究性工作，占总学分要求的六分之一以上。[②] 普林斯顿大学要求低年级学生必修"科研方法"课等。为了给本科生提供最适合的科研训练，普林斯顿大学还创设了导师制、访学制和实习制等一系列教学制度。

（三）创新人才培养机制，突出人才培养特色和优势

人才培养是大学的根本使命。各国发挥自身的优势，形成了各具特色、灵活多样的人才培养机制，推动了本科教育改革的特色化、多样化发展。德国在人才培养上的优势和特点在于产教融合育人。德国大学具有教学与科研相统一的悠久传统，校企合作的双元制教育培养模式更是享誉世界。德国大学和企业之间的密切合作，教研结合、校企合作加速产学研一体化进程。大学利用人才优势接受企业委托开展技术研发，企业为学生及教师提供实习和培训的平台。在新的卓越大学计划引领下，

---

① 卡斯帕尔．成功的研究密集型大学必备的四种特性［A］．中外大学校长论坛文集［M］．北京：高等教育出版社，2002：108．

② 刘凡丰．美国研究型大学本科教育改革透视［J］．高等教育研究，2003（1）：100－104．

大学与企业、大学与校外研究机构的合作将更加紧密。英国高校受自由教育理念的影响，在人才培养上坚持心智、理智的完满发展，追求纯粹的博雅教育。正如牛津大学前副校长沃尔特·莫伯力爵士指出：“牛津的主要目标一直是为培养全人而实施全面发展的教育，这种教育的目的不仅着眼于未来的职业，而更着眼于整个生活。”① 基于这样的理念，牛津大学的导师制培养模式，为学生的个体自由发展提供了充分的空间。学生和导师之间的密切互动，为促进思想交流，激发学生学术自由探索，创造了有利的学习环境。日本一直把特色化、多样化发展作为推进本科教育改革的一个重要特征。日本在《日本高等教育未来展望》报告中明确提出，未来大众化阶段的高等教育机构必须实现特色化和多样化。在此背景下，日本在推动国立大学改革中，要求避免“小型东京大学”的单一模式，开始转向不同层次、不同区域、不同功能的个性化发展，即全球化、特色化、多样化的改革动向。② 美国高校在人才培养机制上进行了一系列的创新，激发学生参与到知识创新、探究和应用中去。斯坦福大学秉持学以致用的育人理念，关注学生问题意识、动手能力、实践应用能力的培养。学校运用与硅谷高科技企业密切合作的区位优势，实现了高校和企业在人才培养、科学研究和成果转化方面的双向互动，为学生和教师提供了充分的实习和培训机会。

（四）完善激励机制，调动教师教学积极性

教师是教学活动的组织者和实施者，对教学效果起着关键

---

① 刘宝存．牛津大学办学理念探析［J］．比较教育研究，2004（2）：16－22.

② 程亚静．日本启动国立大学分类改革［N］．人民日报，2016－11－06.

性的作用。优秀的教师往往善于在教学中激发学生的学习兴趣，调动学生学习的积极性和主动性，从而达到好的学习效果。然而，在大学科研功能的不断膨胀之下，大学的教学功能被弱化和边缘化。教学的式微源自教师对教学工作的漠视，根源是教学奖惩机制的缺位和错位。在重科研轻教学的错误观念带动下，教师把大量的时间和精力都投向了科研，因为只有这样才能获得更多的教育资源和社会认可。为了让教学重新获得教师的青睐，美国发布的《重建本科教育，美国研究型大学发展蓝图》报告指出："对知识的探索要通过教学职能和研究职能来实现，现代研究型大学的奖励机制应该体现教学与科研的协同性。大学里要培植一种提升教学声望，并强调教学与科研两者之间联系的教学文化。对杰出的教学型教师要给予额外的报酬和适当的奖励。"① 在此理念的影响下，一些学校纷纷做出了改革措施引导，鼓励教师投身于本科教学事业。一是设立专门性的教学奖项等荣誉机制，奖励在教学领域做出突出贡献的教师，树立行业标杆。教学奖以教学工作量和教学成果作为衡量标准，鼓励教师投入教学工作。例如，斯坦福大学的霍格兰奖和劳埃德奖，范德比尔特大学文理学院设立的欧内斯特琼斯奖和哈里特吉列姆奖等。二是加大教学绩效奖励，重点奖励本科课堂教学业绩突出的一线教师。斯坦福大学为了鼓励教师重视教学，专门设立万美元的教学基金，主要用于提高优秀教师的工资，设立特别教学奖和为本科生从事研究提供各种机会。三是完善职

① The Boyer Commission on Educating Vndergraduate in the Research University. Reinventing Undergraduate Education: A Blueprint for America's Research Universities [M]. Stony Brook, NY: Carnegie foundation for the Advancement of Teaching, 1999.

称评审和考核机制。大学教师在职称评审、晋升和获得终身教职时，已把本科教学情况作为重要的考核指标。针对不同类型和不同年龄段的教师，完善教学工作考核标准。通过设立教学荣誉机制、绩效奖励机制、考核评审机制，引导教师潜心教学，促进教学创新，提高教育教学质量。

（五）改革评价制度，强化学习效果评价

为了扭转教学在高校发展中的不利局面，世界各国完善教学评价指标体系，逐步淡化对科研能力的要求和考核，逐步加强对教学质量、教学能力、教学效果的考量。评价指标的改变体现了“以学生为中心”的教育发展理念，教学评价逐步从传统关注教师“教”的评价向关注学生“学”的评价转变。英国实施的“卓越教学框架”，在指标设置上突出了教学质量、学习环境和学习结果的考量，反映了教育质量存在于学习主体与学习环境双向互动过程的规律性认识。英国高校在教学评价上注重对学生能力的考察和教学评价的及时反馈。例如，剑桥大学不断改进教学评价方式，发挥评价在教学上的反馈和纠正功能。美国高校增强了教学评价的考量，从注重科研成果的评价向教学质量、教学能力、教学方法和学习效果的评价转变。普林斯顿大学构建了灵活多元的教学评价体系，包括课程学习评价、创新成果评价和实践活动评价等。教师可以采用随堂考试、学生课堂表现、讨论情况等多种方式，及时反馈课堂教学效果，以便做出相应的教学调整。注重课堂效果的及时反馈。为了规避评估主体单一化的弊端，评估相关利益主体的诉求都得到体现，逐步形成包括学生评价、自我评价、同行评价、部门评价等多元评价。随着学生评价提供即时、有益的教学反馈信息，越来越多的教育评价开始重视学生评价的作用，“以学生评价为主，兼顾专家评价和同行评估”的评价方式，逐步成为美国教师教学评价的主流形式。

（六）利用现代信息技术，构建开放共享的教育生态

随着现代科学技术的不断发展，特别是现代信息技术极大地改变了人类获取知识的方式，课堂教学和学习方式发生了深刻的变革，传统的课堂的时空界限被打破了。教育系统必须要开始认真思考如何最有效地利用现有的技术、创造性地提高学习和教学的效率和效果。进入 21 世纪，在大数据、人工智能、VR 等现代信息技术的推动下，在线教育开始转型升级，教育和科技的融合更加紧密，教学环境、教学模式逐步向数字化、网络化、智能化发展，学习方式也得更加灵活开放，体现出个性化、差异化特征。2001 年，美国麻省理工学院发起了开放课程项目运动，由此掀起了一场开放教育资源的热潮。2012 年，在线教育进入爆发期，被称为“MOOC 元年”。2012 年，MIT 与国际大学联盟共同开启的合作项目中，课程总数突破 2100 门。MIT 和哈佛大学共同宣布构建免费开源在线课程计划（edX），预计到 2021 年 MIT 视频公开课程网站的访问量将增加 10 倍，达到 10 亿。[①] 日本、法国、英国等国高校也纷纷加入教育资源开发和共享的改革大潮。在线教育形式对高等教育的影响是全方位、多角度、深层次的，引起高等教育的系统性变革，主要体现在教育形态的重构、教育生态的改善和教育业态的重塑三

① 王星．开放教育视域下国家精品课程转型升级的策略研究［J］．现代教育技术，2015（1）：93.

个层面。

一是教育形态的重构。传统课堂单一化的教学组织形式将会被打破，以线下为主、线上为辅的混合式教学形式将成为新常态。未来高等教育将更加突出线上特征，线上教学、线上学习、线上认证、线上学位、线上管理的比重将逐步增加。教育形态的重构要求教育相关利益主体（如教师、学生、教学管理者、家长等），必须提高信息素养，迎接信息化时代的课堂革命、学习革命和教学革命。

二是教育生态的改善。在线教育形态下，师生关系更加民主、和谐、平等。学生的主体作用将更加凸显，对学生的自主性、自律性要求更高。教师的角色将发生转变。教师既是教学的组织者也是合作者、学习者、研究者，在与学生的互动中实现差异化教学、精准化指导，促进学生深度学习；学习环境更加自由开放。线上学习打破了传统课堂的时间和空间限定，泛在学习将成为学习的新范式；学习内容更加个性化和多样化。丰富的网络资源让学习者有了更大的选择空间，满足不同主体的差异化需求，个性化学习、差异化学习、定制化学习成为可能。

三是教育业态的重塑。在大数据、人工智能、VR 等现代信息技术的推动下，教育和科技的融合不断深化，教育与产业的衔接更加紧密。科技的革新将助推教学环境、教学模式、教学管理方式等逐步向数字化、网络化、智能化发展。企业行业参与到课程设计、课程开发、实践教学的主动性和积极性越来越高，教育、科技、产业同频共振，形成育人合力。

第五章

国外一流本科教育评价及经验

教育评价活动由来已久，在 20 世纪末民主化浪潮的推动下，高等教育作为“象牙塔”面临着日益强烈的社会问责。为顺应时代的潮流，高等教育评价工作受到各国政府的高度重视，评价的结果更是成为教育改革和决策的重要参考依据。本科教育具有很大的难度，正如有的学者指出的：第一，本科教育效果具有明显的滞后性；第二，本科教育效果的成因是多变量的，且变量之间的关系十分复杂；第三，本科教育培养目标具有多元化特征，很难形成普遍适用的统一的评估标准。[①] 本章探讨几种评价理念和方式，为我国开展一流本科教育评价提供借鉴和思考。

一、本科教育评价的几种理念

教育评价理念是贯穿教育评价活动全过程总的指导思想，是对教育评价功能、定位、特征的总体描述。一切评价活动总是在一定的评价理念的指导下进行的。教育评价理念随着社会的发展和个体需求的变化也经历了多次的转向和调整。

---

① 于东升．评估一流的本科教育：路径与价值——美国的经验及其意义［J］．高等工程教育研究，2012（3）：126－131．

（一）资源条件性评价理念

美国本科教育评估实践中关注条件性指标的考察，曾经在一段时间内大行其道。"一流"的本科教育被理解为丰富的教学资源和良好的社会声誉。例如，经费收入、师资条件、学生表现、社会知名度和认可度等量化指标。究其原因在于条件性指标便于客观化地考察和比较。条件性评价理念催生了大学排行榜的出台，越来越多的高校通过展示资源条件上的优势，来争取更多的生源。

（二）增值性评价理念

资源是教育质量的保障性条件，但并不能反映学生个体的学习获得。正如学者阿斯汀和帕斯卡雷拉指出的，基于资源和声誉的评估方法没有突出高等学校的基本目标：培养学生和传授知识。[①] 更为重要的是，资源和声誉与学生的学习表现之间有没有相关性，即使有至多也只是有些间接的影响。为此，阿斯汀提出了"增值评价"的概念，他认为一流本科教育应该是那些能够让学生的知识和人格最大化增值的教育。阿斯汀在《大学关键的四年》一书中详细阐述了增值评价理念。这一理论的核心假设在于"输入—环境—输出"模型（Input-Environment-Output Model，IEO）。输入是指学生进入大学时的个体特征；环境是指在学期间的学习和生活体验；输出是指学生的个体获得情况。通过跟踪研究，他发现环境是影响学生认知和情感发展的关键性因素。基于此，阿斯汀提出基于学生学习体验的评价

① Alexander W. Astin：Assessment for Excellence [M]. New York：Macmillan Publishing Company，1991.

模式。相较于资源投入的条件性评价指标。IEO 模式更加关注学生在学期间的学习经历和体验。然而这一模式也存在弊端。例如，“学生个体差异如何区分?”“哪些变化是接受教育的成果?”“哪些是个体自然成长?”“在个体身上如何区分教育影响和社会影响?”这就导致评价模式新的转向。既然不能从资源条件性指标出发，也不能从学生学习效果出发来评价学生，那么从本科教育实践出发，学习的过程性评价模式应运而生。

（三）过程性评价理念

帕斯卡雷拉指出，影响学生的因素有很多，因素之间的关系也十分复杂。“教学质量、学生与教师、同学之间互动的程度和性质、学生事务规划的有效性、学术经验的重点和强度以及学生融入的整体水平，这些可以概括为若干个维度，它们才是界定一流本科最为重要的方面，远比学校所拥有的资源、选拔性和声誉重要。”① 一流本科教育取决于学生个人的努力程度，也取决于其能否融入大学的学术环境、人际关系和课外活动的氛围之中。“在无法对学生学习成效进行直接测量的情况下，有关学生融入式学习的数据就是一种过程指标，也就是一种有关学习成效的替代性指标。”② 一流的本科教育来源于一流的本科实践，来源于学习者与教学主体、教育环境、教学活动之间的互动过程。受上述思想的影响，一种全新的本科教育质量评估工具“全美大学生学习投入调查”（National Survey of Student

① 余东升．评估一流的本科教育：路径与价值——美国的经验及其意义［J］．高等工程教育研究，2012（3）：126－131．

② Geoge D. Kuh. The national survey of student engagement：conceptual and empirical foundations［J］. New directiongs for institutional research，2009（1）．

Engagement，NSSE）应运而生。NSSE 尽管并不直接评估学生的学习成效，而是提供了一所学校重要的信息——这些信息可以使它们集中精力以改进其本科生的经验。①

二、国外一流本科教育的评价主体

评估主体是根据教育目标，依据一定的标准，对教育活动和实践效果进行评价的机构或个人。评估主体是解决谁来评的问题。根据利益相关者理论，高等教育存在着多元价值，满足不同群体的利益诉求。大学评价的相关利益主体是一个价值群体，有政府、社会、家长和学生等。这些主体都对大学有着不同的利益诉求。因此，从 20 世纪末以来，国外高等教育评价主体普遍呈现多元化的发展趋势，包括政府、社会、高校、中介组织、雇主以及家长学生等。评价的主体构成是评价活动的关键因素。

（一）第三方评估机构

"第三方"一般是指独立于政府和高校之外的独立性、专业性的评估组织。在市场经济条件下，培育和发展第三方评估机构是许多国家的通行做法。美国 1996 年成立了高等教育鉴定委员会（The Council for Higher Education Accreditaion，CHEA），接管高等教育评估工作。得到美国教育部认可的共有 6 个地区性院校协会下的 8 个院校认证委员会和 8 个全国性的院校认证委

① Geoge D. Kuh. Assessing what really matters to student learning [J], Change, 2001 (3).

员会以及近60个学科70余个专业评估机构。[①] 英国高校一直具有自治的传统，政府并不过多干预学校管理事务。随着国家教育经费投入的不断加大，社会问责的兴起，英国政府开始加强对高等教育的干预，以保证教育质量。1992年，英国成立高等教育质量委员会（Higher Education Quality Community，HEQC）和高等教育基金委员会（Higher Education Fund Community，HEFC），分别负责院校层次的学术质量审查和学术层次上的学科评估。1997年，政府将两者合并，建立了高等教育质量保障局（Quality Assurance Agency），为英国一流本科教育提供全面服务。

（二）政府主导型评估

政府在评估实践中发挥着主导作用。主导作用并不意味着政府运用行政手段直接插手高等教育评估事务，而是通过加强立法、财政拨款等宏观管理手段加强对高等教育评估的管理、协调和监督。以法国为例，虽然法国是欧洲典型民主化国家，但在教育管理体制上却表现出明显的中央集权化特征。20世纪80年代以来，法国政府不断加大对高等教育的经费投入。2012年，法国政府对高等教育的投入占高等教育总投入的70.1%。[②] 随着教育投入的不断增加，政府希望对高等教育的投入收益进行有效的监管，1984年法国成立了国家评估委员会（CNE），负责高校的整体评估工作。国家评估委员会作为独立的主体，直

① 李伟娜，王宇翔．美国高等教育评估机构发展探析［J］．黑龙江教育，2006（6）：89.

② 汪小会，孙伟，俞洪亮．法国高校的国家评估及对我国的启示［J］．上海教育评估研究，2016（6）：37－41.

接向总统负责。2006 年，根据《科研规划法》，法国成立了高等教育与研究评估署（AERES），扩大了评估的职能和范围，由院校的整体评估向整体评估、科研评估和教学评估综合化发展。

（三）高校自我评估

自我评估是高校内部的专门性机构收集各类办学信息对办学目标、办学活动和办学运行效率的自我审视。不同于外部评估的强制性和被动性，自我评估是高校发挥独立办学的主体地位，针对学校发展中面临的问题进行的自我剖析。评估意见更有针对性和有效性，有利于自我反思、自我改进和自我提高。高校自我评估的发展一部分原因来自外部评估机构的推动。例如，美国的认证机构要求，在开展第三方评估之前，学校必须提交一份自评报告。英国高等教育质量保障机构采用审核的方式，重点考察学校自我评估机制是否健全以及运行是否有效。高校自我评估发展的另一个重要原因是质量文化意识的自我觉醒。例如，美国哥伦比亚大学教育学院在人才培养评价上注重形成基于事实的评价文化，详细收集人才培养和评价数据，包括教师教学效率和课程负荷分析、学生学习结果评价、学生等级分布分析、课程评估、学生满意度等多项内容。[①] 通过高校自我评估，改进教学，保障一流人才的培养。

（四）学生评教

学生评教是一流本科建设中的重要一环。学生是教育的对

① 夏欢欢，Hanmish Coates. “双一流”建设背景下高校内部人才培养和评价体系研究——以美国哥伦比亚大学教育学院为例［J］. 中国高教研究，2019（3）：12－17.

象，同时也是教育质量的感知主体。传统以教师为中心的教学评价强化了教师对教学质量的绝对控制，忽视了学生的主体性。在消费主义时代，学生不应成为教学质量改进和提升的“旁观者”“失语者”，而要成为教育质量的有力推手。在消费主义观点的影响下，世界各国一流大学都把学生评教作为推动教学改革的重要手段。日本从1991年颁布《大学设置基准》后，国立大学逐步引入学生评教系统。对于京都大学和大阪大学的统计调研显示，两校教育学科的学生评价内容集中在学生学习投入、教学大纲、教学内容与方法、教学效果以及教学综合评价五个方面。① 德国在《2010年指南：大学的质量保障》中对德国高校教学评价及其组织的阐释也表明了德国高校学生评教已进入制度化阶段。德累斯顿工业大学学生评教在发展过程中形成了质量为本、因课施评、依人数选方式、及时反馈等特点，有效保障了德累斯顿工业大学的教学质量，使德累斯顿工业大学成为德国最受学生好评的大学之一。②

从各国的评估实践来看，由于历史文化因素的差异、教育体制的不同，各国形成了主体多元、风格各异、方法多样的评估模式。在民主化、科学化浪潮的推动下，高校、政府、专业机构、学生（家长）等不同利益主体动态博弈，加速了高等教育质量保障体系的形成。在这一历史进程中，教育质量保障组织逐步健全，评价程序及方法逐步完善，制度化、规范化与体

① 蒋洪池，熊英．日本国立大学学生评教的指标、特征与启示［J］．高等教育研究，2021（5）：103－109．

② 吴薇，原东恒．德国高校学生评教的演进与特点——以德累斯顿工业大学为例［J］，2020（6）：76－84．

系化的现代教育评价体系逐步形成，为一流人才的培养和一流本科建设提供了重要保障。

三、国外一流本科教育的评价内容

评价内容是评价主体根据一定的价值目标重点考察的方面。评价内容主要解决的是“评什么”的问题。一般而言，评价内容是评价理念的映射，在不同的评价理念下会产生不同的评价内容。

欧盟高等教育一体化进程促进了学习结果评价内容和手段的统一。在评价内容上，欧盟在2002年制定了“都柏林指标”，提出高等教育四个阶段的指标，即短期阶段指标、第一阶段指标（学士学位指标）、第二阶段指标（硕士学位指标）和第三阶段指标（博士学位指标）；其中，对每个阶段涉及的学习要求都做了明确的规定。①

美国高等教育协会（American Association for Higher Education，AAHE）总结了评价学生学习的九大法则。

（1）在评价学生学习时，首先评价他的教育价值观；

（2）最有效的评价能够反映出对学习多维和综合的理解，并且随着时间的推移能够在学生的成就中体现出来；

（3）试图改进的课程应提供清晰和明确的改革目的，评价才能处于最佳状态；

① Joint Quality Initiative informal group. Towards shared descriptors for Bachelors and Masters [EB/OL]. [2021 - 06 - 29]. http://www. joint quality. org/content/Ma. doc.

（4）评价需要考虑成果，但同时也要考虑使其取得成果的经验；

（5）最佳的评价是持续性评价，而非一次性评价；

（6）当评价涉及来自教育界的各种代表时，评价鼓励先进的代表；

（7）在评价触及使用价值问题以及阐明对人至关重要的问题时，评价就显得很重要；

（8）当评价成为促进变革的庞大系列条件之一（这些条件包括战略计划、预算和人事问题等）时，评价就会导向改进；

（9）通过评价，教育者尽到他们对学生、公众和自己的责任。①

这些法则被美国许多高校接受，成为指导本科生学习结果评价的重要原则。

近年来，越来越多的国家重视本科生学习结果的评估，并将其作为本科教育质量最核心的评价标准。学习结果（learning outcomes，又译为“学习产出”“学习成果”），其含义是学习者在接受教育过程中，对教育内容的接受度和教育目标的完成度的一种描述。本科生学习结果是从本科生的角度的具体描述学习要求。20 世纪 80 年代以来，欧美发达国家开始关注学习结果的评价。1992 年，联合国教科文组织发表了《高等教育的优质与评价》，标志着欧盟开始关注本科生学习结果的研究。1993 年，欧共体委员会发表《欧洲高等教育的质量管理和质量保障》

① Richard Frye. Assessment、Accountability and Student Learning Outcomes［J］. Dialogue，1999（2）：11.

报告，旨在对欧共体成员国的高等教育质量评估和管理进行研究。2001 年，美国高等教育认证委员会发布的《认证和学生学习结果：一个提议的出发点》以及 2003 年提出的《关于学生学习结果的共同责任声明：认证、学校和课程》，标志着美国本科生学习结果的制定和应用已经在全国范围内得以展开，并且标志着美国高等教育认证委员会成为协调各方工作的核心机构。[①] 美国本科生学习结果根据适用对象的不同，可分为院校层面、学位/学科层面和课程层面三种类型。在院校层面的学习结果主要表现为在本科层次人才需要具备的核心能力和技能。一般由学校的评估委员会来制订具体的指标。如堪萨斯州立大学认为不论哪个学科领域的大学本科毕业生，在他们完成学位时预期至少能够展示以下五大方面的学习结果：知识、批判性思维、交流、多样性以及学术和专业的完整性。[②] 学位/学科层面的学习结果主要是指为获得某个学科学位证书时应当具备的知识技能和价值观等内容。一般由学科或学术委员会来决定具体的指标。课程层面的学习结果主要考查学生完成课程后，所具有的专业性的知识和技能的掌握情况。

四、国外一流本科教育的评价指标和标准

评价指标是将评价内容进一步细化为可以考核、衡量、比

---

① 许德仰．美国本科生学习结果的分析和借鉴［J］．黑龙江教育（高教研究与评估），2007（10）．

② Kanas State University. KSU Undergraduate Student Learning Outcomes［EB/OL］．［2021－07－08］．http：//k-state. edu/assessment. htm.

较的方面，并制定明确、具体的考核标准。一流本科教育评价指标是对一流本科内涵和特征的系统化、结构化、具体化呈现。一流本科教育评价指标具有一定的层次性和内在的结构性特征，综合反映本科教育的发展水平。本节重点考察美国、英国和各知名大学排行榜的指标设置情况，分析其对一流本科教育建设的影响。

（一）全美大学生学习投入调查（NSSE）的评价指标

进入20世纪，高等教育人才培养质量问题引起社会各界的广泛关注，很多研究者意识到应用条件性指标的传统评价方式，不能很好地了解学习者的学习体验和改善学习效果，构建一种以学生就读经验为基础的评价项目成为评估界的理性共识。美国发起的“全美大学生学习投入调查”（National Survey of Student Engagement，NSSE）项目，就是其中典型代表。该项目主要针对全美四年制本科学生投入高层次学习和发展的情况进行调查。2007年清华大学进行了本土化的改造，开发出NSSE-China中国汉化版问卷，并开展了全国性的调查。NSSE项目已发展成为全美最有权威、信息最为丰富的本科教学质量评估的工具之一。

NSSE的评价指标体系经历了两个阶段的发展变化。2000—2012年可以称为NSSE 1.0版本，以NSSE2012指标为例，主要包括“学业挑战水平”“主动合作学习”“生师互动频度”“丰富的教育经历”“校园环境的支持”五大指标，每个指标包含6~12题项，共42个题项。其中：①学业挑战水平（LAC），主要反映高校对学生学业的重视程度和标准高低。该指标包含11个问题，如学生学习投入的实践，学生的阅读量、写作量等。

②主动合作学习（ACL），主要反映学生学习的积极主动性和小组合作学习状况。该指标包含6个问题，如学生课堂提问和回答问题、课堂口头报告、课下与同学研讨等。③生师互动（SFI），主要反映学生和教师之间信息交流、情感感染，相互影响，相互促进的积极过程。该指标包含7个问题，如学生和教师讨论学习情况、学生和教师相互鼓励等。④丰富的教育经历（EEE），主要包括促进学生成长、扩大阅历、增强学习体验的有效教育实践活动。该指标包含14个问题，如实习、社区服务、社会调查、社会实践等。⑤校园环境的支持（SCE），指学校对学生学业和非学业等各方面的支持，该指标包含8个问题，如学校对学生的人际关系和情感支持，学生和大学老师、行政人员、同学间的关系等。[①]

经过不断的发展完善，2013年NSSE 2.0发布，主体内容发生了以下四个方面的变化。一是问卷题目的更新。扩大了学生经验的覆盖面，增加了学习策略、定量推理和有效的教学实践等题目。二是内容的精炼。问卷完善了合作学习、多样化经历和互动质量的内容，简化了高阶学习的语言，在课程教授的模式上重新措辞，使其中立化。三是科学的综合测量。新的学习性投入指标（NSSE 2.0）成功建立了有效教育实践的标准，反映了学生学习性投入的各个方面，新的研究报告将致力于介绍和描述这些新措施。四是主题模块化。以往的NSSE问卷虽然在科学性等方面已较为完善，但过于宽泛。新的调查将针对一些

---

① 黄美娟. 美国“全国大学生学习投入调查”（NSSE）研究［D］. 上海：上海师范大学，2014：26－27，40－42.

具体的教学实践（如建议、写作经验、公民参与、学习技术以及各种各样的经历）进行深入的剖析。

无论指标如何变化，NSSE 的标志性重点一直是学生的学习和发展，关注学习行为和教学行为本身，始终强调研究大学的教育质量，为高等院校提供诊断数据和可操作性信息，从而监督并促进教育发展和进步。① 2000—2016 年 NSSE 有效教育实践指标体系的演变如表 5 – 1 所示。

表 5 – 1　2000—2016 年 NSSE 有效教育实践指标体系的演变②

年份	有效教育实践指标体系
2000—2012	学业挑战水平
	主动合作学习
	生师互动频度
	丰富的教育经历
	校园环境的支持
2013—2016	学业挑战度、高阶学习、反思及整合性学习、学习策略、定量推理
	学习互动、合作学习、多元化交流
	教师经验、生师互动、有效的教学实践
	校园环境、互动质量、环境支持度

（二）英国“教学卓越框架”评价标准

英国实施的“教学卓越框架”强调，教学绝不仅仅指课堂或实验室的教学过程本身，还包括教与学活动发生的各种环境

① NSSE. A Fresh Look at Student Engagement [EB/OL]. [2021 – 06 – 29]. http://nsse.indiana.edu/NSSE_2013_results/index.cfm.

② 韩晓玲．基于 NSSE-CHINA 的大学生学习投入影响因素分析 [D]. 南京：南京邮电大学，2014：15.

和教学产生的结果。因此，“教学卓越框架”包含三个维度：教学质量、学习环境和学习结果与获得，三个维度又细分为十个评价标准（见表5－2）。

表5－2　“教学卓越框架”评价维度和标准①

维度	标准	
	二级标准	三级标准
教学质量	学生参与	教学能为学生提供富有挑战和激励的交流机会，以鼓励学生积极参与并投入学习
	教学的重视性	学校制度文化能认可、促进和奖励卓越的教学
	严谨和拔高	课程的设计与开发、发展标准与评估能有效地帮助学生培养独立性、提高知识水平和理解能力，从而充分挖掘学生的潜力
	评估的反馈性	学习的评估与反馈能够有效地支持学生的发展、取得成绩与进步
学习环境	资源的有效性	硬件与数字资源能有效地用于支持学生学习，提高学生学习自主性和独立研究技能
	奖学金、研究与专业实践	学生能够接触和参与学术前沿、研究与专业实践，以丰富学习环境
	个性化学习	学生的学术体验能满足个体需求，最大限度地提升学生对知识的记忆程度，能保持最高的成绩与进步
学习结果与学习获得	就业和深造	学生实现教育与职业目标，尤其是能在继续深造或高技能就业方面取得进步
	就业能力和可迁移技能	学生获得的知识、技能与态度能被雇主赏识，进而提升个人生活和职业生涯的品质
	所有的积极结果	不同家庭背景的学生都能获得积极的结果，尤其是那些弱势家庭背景的学生和学业成绩处于高风险的学生

① 毛现桩．“四个回归”背景下英国“教学卓越框架”对我国高等教育本科教学的启示［J］．商丘师范学院学报，2020，10（10）．

英国政府对推行 TEF 的目的进行了官方的解释。

第一，为准大学生提供公开透明的课程、教学信息，帮助他们在择校时做出更好的选择。

第二，促进大学对教学的重视以及对教学质量的提升。

第三，对提供卓越教学的大学进行认可和奖励。

第四，更好地满足雇主、企业、不同行业以及专业人士的需求。有学者认为除了以上四点明确的目标外，英国政府也期望 TEF 的推行可以带来示范作用，帮助那些相对弱势背景的学生能有一个好的学业表现，提高就业竞争力，建立一个教学与科研均衡发展、相辅相成的教育发展局面。另外，由于 TEF 的评估结果与大学的学费调整直接挂钩，英国政府期望通过这种对大学的财政奖励政策来影响其行为。①

“教学卓越框架”的实施分为四个阶段。

第一个阶段：2016—2017 学年，确定参加评估高校的资格，允许合格高校提高学费比率，有效期为一年，并根据实施执行效果完善评估细则。

第二个阶段：2017—2018 学年，开展分级评估，评估结果分为金牌、银牌和铜牌，获得不同评级的高校允许提高学费的比率也实行差别化管理，有效期为三年。

第三个阶段：2018—2019 学年，扩大评估主体范围，从对高校教学质量的评估逐步扩大到试点专业教学质量的评估，有效期为三年。

---

① 秦圣泽，李均．大学教学质量评估的英国探索——基于对英国高等教育“教学卓越框架（TEF）”的分析［J］．教育现代化，2018，5（52）：297－303．

第四个阶段：2019—2020 学年，评估范围进一步扩大，逐步从评估本科生课程质量延伸到研究生阶段，涵盖整个高等教育领域。教学质量评估的实施吸纳了广泛的利益相关者，由专家小组、“教学卓越框架”工作人员、学生代表和雇主代表共同实施。专家小组负责根据定量数据指标作出专业判断，受训的工作人员负责为整个评估过程提供技术支持和指导，学生代表负责根据日常教学的体验对教学作出评判，雇主代表则负责根据市场的需求表达对学生和教学的评价。为保证高等教育机构的独立性和教学活动的常态性，评估人员不进入教学现场或课堂听课。评审专家名单及评估体系的解释和说明面向全社会公布，评估结果接受申诉。①

（三）大学排名中有关一流本科教育的评价指标

自 1983 年美国《美国新闻与世界报道》发布大学排行榜以来，许多国家都争先恐后推出了各自的大学排行榜，例如，1986 年英国《泰晤士报》发布了英国大学排名，2003 年上海交通大学高等教育研究所率先推出了“世界大学学术排名”（ARWU）。之后，英国《泰晤士报高等教育》（Times Higher Education，THE）与 QS 公司合作于 2004 年推出“世界大学排名”（World University Rankings）。2008 年，《美国新闻与世界报道》（US News）也开始发布“世界最佳大学排名”（World's Best Universities）。2010 年，QS 公司结束与《泰晤士报高等教育》的合作，单独推出的“世界大学排名”。表 5－3 是国际上影响力

① 安蓉，莫奇．英国教学卓越框架计划及其对我国的启示［J］．高教探索，2017（10）：66－70.

较大的全球性大学排名，从这些大学排名的教育教学指标中可以管窥世界一流大学的本科教学标准。

表 5－3　全球性大学排行榜的指标体系

排名机构	一级指标	权重（%）	二级指标	权重（%）
上海交通大学 ARWU	教育质量	10	获诺贝尔奖和菲尔兹奖的校友折合数	10
	教师质量	40	获诺贝尔奖和菲尔兹奖的教师折合数	20
			各学科领域被引用次数最高的科学家数量	20
	科研成果	40	在《自然》和《科学》期刊上发表的论文折合数	20
			被 SCIE、SSCI 收录的论文数	20
	师均表现	10	上述五项指标得分的师均数量	10
泰晤士报 THE	教学	30	教学声誉调查	15
			受资助的博士生比例	6
			师生比	4.5
			师均机构收入	2.25
			博士/学士学位授予比	2.25
	科研	30	科研声誉调查	18
			人均科研经费	6
			人均论文发表数	6
	论文引用	30	引文影响力（标准化处理）	30
	国际化	7.5	国际教师与本国教师之比	2.5
			国际学生与本国学生之比	2.5
			国际合作论文比例	2.5
	产业收入	2.5	师均商业机构研究经费	2.5

续表

排名机构	一级指标	权重（%）	二级指标	权重（%）
QS 公司	声誉指标	50	学术同行评议	40
			雇主评议	10
	生师比	20	生师比	20
	师均表现	20	师均被引次数	20
	国际化	10	国际教师比例	5
			国际学生比例	5

从 ARWU、THE、QS 和 US News 这几个全球性大学排名来看，与教育教学相关的评价指标各不相同。ARWU 的教育教学指标包括“教育质量”“教师质量”两个一级指标，相应的二级指标分别为“获诺贝尔奖和菲尔兹奖的校友折合数”和“各学科领域被引用次数最高的科学家数量”。THE 有一个“教学”一级指标，包括“教学声誉调查”“受资助的博士生比例”“师生比”“师均机构收入”和“博士/学士学位授予比”五个二级指标。QS 排名有关教学的评价指标只有一个“生师比”。不难看出，在全球性大学排名指标中主要以科研指标为重，教学相关指标较为薄弱。这与教学质量和水平难以量化不无关系。

进一步对以上三大世界大学排行榜的教育教学指标进行分类比较发现，ARWU 对教育教学的评价重点考察最终成果，THE 对教育教学的评价包括生源资料、教育投入—师资、教育投入—资源和教育产出，QS 的评价则包括生源质量、教育投入—师资和教育产出。总的来看，这三大世界大学排行榜主要通过生源质量、教育投入、教育产出指标来考察研究型大学的教学卓越性。

值得注意的是，近年来，《泰晤士报高等教育》在研究型大学的教学评价上有所突破，开创了以教学为主导的新排名，旨在考察教学卓越性和学生成功。其中，一个重大创新是围绕学生学习投入程度开展“学生调查（Student Survey）”，并将其作为教学评价的重要标准。由表5－4可以看出，该教学评价指标包括四个一级指标：参与度、资源、学习成果和学习环境。其中，以参与度的权重最高，占35%。该评价指标反映了教学评价发展的国际趋势，重视高校为学生提供的学习支持、学生的学习参与和体验以及学生的学习成果。这些指标为评价一流本科教育提供了参考。

表5－4　THE以教学为主导的排名指标

一级指标	二级指标	权重（%）
参与度（35%）	学生参与	10
	学生互动	10
	学生建议	10
	与劳动力市场的联系	5
资源（20%）	教职工和学生比例	7.5
	教职员工发表论文比率	7.5
	服务质量	5
学习成果（20%）	学术声誉	10
	毕业率	5
	技能发展	5
学习环境（25%）	教职员工性别比例	7
	学生性别比例	7
	留学生比例	5.5
	“伊拉斯谟＋”* 学生流动性	5.5

＊注：“伊拉斯谟＋”（Erasmus＋）项目是一个由欧盟资助的全球性高等教育领域流动性的合作项目。

五、国外一流本科教育评价的经验与启示

当前，我国高等教育进入普及化阶段，提高质量成为今后高等教育改革发展的主线。作为后发型国家，国外本科教育改革和评价的经验为我国一流本科教育建设和评价提供了有益的借鉴和启示。

（一）坚持以本为本，强化本科教育的基础性地位

本科教育是高等教育的基石，是衡量一所大学、一个国家办学水平的重要标尺。正如哈佛大学前本科生院院长哈瑞·刘易斯所言，“没有一流本科的一流大学是失去了灵魂的卓越！没有一流本科的一流学科是忘记了根本的一流”。[①] 然而，一段时间以来，重科研轻教学、重理论轻实践的错误发展观念，弱化了大学原本最首要的教学职能。大学的功能发生了“偏移”，关注点从人才的培养上偏移到资源的获得和排名的提高上。大学为了获得更多的社会资源、争取更好的生源，教师为了职称评定、评优评奖，在功利化排名的影响下发表论文、申报科研项目成为大学发展的硬指标，导致教学质量退居次要位置。大学从最初远离世俗的“象牙塔”逐步异化为获取资源的“名利场”。教学的式微让本科教育在学校被边缘化，一些学校领导的精力、教师的注意力、学生的投入力都没有真正地关注到教学中，知名的教授和博导都不愿意把时间和精力放在本科人才培

---

① 哈瑞·刘易斯. 失去灵魂的卓越：哈佛是如何忘记教育宗旨的［M］. 侯定凯，译. 上海：华东师范大学出版社，2012.

养上，教育质量逐步下滑。

本科教育是大学第一位的使命。没有作为大学基础的本科教育存在，大学也就不复存在。没有好的本科教育作为基础，高层次人才培养也就只能成为一句空话。教育部部长陈宝生在新时代全国高等学校本科教育工作会议上指出：“我们要坚持‘以本为本’，把本科教育放在人才培养的核心地位、教育教学的基础地位、新时代教育发展的前沿地位。”① 必须要摆正本科教育的位置，把本科人才培养质量作为衡量一个学校办学好坏的标准，把本科教学质量作为高水平教师职称评审和教学评价的重要依据，并根据教学实绩进行奖惩。

（二）完善课程体系，促进通识教育和专业教育融合发展

以人工智能、互联网、大数据、云计算为代表的新一代信息技术正在重构大学人才培养的类型和结构。人工智能的广泛应用将替代人类简单的体力和脑力劳动，人类独有的优势将逐步丧失。在人工智能时代，本科教育将要重新思考和定位人才培养的规格，大学不仅要让学生具备良好的技术素养，更要让学生掌握机器所不具备的高级认知（如批判性思维、整体性思维、复杂性思维）。当技术遭遇“非数据”问题，人类要从伦理、道德、文化、艺术等人文的层面给出最优解。这就要求大学必须打破学科专业条块分割的限制，协调通识教育和专业教育，将知识有机地融合起来，培养兼具人文精神和科学精神的人。课程目标要促进个人的完满发展。过早开展专业教育容易

① 教育部．一流本科宣言［EB/OL］．［2021－06－25］．http：//www.moe.gov.cn/jyb_xwfb/xw_fbh/moe_2069/xwfbh_2018n/xwfb_20180622/sfcl/201806/t20180622_340649.html.

造成知识面窄化、思维狭隘、发展后劲不足。单一技能培养，轻视综合能力，将造成学生缺乏整体思考的能力。课程设置要调整和优化专业教育和通识教育的关系。在本科教育低年级阶段，增强通识教育，使培养的本科人才既有宽广的知识面，又有比较专长的一面，成为既有专业技能，又有健康心理和完善人格的全面发展的人。增加跨学科的的课程设置，满足社会多样化复合型人才的培养需求。在课程建设上，要成立具有专业研究能力的课程研究团队，不断提高课程的科学性、针对性和有效性。特别是在现代信息技术的影响下要组织专业性的在线课程技术研发团队，为教师提供课程开发的技术支持，同时帮助教师开展在线教学活动。

（三）创新教学方法，倡导研究性、合作性教学改革

教学方法是在一定的教育理念指引下建立起来的教学组织方式和技术手段。可见，教学方法本质上是教育理念的投影，每一种教学方法的背后都有一种教育理念的支撑。传统的教学方法以教师为中心，强调教师的主体地位。教师以讲授的方式上课，学生被动地接受知识。传统教学方法重在知识的传授，强化学生对知识的记忆、认知和掌握，但对学生的批判意识、创新意识、探索意识重视程度不够。这样的培养方式不利于创新型人才的培养。教学方法的变革，重在扭转以师为中心的教育理念为以生为中心，从关注学生知识的获得到关注学生能力的提升。打破传统以讲授为主的课堂教学模式，代之以“项目”“问题”“研究”为中心的探索式、研究式、合作式的教学模式，培养学生的问题意识、批判意识。采取多元化的教学方式（如小班教学、小组学习、开放式学习等），发挥学生学习的积

极性和主动性，让学生的个人兴趣和研究目标、技术手段结合起来，运用现代虚拟现实、高仿真技术、微观深入技术，帮助学习者在模拟的情景中去发现问题、研究问题和解决问题，发挥教育技术的巨大潜力。让更多的本科生参与科研实践，在实际的问题中、情境中锻炼学生的动手能力和协作精神。设立本科生科研计划，积极为本科生参与科研创造条件，为本科生配备专门的教师进行专业指导，有意识地培养本科生参与科研的兴趣，训练科研思维和方法，挖掘发展潜力。

（四）充分开发在线教育资源，提供多样化的学习选择

新冠肺炎疫情的暴发客观上推动了我国在线高等教育的发展。在疫情发生之后我国政府迅速应对，全力控制疫情的同时，在全国范围内组织了一场规模巨大的、卓有成效的在线教育实践探索，堪称一次成功的实验，积累了丰富的经验。后疫情时期，全球疫情依然在持续，西方国家把发展在线高等教育作为争夺国际留学市场的利器，加大了在线高等教育资源的开发和推广力度，增强本国高等教育全球竞争力和吸引力。面对激烈的国际竞争，我国在线高等教育要想从跟跑者变为领跑者，从价值输入国变为价值输出国，实现“变轨超车”，要做好以下五个方面的工作。

1. 立标准

建立在线高等教育课程质量标准。课程标准是在线教育质量保障的重要抓手。美欧各国在推动在线高等教育发展的过程中，重视在线课程标准建设。例如，美国在线教育质量保障机构（Quality Matters，QM）发布的高等教育在线课程评价标准，为推动在线高等教育的教学改进、课程优化、管理创新发挥了

重要的指导作用。我国在线课程标准建设滞后，在后疫情时代，应抓住有利时机，以在线高等教育课程质量标准建设为抓手，推动在线教育的专业化、科学化、规范化发展，打造在线教育金课，提高课程质量，增强国际吸引力和竞争力。

2. 补短板

加强师资培训，增强教师信息化素养，提高网络教学水平。教师是在线教育的实施主体，也是在线教育质量保障的主要力量。从新冠肺炎疫情实践表现来看，我国高校教师对在线教学技术的使用、课堂教学的组织、课堂教学评价的实施等现代教学活动还缺乏深入的理解和思考。正如邬大光所言，广大教师对线上教学的规律和特点还处在熟悉和摸索的阶段。欧美各国重视教师信息素养的培养，美国国际教育技术协会（ISTE）于2017年出台的“国家教育技术能力标准”专门对“教育者标准”做了详细的要求，该标准重审教师在信息时代的角色与定位，更加强调教师的“学习者”“分析者”的作用和职能。

3. 强支撑

建立在线教育业专业性教学支撑服务体系，保障在线课程设计、项目开发顺利进行。疫情期间，大部分高校教师被动地参与在线教学形式，难免存在临时性、应激性的特征，存在线下课堂照搬的现象。完善网络学习公共服务体系建设，加强对偏远地区的网络建设支持力度，避免新的“数字鸿沟”，促进教育公平。

4. 促互认

完善在线课程学分互认体系，加快校际学分互认。学分互认是实现线上线下融合衔接的纽带，在线课程只有与现行的学分体系结合起来才能真正深入课堂教学。我国高校开展了在线课程学分互认的试点工作，在实际的运行中，校际间、学科间还存在课程标准不一、学习过程监管困难等问题。

5. 激活力

创新高校管理方式，营造有利于在线高等教育发展的制度环境。在线教育作为一种新式的教学形态，对高校的管理机构、管理方式、考核评价方式等方面提出了新的要求。高校要坚持破除“五唯”的评价导向，建立符合在线教育教学活动特点的评价体系，在成果认定和考量、额外工作的回报等方面制定配套考核和激励机制，鼓励和引导高校教师积极参与在线教学创新。

◎ 第三篇

评估框架：
如何评价一流本科教育

建设一流本科教育不仅是“双一流”建设的应有之义，也是新时代高等教育改革发展的重点任务。随着我国“双一流”建设的深入推进以及一流本科教育建设的持续开展，对一流本科教育评价体系的需求日益迫切。鉴于目前我国的本科教育评价研究与实践主要聚焦于本科教学工作审核评估，对高质量的卓越本科教育评价关注不足，缺乏系统的卓越本科教育评价研究。本章拟着重探讨“如何评价一流本科教育”的问题，在梳理一流本科教育评价思路和标准的基础上建构一流本科教育评价框架体系。

第六章

一流本科教育评价的思路与标准

一流本科教育是最高质量的本科教育。建立一流本科教育评价体系先要明晰“一流本科教育评价”与“本科教育评价”的差异，在确定以“最高质量”“最高标准”为目标的基础上，解决如何科学评判一流本科教育的问题。因此，本章拟在对一流本科教育评价的必要性、指导思想、基本原则进行分析的基础上，探讨建立一流本科教育评价的标准。

一、建立一流本科教育评价体系的必要性

自一流本科教育政策实施以来，对于“如何识别和评判一流本科教育”尚不明确。然而，一流本科教育政策的持续推进和高校一流本科教育建设的深入开展都要求进一步明晰这些问题。因而，建立一流本科教育评价体系是一流本科教育建设的实践要求，可以引导和助推高校的一流本科教育建设。

（一）识别“最佳”本科教育供给者，以高质量标杆助推本科教育高质量发展

一流本科教育评价可以识别本科教育办学质量和水平最高的高校，在所有本科院校中树立“最佳实践”的典型，通过高质量的标准引领本科教育高质量发展。评价具有导向和激励作用，一流本科教育评价体系的确立首先可以引导高校将本科教

育改革与发展的箭“射向月亮”，而不是“射向树梢”，促进高校瞄准高标准高质量，加快一流本科教育建设；其次，评价体系的建立可以对高校在一流本科教育建设中取得的成绩给予及时认可和鼓励，发挥正向激励作用，促进高校锐意改革，不断提升本科教育质量；最后，通过一流本科教育评价体系可以甄别最优本科教育供应者，并发挥其示范引领辐射作用，进而带动全国高校本科教育质量的提升。

（二）引导高校的一流本科教育建设，鼓励所有高校争创一流

一流本科教育可以是一个绝对概念，也可以是一个相对概念。如果将其看作相对概念的话，即所有高校中排在前列的就是一流，则将导致高校为追求卓越而相互竞争，使一流本科教育建设陷入内卷化。另外，从逻辑上来讲，并不是每所高校都能进入排名前列，追求一流的竞争只是在少数高校之间。因此，如果把一流本科教育看作相对概念的话，将不可避免地使一流本科教育建设仅限于少数高校，不能充分发挥对其余大多数普通本科高校的激励作用。然而，如果把一流本科教育看作绝对概念，设立评价标准，达到既定标准就可以进入一流之列，这种以标准为参照的一流本科教育，可以避免高校之间的恶性竞争，并给每所高校争创一流的机会。卓越应该是每个高校都可以使用的概念，而不仅仅是其中少数几个。一流本科教育政策提出的初衷是全面提升本科教育质量，并不是只针对“双一流”高校。因此，为了引导高校全面加强本科教育，鼓励所有高校争创一流，应将一流本科教育看作绝对概念，并有必要建立一流本科教育评价体系。

（三）以评价标准为依据的一流本科教育更加公平，有利于激发高校建设一流本科教育的动力

目前，政府和学界对一流本科教育都没有清晰界定，对于什么样的本科教育可以称为一流仍然模糊不清。这不利于政府后续政策支持，也不利于高校的一流本科教育建设实践。如果涉及资源分配的话，一流本科教育的模糊性将影响资源配置的公平性。此外，如果没有相对客观的评价标准，高校的一流本科教育建设成效难以获得及时认可，不利于持续稳步推动高校的一流本科教育建设。尤其是现在各种量化科研指标广泛推行之际，一流本科教育如果只是流于口号，没有具体的评价标准，将很难扭转目前高校普遍存在的重科研轻教学现象，并终将使一流本科教育建设流于形式。因此，建立一流本科教育评价体系，对高校的本科教育建设成效给予客观认定，不仅有利于不同类型、层次的高校在本科教育上的公平竞争，也有利于促进高校重视并投入本科教育，扭转高校重科研轻教学的不良倾向。

二、一流本科教育评价的指导思想

（一）以“中国特色、世界水平”为方向

在 2018 年全国高等学校本科教育工作会议上，陈宝生部长做了题为《坚持以本为本，推进四个回归，建设中国特色、世界水平的一流本科教育》的报告，吹响了一流本科教育建设的号角，也指明了一流本科教育建设的方向。基于一流本科教育的建设目标，一流本科教育评价体系的建构应牢牢把握“中国

特色、世界水平”的大方向。在“中国特色”上，评价体系应积极顺应国家战略发展的新需求和高等教育发展的新趋势，始终坚守以立德树人为根本、以人才培养为核心、坚持服务国家战略和社会经济发展的基本方向。在“世界水平”上，评价体系应瞄准世界顶尖大学的本科教育，以国际上本科教育的“最高质量”为标准，评价指标应具有国际可比性，能为我国的本科教育建立国际坐标。

（二）以助推本科教育高质量发展为目的

构建一流本科教育评价体系的根本目的是为了促进本科教育质量的全面提高。因此，评价体系的设计要关注以下三点。一是评价体系设计要基于先进的教育理念，符合当前世界本科教育改革的趋势，吸纳本科教育改革的国际经验，评价体系对高校要有引领作用，能够引领高校本科教育改革的方向。二是评价体系及标准的确定应基于我国高校本科教育的现状，要重点关注对本科教育质量有重要影响，但当前高校表现不佳的薄弱环节，既要使办学基础和条件较好的高校有建设一流本科教育的信心，又要引导他们加强对本科教育薄弱环节的关注。三是评价体系要能比较客观、科学地识别一流本科教育、帮助高校查找与一流水平的差距，进而有针对性地改进。

（三）兼顾社会需求逻辑和个体发展逻辑

一流本科教育是政府主导的本科教育改革与发展政策，评价体系的构建应秉持社会需求逻辑，体现本科人才培养与经济社会发展的适应性，重视对高校本科人才培养满足社会不同领域人才需求的考察。这也是高等教育在新历史时期的重要使命，是提升高等教育服务国家和经济社会发展能力的要求。同时，作为培养人的教育实践活动，本科教育也需要遵循个体发展逻辑，重视学生的全面发展。对此，本书第二章的调查结果也显示，大多数高校管理者和教师都认为建设一流本科教育应主要遵循人的全面发展的逻辑。因而，一流本科教育评价体系的构建也要遵循个体发展逻辑，重视对高校本科教育为学生提供的学习支持、给学生带来的价值增值、促进学生充分全面发展等的考察。当然，这两种价值取向并不是矛盾的、非此即彼的关系，一流本科教育评价体系应兼顾社会需求逻辑和个体发展逻辑。

三、一流本科教育评价的基本原则

根据一流本科教育评价的宗旨和指导思想，一流本科教育评价体系构建应坚持以下三个基本原则。

（一）导向引领原则

一流本科教育评价的目标是推动高校一流本科教育建设，因此指标体系的设计要具有导向引领作用。这种导向作用主要体现在三个方面：第一，评价体系要反映本科教育发展与改革的世界趋势，基于当前国际上先进的本科教育理念、本科教育改革的成功实践，设计评价指标体系，引领高校不断迈向国际顶尖水平；第二，评价体系要基于我国本科人才培养的中国特色，反映民族复兴、经济社会文化发展对高层次本科人才的期盼；第三，通过科学确定一流本科教育评价的主要维度和标准，发挥质量标准的导向作用，确保高校一流本科教育建设的方向和效果。

（二）上水平原则

一流本科教育评价与本科教育审核评估不同，不是保障质量底线，而是旨在识别“最佳本科教育实践者”，拉高本科教育质量水平，因此评价体系的构建应与质量保障型评价有明显区别，着重选取能反映高校本科教育质量、体现一流水平的指标。这要求评价指标与世界顶尖高校的本科教育看齐，并具有国际可比性。此外，评价应具有较好的区分度，能够甄别高校本科教育的水平，反映不同高校本科教育存在的差距，为后续的一流本科教育政策和高校的一流本科教育建设提供参考。

（三）重点突出原则

本科教育是系统工程，涉及人才培养的方方面面。因而，在构建评价体系时要坚持重点突出原则，选择一流本科教育最核心、最重要的要素，最能反映高校本科教育质量和水平的评价要素。在评价视角上，要突破就教育论教育的局限，重视从国家战略和经济社会发展需求的视角审视高校的本科教育。在评价维度上，要在全面考虑本科教育各环节各要素的基础上，突出人才培养的核心环节，不仅要反映高校本科教育的成效，还要重视对人才培养过程的考察。

四、一流本科教育评价的主要标准

确立一流本科教育评价标准，即回答“如何识别一流本科教育”的问题，是建立一流本科教育评价体系的基础。在回顾和分析确立一流本科教育评价标准的三种基本模式的基础上，根据我国国情提出评价一流本科教育的八个标准。

（一）确立一流本科教育标准的三种模式

1. 传统的“精英教育”标准模式

它是早期高等教育精英化时代评价教育质量的一种模式，主要以声誉和选择性作为评价卓越教育质量的标准。例如，牛津大学、剑桥大学等传统的世界一流大学，因其悠久的办学历史、深厚的文化底蕴、雄厚的办学实力、精英教育的传统而享誉世界，具有公认的一流本科教育。这些高校本科教育的卓越性并不是通过评估数据对比确立的，而是基于学校崇高的社会声誉、人才培养的独特性和高不可及性被业界广泛认同的，因此“声誉”是这个时期评价一流本科教育的重要指标。另外，在这种模式中，“选择性”也是一个重要的评价指标，选择性高的高校被认为是教育质量好的高校。一方面，学生“用脚投票”是学校高水平教育质量的最好证明，学生选择某所高校通常是多方对比的结果，学生的追捧从侧面反映了高校的教育质量；另一方面，如果高校实行高选拔性招生，则说明学校的生源充裕，能够从众多考生中遴选最优秀的，提高其本科教育表现。这种模式遵循的是传统的精英高等教育质量观，其质量标准是大多数高校都无法企及的，仅有少数顶尖大学能够达到。

2. 超越高标准模式

一流通常被看作“高标准”，通过明确一流本科教育的要素，并根据这些要素设立大部分高校难以实现的高标准，然后将那些在本科教育上达到并超越这些“高标准”的高校认定为一流。这种模式与上述传统“精英教育”标准模式相似，都是一种精英主义模式。这种模式的前提假设是，一流的本科教育质量只能在有限的情况下才能实现。要实现一流，就要达到最佳质量标准，如一流的环境、一流的设施、一流的服务、一流的成果等。也就是说，如果一所高校能够招收到最优秀的学生，为他提供最好的教育资源、教学设施，这些学生就会有优秀的表现。值得注意的是，该模式不过多地关注教育教学的过程，只强调在投入和产出两个方面的卓越表现，以资源投入和学生学习成果或校友成就作为评价标准，是一种对教育质量的绝对测量。

3. 有效教育实践模式

该模式重点关注那些已证明会影响教育实际效果的教育实践和过程，并将高校在这些教育实践和过程中的表现作为评价其教育质量的标准。这种模式不只是考察教育资源投入、学生成绩、校友成就，还将学生的学习体验、学习满意度作为评价教育质量的重要依据，并试图进一步考察师生互动、课程参与、科研经验、社会参与等卓越本科教育“应然要素”的实施情况。该模式的前提假设是优秀的本科教育最有可能发生在那些使良好教育实践最大化，并不断增强学生的学术和社会参与的大学中。该质量标准模式有一个好处是可以促进高校的教育质量不断改进，使学校把关注点放在影响学生成长和发展的教育过程上，进而不断改善这些教育过程。

以上三种模式在确定一流本科教育标准时都存在一些缺点和不足。第一，这几种模式并没有涵盖本科教育质量的所有重要维度，社会声誉和选择性可以间接反映高校的教育质量，但是并不能提供本科教育质量的确凿证据，在评判一流本科教育时不及办学资源和学生学习成效的客观性和说服力。目前，在全球性世界大学排名中，教学评价目前主要是采用教学资源和社会声誉指标，其中教学资源又主要是用生师比指标来反映。然而，这些资源和声誉指标并不能反映学生在大学的实际受教育情况，也不利于引导高校加强教学过程建设、改善学生学习体验。第二，以上几种模式从方法论的角度来看也存在缺陷。例如，以学生的学习成效包括以学生学习成果和校友成就作为本科教育质量的评价标准，必须基于一个假设，即所有高校培养的学生最开始都是在同一水平线上，然而不同类型高校的生源质量在现实中存在巨大差异。这可能导致一组高校中出现的学生学习成果差异，可能是学生入学时的学业水平差异所致，并不能反映出高校的本科教育差异。第三，以有效本科教育实践作为评价一流本科教育的标准也存在一个问题，需要有相关证据证明哪些教育实践对学生成长和发展有重要影响，应被纳入质量评价，而不应仅仅凭经验判断来选择一些看起来似乎重要的因素。基于以上分析，我国一流本科教育评价标准应综合、辩证地参考以上几种模式，扬长避短，建立一套既能客观真实反映高校本科教育质量，又能引导高校投入本科教育并改进教学实践的评价标准。

（二）我国一流本科教育评价标准的建构

一流本科教育是政府的教育政策，也是高校本科教育质量提升行动，在制定标准时要充分考虑与我国一流本科教育政策的契合性，与高校本科教育改革实践的适切性，特别要关注以下几个问题：

1. 一流本科教育标准应适用于不同类型和层次的高校

一流应该是不同类型和层次的高校都可以使用的概念，一流本科教育可以是所有高校的目标和追求。我国在一流本科教育政策提出后，又启动了一流本科专业建设“双万计划”，要在近两年建设 1 万个左右的国家级一流本科专业点和 1 万个左右的省级一流本科专业点。从该计划的制订和实施不难看出，我国一流本科教育建设的主体不只是“双一流”高校，还应包括其他各级各类高校。因此，一流本科教育标准的制定要具有广泛的适用性，考虑到不同高校在办学定位、使命、办学基础等方面的差异，应选择各类院校、不同人才培养规格通用的标准，以引导不同类型的高校在自己的办学层次上争创一流。

2. 一流本科教育标准的确立应采用“整体质量观”，设立多维质量标准

教育质量的内涵随着时代和社会的发展在不断丰富，对于什么是教育质量目前已有多种不同的理解，从最初的满足标准、符合要求、目的适切、物有所值到利益相关者满意，每种定义和理解都反映了教育质量的一个方面。事实上，教育质量本身就是一个多维的概念。因此，一流本科教育质量标准的制定应充分考虑教育质量的多维性，采用“大质量观”和“整体质量观”，将一流本科教育置于社会经济发展的广阔背景之下来考量，充分关照不同利益相关者的质量诉求，综合考察高校的本科教育实践以及在服务国家战略和经济社会发展中的贡献。

3. 一流本科教育标准还应处理好国际可比性和中国特色之间的关系

我国高等教育的建设目标是建成世界高等教育强国，“双一流”建设瞄准的也是世界一流，因此一流本科教育建设也应定位于世界水平，需要充分纳入国际通用的教育质量标准，确保一定的国际可比性。同时，我们是在中国大地上办教育，一流本科教育标准也应有中国特色。因此，如何处理好国际标准和中国特色的关系，如何实现两者的兼顾与融合，也是一流本科教育评价标准制定时应考虑的问题。

综合以上考虑，可以通过高校本科教育在以下 8 个方面的表现来识别一流本科教育。

（1）先进的教育理念。理念是行动的先导，建设一流本科教育必须要有先进的教育理念。从世界高等教育发展的历程来看，不论是德国大学还是美国大学的兴起都始于教育理念创新，并在先进教育理念的指导下实现跨越式发展。“建设一流本科教育所需要的先进教育理念应该明确一流本科教育的基本定位、一流本科教育的指导思想、一流本科教育的主要内涵与一流本科教育的实施路径。”①

（2）高选拔性入学招生。该标准很大程度上反映了学生用脚投票的结果。大学的教育质量和社会声誉越高，报考的学生就越多，大学对生源的选择性也更大。世界高水平大学的本科招生几乎都是高选拔性招生，并且都非常重视选拔最优秀、最

① 胡建华．建设一流本科教育首先需要更新教育理念［J］．苏州大学学报（教育科学版），2018（4）：1－3.

有潜力的学生。

（3）高质量的教学与学生支持。教育的“资源投入”和“教学过程”直接影响着教育目标的实现，决定了教育水平的高低和质量的优劣。一流本科教育应具有高水平的教学，能够为学生的全面、充分和多样化发展提供有效的支持。其中，学生支持既包括学术性支持服务，也包括就业指导、设施服务、心理咨询等方面的非学术性支持。

（4）出色的学习体验。学生对大学的教育质量最有发言权。“高等教育具有强烈的个人性质”，“对高等教育质量的判断只能由正在经历或已经经历过这个过程的个体来完成”。① 基于这种思想，近年来不少国家出现了以学习者为中心的本科教学及评价改革趋势，将学生的学习体验作为高校教育质量的重要评价标准。此外，把学习体验纳入一流本科教育标准可以引导高校把关注点放在影响学生成长和发展的教育过程上，通过不断改善教育过程实现教育质量的持续提升。

（5）高标准的学业成就。高校的教育质量最终体现在人才培养的质量上，学生的学业成就是高校人才培养质量最有力的证据，也是评价一流本科教育最重要的标准。一流本科教育培养的学生应具有良好的品格、批判性思维能力、创造性解决问题的能力、终身学习能力、适应不断变化环境的能力，能够成为社会各个领域的精英和栋梁。

（6）高水平的利益相关者满意度。本科教育有学生、雇主、

---

① Turner，D. A. Quality in Higher Education［M］. Rotterdam，Netherlands：Sense Publishers，2011.

高校、政府等多个利益相关者，不同的利益相关者对一流本科教育有不同的定义和诉求。因此，一流本科教育评价标准要基于多方利益相关者的多维质量视界，将核心利益相关者的满意度视作一流本科教育的重要评价标准。事实上，卓越的本科教育应是专注于利益相关者的需求和期望，并满足政府、学生、雇主及其他利益相关者期望的教育。

（7）很高的社会声誉。社会声誉是各界对高校人才培养质量的外部反馈，能够真实地反映高校本科人才培养的质量和水平。本科教育体量大、影响面广，是高校社会声誉的重要来源。高校只有重视本科教育，并培养出大批高水平的一流本科人才，才能赢得较高的社会声誉和社会支持。因此，社会声誉是高校人才培养质量的终极检验，一流本科教育应具有很高的社会声誉。

（8）突出的经济社会贡献。一流本科教育对经济社会的贡献主要体现在卓越人才培养上。随着我国创新驱动发展战略的深入推进、经济的转型升级，亟须高校为各行各业培养大批的高素质拔尖创新人才。一流本科教育应满足社会需求，培养大批经济繁荣、社会进步急需的高水平专业人才。

第七章

一流本科教育评价框架体系研究

本章在一流本科教育理论研究和国际比较研究的基础上，根据一流本科教育评价的思路和标准，进一步确定一流本科教育评价的核心要素，设计评价模型，并据此构建我国一流本科教育评价指标框架。

一、一流本科教育评价体系的核心要素

目前，在国内外本科教育质量评价实践中，聚焦的核心要素包括以下四类。一是资源投入要素，主要考察本科教育教学资源是否能满足人才培养的需求，包括教师队伍的水平，图书馆、实验室等教学条件设施的水平，财政资源的情况等。二是培养过程要素，主要考察本科教育教学的过程和环节，并根据各环节的组织实施情况来评定本科教育的教学质量，涉及人才培养方案、课程设置、教材使用、教学组织、实践教学等环节。三是培养成效要素，主要考察人才培养的成效，通过学生获奖、论文质量、就业质量、校友成就等反映高校人才培养的质量和水平。四是教育政策和管理要素。有效的政策和制度供给是推动本科教育质量持续提升的重要保障。该要素侧重考察本科教育教学的管理有效性、质量保障体系的建构及其发挥的作用、对本科教育投入的政策和制度保障，以及对本科教育教学改革

创新的制度支持等。此外，在现有本科教育质量评价中对高校的人才培养目标与定位、办学思路、领导重视等要素也给予了关注。

从调查研究的情况来看，高校本科教育的实践者们普遍认为，一流本科教育的评价应兼顾人的全面发展的逻辑和国家与社会需求的逻辑；在人才培养各个环节中，应更加重视对教育过程的考察；在评价维度上，应更重视师资队伍的水平、教育理念的先进性、学生学习成果、人才培养的社会声誉、经济社会贡献度等的考察。这些调查结果也为本书确定一流本科教育评价的核心要素提供了依循。

结合国内外本科教育评价的实践和调查研究结果以及一流本科教育的目标定位和一流本科教育评价的目的指向，一流本科教育评价的核心要素为：

（一）人才培养目标和定位的拔尖创新性

人才培养定位和目标是高校本科教育的统领，高校各项教学活动的组织和实施都应围绕人才培养目标和定位来开展。一流本科教育与其他类型和层次本科教育的本质区别是人才培养的规格定位是拔尖创新型人才。这个目标和定位应与学校的办学定位相符合，不能盲目追求偏离学校办学定位的高层次人才培养目标。因此，考察一所大学的本科教育是否是一流本科教育，先应看其自身的人才培养目标定位是否是各领域或行业的高水平拔尖创新人才以及该人才培养目标与学校办学层次、类型、条件和水平的契合度。

（二）高水平的师资队伍

从已有本科教育评价实践和调查研究结果来看，普遍对师资队伍的质量和水平给予了高度重视，并将其作为影响本科教育质量的关键核心要素。一流本科教育要有与其人才培养目标相匹配的高水平师资队伍，这不仅要求师资队伍的学术水平要高，也要求教学水平要高。教师要能将最新、最前沿的科研成果有效转化为教学优势，引领本科生在各学科领域的探索。因此，高水平师资队伍既要考察师资队伍的数量、结构等基本面的情况，也要考察对本科教育的投入情况。

（三）办学设施条件对高质量本科教育的支撑情况

办学设施与条件是高校本科教育的基础和保障，虽然最好的办学设施与条件不一定能创造最好的本科教育，但是如果缺乏办学设施与条件的有效支撑，也很难办出最优质的本科教育。因此，办学实施与条件虽不是充分条件，却是必要条件，也需要给予重视。对办学设施与条件的考察不只是要看高校已有的办学场地、设施、资源等，更要看这些资源条件向本科教育倾斜的情况、本科生的利用情况以及对拔尖创新人才培养的整体支撑情况。

（四）高校对本科生提供的学习支持情况

卓越的本科教育是能为学生最长足发展提供最有效支持的教育，这种支持体现在人才培养方案与人才培养目标的适切性、高水平专业体系的建设、多样化课程体系的建设、优质教材的建设与使用、课堂教学体系和实践教学体系建设、高效优质的教育教学管理等方面，既包括人员和设施的支持，也包括信息、资源和管理的支持。“最能预测教育收益的是对教育过程的衡量。”① 因此，这些教育教学建设和资源支撑是否能够为学生全面、充分、多样化发展提供有效支持对本科教育质量有至关重要的影响，是一流本科教育不可或缺的条件。

（五）有效的政策和制度支撑

高校的人才培养是一个系统工程，本科教育要实现高效运行和教育质量的持续提升需要有相应的政策保障和管理制度支撑。这是确保高校本科教育持续向上向好的重要保障。一流本科教育建设是一项投入较高、周期较长的事业，要求高校在办学资源上持续向本科教育倾斜，引导和激励教师大力投入本科教育，不断致力于专业、课程等教学建设以及加强学科专业结构调整和质量文化建设等。这些都要有相应的政策和制度支撑才能形成长效机制，如财政投入倾斜政策、教师绩效考评制度、专业动态调整制度、教学奖励制度等。此外，质量保障体系的建构与完善也是高校确保教育质量持续提升、建设一流本科教育不可或缺的制度保障。

（六）学生学业的增值

近年来，许多国家在本科教育质量评价中高度重视对学生学习成果的考察，将学生学习成果视作教育质量评价的核心要素，并基于“学生学习成果评估”对学校的教育质量进行评价。“学生学习成果评估”注重学生学业增值，强调学校教育成效的

① Gibbs, G.. Dimensions of Quality [EB/OL]. [2021－06－20]. https://s3.eu-west-2.amazonaws.com/assets.creode.advancehe-document-manager/documents/hea/private/dimensions_of_quality_1568036697.

证据，将学生的学习和发展视作教育的最终目的，评价重点关注高校聚集的教育资源、组织的教育活动、为学生提供的学习支持等教学实践对学生成长和发展产生的影响以及学生在学期间在知识、能力、技能、态度、价值等方面的增值情况。这种“产出导向”的评价是高校教育质量最有力的证明，也是一流本科教育评价体系的核心要素。

（七）社会对高校本科教育的认可

高校的本科教育办得如何，有一个最有效的检验标准，即社会的认可度和美誉度。高校是为社会培养人才，人才培养的质量只有经过社会的检验和认可才最有说服力和公信力。例如，毕业生的反馈、校友的成就、用人单位对毕业生的评价、学生和家长对学校的认可以及学校办学的口碑等，这些都是评价高校本科教育质量最有效的证据。尤其高校的人才培养的周期很长，其成效往往不是几年之内能够显现，因此，相比其他要素，社会认可度更能够反映高校本科人才培养的长期效果。

二、一流本科教育评价模型建构

（一）教育评价常用的几种概念模型

教育评价的发展经历了四个时期：盛行于19世纪末和20世纪初的第一代评价——测验和测量时期，这个时期评价主要采用测验和测量的方法；盛行于20世纪30—50年代的第二代评价——描述时期，强调描述教育结果与教育目标的一致程度；盛行于20世纪60—70年代的第三代评价——判断时期，这一代评价观认为评价在本质上是“判断”；盛行于20世纪80年代的第四代评价——心理建构时期，这个时期的评价观认为评价就是对被评事务赋予价值，其本质是一种通过“协商”而形成的“心理建构”。第四代评价认为评价应坚持价值多元性，反对管理主义倾向。价值多元性提倡在评价中充分听取与评价有关的各方意见，由评价者不断协调各种价值标准间的分歧、缩短不同意见间的距离，最后达成公认的一致看法。因此，第四代评价强调价值协调，认为教育评价是协调价值观的过程，通过协调评价者与评价对象的教育价值观、评价标准认识等，得出评价者和评价对象公认的结果。此外，第四代评价对学习资源与学习过程的关注更多。

随着教育评价理论与实践的发展，教育评价的模型也不断丰富。例如，Stake 指出教育评估模型有两大类：非正式案例研究模型，该模型使用现有信息，依赖于教育参与者和外部专家的专业判断；预测/后测模型，该模型通常侧重于评价学生表现。[①] Popham 认为，所有类型的评估都可以归结为评估两个组成部分——前因变量和既定潜在产出变量的相对强弱的变异。[②]前因变量是科学探究的限制条件，通常称为“自变量”，产出是评估项目产生的潜在结果。

从已有教育评价实践来看，常用的评价概念模型主要可以概括为以下几种。

一是目标达成模型。该模型源于泰勒的目标评价模型，旨

---

① Stake, R. Program Evaluation, Particularly Responsive Evaluation [A]. G. Madaus, Daniel Stufflebeam, Michael Scriven. Evaluation Models [M], Boston, MA: Kluwer-Nijhoff Publishing, 1983: 287 -310.

② Popham, W. J. Educational Evaluation [M]. Boston, MA: Allyn and Bacon, 1993.

在测量预先设定的行为目标的实现程度，主要采用实验或准实验方法。采用该模型的教育评价要求首先确定教育的目的、目标和绩效标准，并选择和应用不同的绩效测量工具，然后将设定的教育目标和标准与收集的数据进行对比，据此对学校办学情况进行评判。泰勒的目标评价模型通过分析三个目标来源形成教育目标：学生、社会和评价主题。这种教育评价是一种总结性评价，需要建立标准来判断评价对象是相对成功还是失败。

二是强调输入的判断模型。该模型强调对教育“投入”的考察，根据教育项目现有人、财、物等资源的投入情况来判断教育的有效性，例如“认证模型（Accreditation)”采用的就是这种评价模型。Dressel 提出，认证模型应包含以下要素：目的和目标；物质和财务资源的充足性；教师的教育理念、质量和活动；课程组织和教学方法的优劣势；校园氛围与环境；教育计划的有效性和促进学生发展的教育过程、研究和公共服务项目的有效性以及利益相关者的关注和满意度。[①] 该模型的优势在于可以“针对问题，解决问题”，主要劣势则在于“尊重现状”。

三是强调输出的判断模型，该模型强调对教育“输出”的考察，常用的模型有“无目标评价模型（Goal free)”和“外观评价模型（Countenance approach)”。“无目标评价模型”强调预设目的和目标的“副作用”，不是根据预期的目标或效果来判断教育成效，而是更多地指向教育活动，根据教育活动产生的效果来评判教育的成效。这种评价模型强调以评价受众的关注和

① Dressel, Paul. Handbook of Academic Evaluation［M］. San Francisco: Jossey-Bass, 1976.

诉求为中心，依据不同评价受众对教育的关注点来塑造评价，评价结果对教育内外部人士都具有应用价值。“外观评价模型”重视区分评估者的描述和判断行为，强调教育问题而不是教育目标，从预期、观察、标准和判断这四个方面对教学活动进行评价。这种评价模型是依赖于评估者对教育各个方面做出的“微妙判断”。

四是决策模型。该评价模型聚焦于为管理者提供决策所需的有效信息，其评价目的与传统的教育评价目的不同，被定义为“提供信息的正式方法，以便为决策制定提供理性基础”，其目的是“帮助一些评价的使用者判断和提升某些教育目标的价值”。基于该模型的教育评价通常采用 CIPP 评价模型，通过获取教育背景、投入、过程和产出等信息为决策制定提供支持。

五是自然主义模型。该评价模型是一种采用质性评价方法的评价范式，主张评价应全面反映教育现象的真实情况，为改进教育提供真实可靠的依据。该评价模型常用的有“回应评估模型（Responsive evaluation）”和“鉴赏模型（Connoisseurship model）”。Stake 将“回应评估模型”描述为一种“自然的”评价方法，“减少对正式沟通的依赖，更依赖于自然沟通”，① 这种方法往往为了评价结果的有用性，而牺牲了精确的测量。“鉴赏模型”也称“专家模型”，即由专家或专业人士对学校教育活动进行评价，评价标准主要依据专家个人的专业经验和业内专业人士的集体经验。基于该模型的教育评价对客观数据的依赖度

---

① Stake, R. Program Evaluation, Particularly Responsive Evaluation [A]. G. Madaus, Daniel Stufflebeam, Michael Scriven. Evaluation Models [M], Boston, MA: Kluwer-Nijhoff Publishing, 1983: 292.

低，专家主要依据实地考察和高校提供的材料进行评价。

（二）一流本科教育评价模型的构建

一流本科教育是政府主导的本科教育质量提升政策，也是高校的本科教育振兴行动。一流本科教育评价拟服务于政府的政策执行和后续政策制定，为高校一流本科教育建设提供可供参考的坐标系，因此在评价目的上以服务政府决策为主，也要服务高校实践。此外，一流本科教育包含多个环节，如教育资源投入、专业和课程建设、教育教学改革等。在综合考量各评价模型优劣势的基础上，拟选择 CIPP 模型建构一流本科教育评价模型（见图 7－1）。CIPP 模型与一流本科教育评价在评价要素和评价重点上契合度很高，将 CIPP 模型应用于一流本科教育评价，可以为政府决策提供有效信息，也能够对高校的一流本科教育有较为科学、客观的评判，并且评价结果对高校今后的一流本科教育建设也更具指导价值。因此，将 CIPP 模型应用于一流本科教育评价具有适用性和可行性。

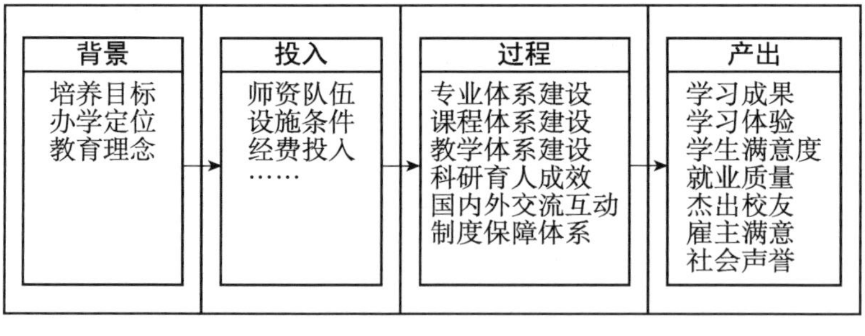

图 7－1　一流本科教育评价模型

根据 CIPP 模型，一流本科教育评价模型由评价背景、投入、过程和产出四个部分组成。其中，评价背景包括高校本科教育的目标、办学定位和教育理念；投入包括师资队伍、办学设施与条件、经费投入等资源要素；过程包括专业、课程、教学体系、科研育人、合作交流等教育环节，侧重对高校本科教育过程的考察；产出包括学生的学习成果、学习体验、学生满意度、杰出校友、社会声誉等反映本科人才培养成效的要素。以上四个部分可以综合反映高校的本科教育质量和水平。

三、一流本科教育评价框架体系

一流本科教育评价框架体系由 6 个一级指标，24 个二级指标构成（见图 7 –2）。

（一）“目标定位”一级指标

“目标定位”对高校本科教育的办学定位、人才培养目标和教育理念进行考察。着重考察高校的本科教育办学定位是培养什么类型和层次的人才，人才培养目标是否体现了卓越性以及培养目标与学校办学定位的契合度。此外，也对学校的教育理念的先进性、是否与世界高等教育改革与发展趋势相适应进行考察。因此，该一级指标下设 3 个二级指标：

1. 培养目标的卓越性

该指标考察高校本科教育人才培养目标的定位，重点考察人才培养目标是否具有“卓越性”，在知识、能力、素养等具体目标上是否体现一流水平，以及培养目标与国家经济社会发展的适应性。

2. 办学定位的契合性

该指标考察高校人才培养的规格类型与学校的办学定位是

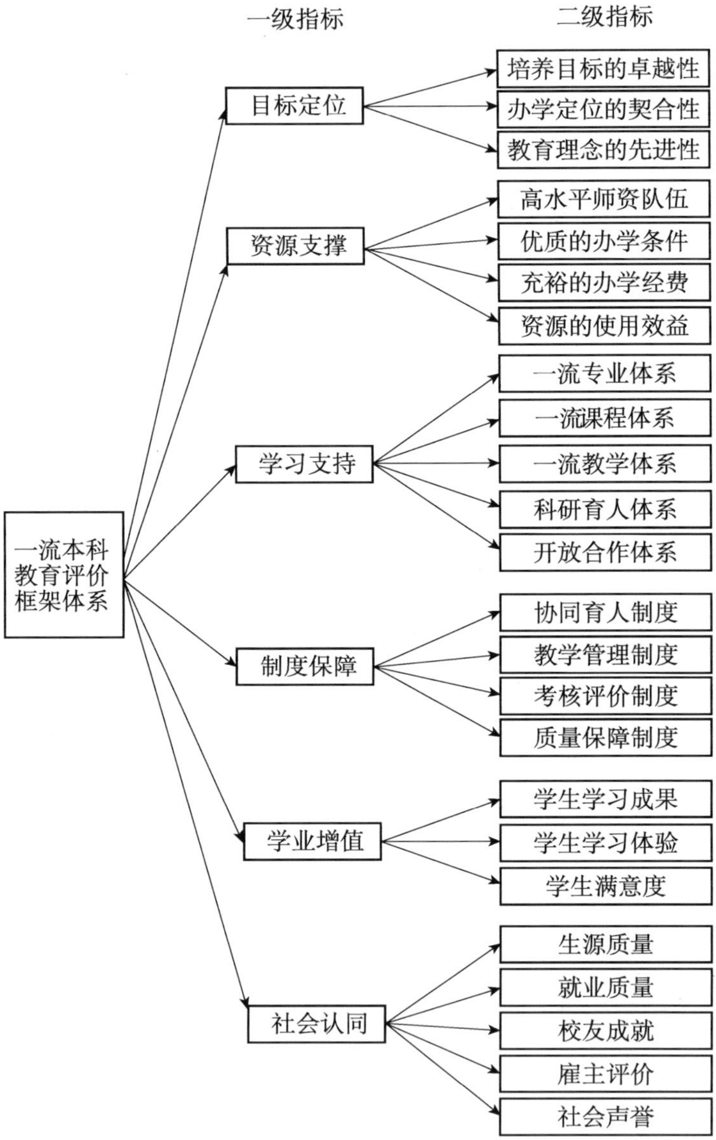

图 7－2　一流本科教育评价框架体系

否契合。每所大学在自己的办学层次和类型上都可以办出一流，一流本科教育应与学校的办学定位相契合。

3. 教育理念的先进性

该指标考察高校本科教育的办学理念是否具有鲜明的时代性、反映世界高等教育发展的趋势、引领教育改革的走向。

（二）“资源支撑”一级指标

“资源支撑”是一流本科教育不可或缺的条件。一流本科教育所需的资源包括师资、办学设施条件和经费等人财物资源。其中，师资对本科教育质量有至关重要影响，高水平的师资应是学术水平和教学能力兼具的教师队伍。办学设施条件和经费应能满足高水平人才培养的需求，并具有较高的使用效益。在该一级指标下设有 4 个二级指标

1. 高水平师资队伍

该指标考察师资队伍的学历层次、学术水平、教学水平、生师比等，尤其是学术大师和高水平师资投入本科教育教学的情况。

2. 优质的办学条件

该指标考察校舍、实验室、图书资源等本科教学所需的办学设施与条件的配备情况，以及为本科生利用的情况，该指标着重考察学校的硬件设施条件对高水平本科人才培养的支撑情况。

3. 充裕的办学经费

该指标考察学校教育投入向本科教学的倾斜情况，着重考察本科教育投入是否能满足高层次人才培养的需求，是否能稳定持续地支撑本科教育质量的持续提升。

4. 资源的使用效益

该指标着重考察在本科教育上的人员配备、资源配置、经费投入等的效率和效益，反映本科教育资源的有效利用情况。

（三）“学习支持”一级指标

基于以学生为中心的教育理念，一流的本科教育应是为学生最长足的发展提供最有效支持的教育，因此该一级指标着重考察高校为学生发展提供的支持情况，包括人才培养的几个核心环节，如专业建设、课程建设、教学体系建设、科研育人落实情况、开放与交流合作情况。这些环节的完善和相互作用可以为拔尖创新本科人才提供生长的土壤。相应地，该一级指标包括 5 个二级指标。

1. 一流专业体系

一流专业体系是一流本科教育的内在意涵，一流本科教育必然要有一流的专业。专业是高校人才培养的依托和基本单元，一流的专业应与国家战略和经济社会发展需求具有高度适切性，具有深厚的学科基础，与学校办学定位和目标具有高度关联性，具有很高的办学实力和水平。

2. 一流课程体系

课程体系是本科教育实施的载体，没有一流的课程体系，不可能有一流的本科教育。一流的课程体系应是丰富的、多样的、有机的，能支撑和实现拔尖创新人才培养目标，并能处理好通识教育与专业教育的关系、共性与个性的关系、理论与实践的关系。

3. 一流教学体系

教学体系涉及教学内容设计、教学方法设计、教学过程实施等，是评价本科教育过程的重要指标。一流的本科教育的卓越性应体现在教育实践和过程之中，包括高校的教学组织实施、教学内容的前沿性、新颖性，教学方法的多样性、有效性，以及课堂教学和实践教学等环节的有效组织实施。

4. 科研育人体系

一流本科教育应充分发挥学校的科研优势，并将科研优势有效转化为育人能力，把学生引领到学科前沿，鼓励学生探究，培养学生的创新意识和能力。尤其是研究型大学，应当处理好教学与科研的关系，用科研反哺教学，不断提升高层次人才培养质量。

5. 开放合作体系

一流本科教育不能封闭办学，应构建开放与合作的办学体系，为培养具有全球视野的高层次人才提供支持。该指标考察高校在本科人才培养上的高水平交流与合作、人才培养的全球视野和国际化水平。

（四）“制度保障”一级指标

高水平的本科教育离不开制度的保障，一流本科教育应具有确保学校和教师对本科教育投入的制度，有保障和促进本科教育质量持续提升的制度，有为学生的多样化发展提供支持的制度等，其中协同育人制度、教学管理制度、考核评价制度和质量保障制度是最重要的几个制度。因此，该一级指标下设了4个二级指标。

1. 协同育人制度

考察高校与政府、科研机构、产业界等合作育人的情况。多方协同育人是高层次人才培养的普遍趋势，高校要培养出一流的高水平人才，应深入推进政产学研多方协同育人。

2. 教学管理制度

良好的教学管理制度是高校提高教学质量、服务学生多样化需求的基本保证。一流本科教育的教学管理制度应是规范的、灵活的、持续改进的、高效的，在教学管理、学生指导等方面有合理高效的制度，能为人才培养模式改革创新、学生的多样化发展提供支持。

3. 考核评价制度

考核评价是引导高校教师平衡教学与科研工作的指挥棒，科学合理的考核评价制度，能对教师的人才培养工作给予客观、公正的认可，能引导和激励教师重视和投入本科教学，持续提升教育质量。该指标着重考察教师考核评价制度对本科教育的重视、对教师本科教学工作的引导和激励作用。

4. 质量保障制度

一流本科教育应具有健全的质量保障体系，确保本科教育各个环节的质量，促进本科教育质量持续提高。该指标考察高校内部的质量自治情况，涉及院系、教师、专业、课程等的质量管理制度。

（五）“学业增值”一级指标

评价本科教育质量和水平最有效的证据是学生求学期间在学力、情感、态度、价值、社会性等方面的发展。这是检验高校本科教育质量的最终标准，也是国际高等教育评价的趋势。因此，该指标着重考察学生的学习成果、学习体验和学生的满意度，下设 3 个二级指标。

1. 学生学习成果

关注高校本科教育的“输出”——大学生的学习成果，这是近年来各国高等教育质量评价中的核心内容，并被认为能够直接、深入、有效地反映高校的教育质量。该指标可以通过大学生学习成果测试或学生在学期间学业发展的其他有效证据来佐证。

2. 学生学习体验

学生是教育的接受者，对高校本科教育质量最有发言权。该指标落实以学生为中心的教育理念，着重考察学生的求学体验、在学习中的收获体会，以获得学生学习有效性、高校对学生学习支持的证据。

3. 学生满意度

如果把高校看作是本科教育的供应商，那么学生则是消费者。该指标从学生作为本科教育核心利益相关者的视角，考察高校本科教育的消费者满意情况。这也是本科教育质量的重要表征。

（六）“社会认同”一级指标

高校人才培养的最终效果需要较长周期才能显现，即高校培养的人才是否能成为社会各行各业的领军人才和栋梁，通常要学生毕业后多年才能知晓。因此，外部的社会评价对高校本科教育质量有终极发言权，也是对高校人才培养质量最具公信力的检验标准。该指标旨在反映社会各界对高校本科教育的认可情况，涵盖 5 个二级指标。

1. 生源质量

主要考察高校本科招生的选拔性。一流本科教育应具有高选拔性招生的特征，具有较好的社会美誉度，教育教学质量若被学生和家长广泛认可，报考人数众多，生源质量相应较好好。该指标反映本科教育的外部利益相关者——潜在学生和家长对高校本科教育的认可情况。

2. 就业质量

该指标考察高校培养的学生在劳动力市场的竞争力。该指标的设计基于如下假设：高校本科教育质量越高，学生的综合素质和能力就越高，在劳动力市场就越受欢迎，能获得更好的职位和薪资。因此，该指标在一定程度上反映了潜在雇主对高校本科人才培养质量的认可情况。

3. 校友成就

鉴于高校培养的本科生刚毕业时还不能充分显现其能力和水平，因此通过考查学生毕业多年后在各行各业取得的成就来评价高校的本科教育质量，这也是世界顶尖大学在证明自身教育质量时常用的证据。

4. 雇主评价

该指标是对高校本科人才培养质量的实践检验，用人单位也是高校本科教育的核心利益相关者，是本科教育质量评价的重要主体。对于高校培养学生的品格、能力、素质，用人单位更有发言权。

5. 社会声誉

该指标是对高校本科教育在社会上的口碑、美誉度的综合考量，整体上反映了高校本科教育的社会认可情况。

参考文献

[1] 吴岩. 一流本科一流专业一流人才 [J]. 中国大学教学, 2017 (11): 4 -12.

[2] 张大良. 创建具有中国特色世界水平的一流本科教育 [J]. 国内高等教育教学研究动态, 2016 (12): 1 -4.

[3] 钟秉林. 一流本科教育是“双一流”建设的核心任务和重要基础 [J]. 中国高等教育, 2017 (19): 16 -17.

[4] 胡建华. 建设一流本科教育首先需要更新教育理念 [J]. 苏州大学学报 (教育科学版), 2018 (4): 1 -3.

[5] 眭依凡. 一流本科教育改革的重点与方向选择——基于人才培养的视角 [J]. 现代教育管理, 2019 (6): 1 -10.

[6] 邱勇. 一流本科教育是一流大学的底色 [N]. 光明日报, 2016 -06 -21.

[7] 余秀兰, 宗晓华. 一流大学的一流本科教育: 特征与评价 [J]. 江苏高教, 2019 (2): 4 -11.

[8] 别敦荣. 一流大学本科教学的性质、特征及建设路径 [J]. 中国高教研究, 2016 (8): 7 -12.

[9] 李硕豪. 论一流本科教育的基本特征 [J]. 中国高教研究, 2018 (7): 12 -16.

[10] 王洪才. 一流本科教育的内涵、特征与建设 [J]. 中国高教研究, 2019 (1): 11 -15.

[11] 尚红娟. 美国一流本科教育的改革与发展趋势 [J]. 2018 (3): 37 -48.

［12］郄海霞，张钰．美国一流大学本科教学质量内部评价体系探析——以加州大学伯克利分校为例［J］．黑龙江高教研究，2015（2）：43－47．

［13］李政云．一流本科教育建设的院校战略——英国帝国理工学院案例剖析［J］．高等教育研究，2019（2）：103－109．

［14］余秀兰，宗晓华．一流大学的一流本科教育：特征与评价［J］．江苏高教，2019（2）：4－11．

［15］谢和平．打造一流师资队伍 建设一流本科教育［J］．中国大学教学，2019（4）：8－10．

［16］于东升．评估一流的本科教育：路径与价值——美国的经验及其意义［J］．高等工程教育研究．2012（3）：126－131．

［17］潘懋元．大众化阶段的精英教育［J］．高等教育研究，2003（11）：1－5．

［18］董泽芳，王晓辉．国外一流大学人才培养模式的共同特点及启示——基于对国外八所一流大学培养杰出人才的经验分析［J］．国家教育行政学院学报，2014（4）：83－89．

［19］李延保．我国大学本科教育教学改革的新趋势［J］．中国高教研究，2013（7）：19－22．

［20］吴立保．论本科教育从“教学范式”向“学习范式”的整体性变革——以知识范式转换为视角［J］．中国高教研究，2019（6）：65－71．

［21］鲍威．跨越学术与实践的鸿沟：中国本科教育高影响力教学实践的探索［J］．北京大学教育评论，2019，17（3）：105－129．

［22］夏欢欢，Hanmish Coates. “双一流”建设背景下高校内部人才培养和评价体系研究——以美国哥伦比亚大学教育学院为例［J］. 中国高教研究，2019（3）：12－17.

［23］陆根书．如何看待本科教育：专家与学生的视角［J］. 大学教育科学，2019（2）：9－11.

［24］李作章，刘学智，姜宛辰．基于标准的大学教学质量评价：英国的经验与启示——英国大学教学卓越框架（TEF）评析［J］. 外国教育研究，2018（6）：55－66.

［25］王中奎，胡啸天．大学本科教学质量绩效评价实现路径：英国的经验与启示［J］. 教育发展研究，2018（17）：71－77.

［26］高正艳，王战军，杨旭婷．一流专业建设达成度评价：内涵与特征［J］. 上海教育评估研究，2019，8（2）：21－24.

［27］柯政．“双一流”中的课程建设：上海纽约大学的启示［J］. 中国高等教育，2016（Z2）：53－56.

［28］严平．本科教育创新人才培养模式研究——基于日本京都大学课程设置的视角［J］. 复旦教育论坛，2013，11（3）：81－84.

［29］刘凡丰．美国研究型大学本科教育改革透视［J］. 高等教育研究，2003（1）：100－104.

［30］汪小会，孙伟．俞洪亮．法国高校的国家评估及对我国的启示［J］. 上海教育评估研究，2016（6）：37－41.

［31］蒋洪池，熊英．日本国立大学学生评教的指标、特征与启示［J］. 高等教育研究，2021（5）：103－109.

［32］吴薇，原东恒．德国高校学生评教的演进与特点——以德累斯顿工业大学为例［J］．教育科学，2020（6）：76－84．

［33］黄美娟．美国“全国大学生学习投入调查”（NSSE）研究［D］．上海：上海师范大学，2014．

［34］秦圣泽，李均．大学教学质量评估的英国探索——基于对英国高等教育“教学卓越框架（TEF）”的分析［J］．教育现代化，2018，5（52）：297－303．

［35］安蓉，莫奇．英国教学卓越框架计划及其对我国的启示［J］．高教探索，2017（10）：66－70．

［36］哈瑞·刘易斯．失去灵魂的卓越：哈佛是如何忘记教育宗旨的［M］．侯定凯，译．上海：华东师范大学出版社，2012．

［37］The Boyer Commission on Educating Undergraduate in the Research University. Reinventing Undergraduate Education：A Blueprint for America's Research Universities［M］．Stony Brook，NY：Carnegie Foundation for the Advancement of Teaching，1999．

［38］UNESCO. World Declaration on Higher Education for the Twenty-First Century：Vision and Action［EB/OL］．［2021－06－21］．https：//bice. org/app/uploads/2014/10/unesco_world_declaration_on_higher_education_for_the_twenty_first_century_vision_and_action. pdf．

［39］AAC&U. Making Excellence Inclusive［EB/OL］．［2021－06－21］．https：//www. aacu. org/making-excellence-inclusive．

［40］Alexander W. Astin：Assessment for Excellence［M］．New York：Macmillan Publishing Company，1991．

[41] Turner, D. A. Quality in Higher Education [M]. Rotterdam, Netherlands: Sense Publishers, 2011.

[42] Dressel, Paul. Handbook of Academic Evaluation [M]. San Francisco: Jossey-Bass, 1976.

[43] Turner, D. A. Quality in Higher Education [M]. Rotterdam, Netherlands: Sense Publishers, 2011.

[44] Popham, W. J. Educational Evaluation [M]. Boston, MA: Allyn and Bacon, 1993.

[45] Clark, Burton R. The Higher Education System: Academic Organization in Cross-national Prospective [M]. Berkeley, CA: University of California Press, 1983.

[46] Astin, A. W. When does a College Deserve to be Called High Quality? [A]. Improving Teaching and Institutional Quality [C]. Washington, DC: American Association for Higher Education, 1980.

[47] Gibbs, G. Dimensions of Quality [EB/OL]. [2021-06-20]. https://s3.eu-west-2.amazonaws.com/assets.creode.advancehe-document-manager/documents/hea/private/dimensions_of_quality_1568036697.pdf.

[48] Harvey, L. & Green, D. Defining quality [J]. Assessment and Evaluation in Higher Education, 1993, 18 (1): 9-34.

[49] Kanas State University. KSU Undergraduate Student Learning Outcomes [EB/OL]. [2021-07-08]. http://k-state.edu/assessment.htm.

[50] Green, D. What is Quality in Higher Education? [M/

OL]. London: the SRHE and Open University Press, 1994. [2021 - 06 - 21]. https://files.eric.ed.gov/fulltext/ED415723.pdf.

[51] Turner, D. A. Quality in Higher Education [M]. Rotterdam, Netherlands: Sense Publishers, 2011.

[52] Schindler, L., Puls-Elvidge, S., Welzant, H., & Crawford, L. Definitions of Quality in Higher Education: A Synthesis of the Literature [J]. Higher Learning Research Communications, 2015, 5 (3): 3 - 13.

[53] Teeroovengadum, V., Kamalanabhan, T. J., Seebaluck, A. K. Measuring Service Quality in Higher Education: Development of a Hierarchical Model (HESQUAL) [J]. Quality Assurance in Education, 2016, 24 (2): 244 - 258.

[54] Eurydice. The European Higher Education Area in 2015 [R]. bologna Process Implementation Report, 2015.

[55] Harvard University. Introduction to the Core Curriculum: a Guide for Freshmen [M]. Cambridge. MA. US. 1994: 1.

[56] Geoge D. Kuh. the National Survey of Student Engagement: Conceptual and Empirical Foundations [J]. New Directiongs for Institutional Research, 2009 (1).

[57] Geoge D. Kuh. Assessing What Really Matters to Student Learning [J]. Change, 2001 (3).

[58] Richard Frye. Assessment, Accountability and Student Learning Outcomes [J]. Dialogue, 1999 (2): 11.

[59] Stake, R. Program Evaluation, Particularly Responsive Evaluation [A]. G. Madaus, Daniel Stufflebeam and Michael Scriv-

en. Evaluation Models [M]. Boston, MA: Kluwer-Nijhoff Publishing, 1983: 287 -310.

[60] ENQA. The Concept of Excellence in Higher Education [R]. [2021 - 10 - 12]. https://www.enqa.eu/wp-content/uploads/ENQA-Excellence-WG-Report_The-Concept-of-Excellence-in-Higher-Education.pdf.

[61] Konstantina T, George T. Benchmarking towards Excellence in Higher Educaiton [J]. Benchmarking: An international Journal, 2017 (24): 617 -634.

后　记

本书是中国教育科学研究院基本科研业务费专项资金项目“一流本科教育评价的研究”（课题编号：GYB2019002）的研究成果，由中国教育科学研究院高等教育研究所主持完成。张男星教授作为课题负责人，承担了研究设计、内容框架设计、调研实施、组织协调、书稿撰写等工作。

本书是集体智慧的成果，各章节具体分工如下：序言由张男星执笔；第一章由张男星、饶燕婷执笔；第二章、第六章、第七章由饶燕婷执笔；第三章由蓝文婷执笔；第四章、第五章由桂庆平执笔。全书最后由饶燕婷统稿，张男星教授最终定稿。在研究过程中，孙继红为调研提供了大力支持。

美国总统
特朗普？

张琦 著

中国财政经济出版社

图书在版编目（CIP）数据

美国总统特朗普？/ 张琦著．—北京：中国财政经济出版社，2016. 7
ISBN 978 -7 -5095 -6826 -2

Ⅰ. ①美…　Ⅱ. ①张…　Ⅲ. ①特朗普，D. J. -传记　Ⅳ. ①K837. 125. 38

中国版本图书馆 CIP 数据核字（2016）第 141031 号

责任编辑：付克华　　　　责任校对：杨瑞琦
封面设计：汪俊宇

中国财政经济出版社 出版

URL：http：//ckfz. cfeph. cn
E - mail：ckfz @ cfeph. cn

社址：北京市海淀区阜成路甲 28 号　邮政编码：100142
营销中心电话：88190406　北京财经书店电话：64033436　84041336
北京富生印刷厂印刷　各地新华书店经销
787 ×1092 毫米　16 开　　15 印张　277 000 字
2016 年 7 月第 1 版　2016 年 7 月北京第 1 次印刷
定价：45. 00 元
ISBN 978 -7 -5095 -6826 -2/K · 0037
（图书出现印装问题，本社负责调换）
本社质量投诉电话：010 -88190744
打击盗版举报热线：010 -88190492、QQ：634579818

序

美国大选是观察美国政治的最好切入点，2016年的总统选举尤为如此。

在此次选举中，以特朗普、桑德斯为代表的政治“局外人”“边缘人”成为了竞选舞台上的主角。前者在连续抛出一系列惊人言论并引发巨大争议的同时，支持率却稳步上升，并且顺利取得了共和党提名所需的票数。后者尽管未能获得民主党内提名，但却收获了相当数量选民的支持，而其政治理念或将对于民主党方面带来重要影响。虽然经过历时近一年的竞选拉力，此次选举的大局已渐清晰，但是选举中所反映出美国政治的一些变化，却值得我们长期跟踪与研究。

首先，特朗普等非传统政治人物对于现有政治体系的冲击，是此次选举中的最主要特点。在此次参选之前，特朗普并未深入涉足政坛；而已担任国会议员多年的桑德斯，则长期以“无党派”身份游走于主流政治圈子之外。他们两人在此次选举中的强势表现，不仅对于两党的建制派造成了难以预计的影响，而且也挑战了美国政治中的部分传统规则。在未来的美国政治舞台上，这种“局外人”唱主角的情况是否还会不断上演，甚至改变美国政治的生态结构，都值得继续观察。

其次，在“特朗普现象”“桑德斯现象”的背后，是美国政治重心的下移。在此次选举中，特朗普与桑德斯分别调动了部分偏保守蓝领白人和部分年轻人的参政热情。尽管他们二人所展现出的政治理念大相径庭，但是不可否认的是，在两人的共同作用下，美国国内政治的重心有向以蓝领、年轻人为代表的“草根民众”所转移的趋向。这一变化虽然可能随着选举的落幕而出现回落，但在一定程度上还是反映出了近些年来美国社会贫富差距持续增大、社会阶层日益固化等深层次问题，这些问题的持续发酵或将对于美国政治发展产生深远的影响。

再次，长期以来美国政治的极化，以及两党内部的碎片化也在此次选举中得到了体现。伴随着政治的极化，民主党、共和党两党的分野日益增大，并在近些年来有愈演愈烈的趋势。而与此同时，两党内部的分歧也在加剧。以共和党为例，传统建制派在“茶党”力量的冲击下，在党内的主导地位明显下降，整个党的整合能力也不如以往。正是由于共和党内部的动荡，使得它在面对特朗普的冲击时，不仅没有了还手之力，甚至可以说是缺乏招架之功。而不论下届美国总统将会花落谁家，内部整合都将是两党未来一段时期的主要任务。

最后，在美国政治中长期发挥重要作用的金钱因素，在此次选举中也出现了一些引人注目的变化。一方面，桑德斯通过“小额众筹”募集到了大量的竞选资金，使他原本不被看好的竞选之路能够不断前进；另一方面，身为亿万富翁的特朗普，则把“烧钱”的总统选举变成了一桩讲求费效比的大生意，并且取得了其他候选人花费重金还难以企及的效果。在以上情况的作用下，传统金钱政治的重要性在此次选举中有所下降，而甩掉了财务束缚的候选人在有关问题上的自由度则显著上升。

以“特朗普现象”为最大看点的此次总统选举，将会对于美国政治生态产生意义深远的影响。而对上述问题的跟踪、研究，也必将有助于我们理解美国政治、社会的发展变化。张琦同志的这本书，及时全面地阐述了“特朗普现象”，并就其背景和成因给予了清晰入理的解读，为国内观察此次美国大选提供了难得的参考与借鉴。也希望有越来越多的青年学者能紧跟相关发展动态，深入当代美国研究。

倪　峰

2016年6月20日

目　录

第一部分　谁是特朗普?

虽然也有过不尽如人意的过往，但是如今的特朗普，不论是个人生活，还是子女教育，都打理的井井有条。一家人其乐融融地出现在各种公共场合的画面，俨然已经成为了美国社会中一道靓丽的风景。

第二部分 特朗普风暴

比起他屡屡“玩票”的参选记录更为传奇的是，特朗普多年以来不断变化着的党派身份及其长期“两边下注”的政治捐款历史，这也成为了特朗普区别于其他参选人的“独家特色”。

2015 年 6 月，特朗普正式参选下届美国总统。虽然他以“MAKE AMERICA GREAT AGAIN”为主题的参选演讲，爆出了不少“特朗普牌”的猛料，但是在大多数的美国媒体看来，他的这次参选很可能又是一场充满娱乐色彩的选举“真人秀”。

特朗普在竞选过程中的一系列言行不仅远远超出了美国公众人物应有的规范，甚至打破了诸多美国政治人物不可逾越的禁忌。然而，正是这些争议言行，构成了特朗普此次总统竞选的最大“亮点”。

尽管面对着党内党外的围堵、国内国外的批评，特朗普还是以其从参选伊始的一系列不可思议的强势表现让美国上下都感到震撼，并且他距离成为下届美国总统也就只剩“一步之遥”。

8. 被特朗普“碾压”的共和党小伙伴儿们 103

从出身于总统之家的杰布·布什，到闻名全美的名医本·卡森，再到明星州长克里斯·克里斯蒂，这些共和党内备受瞩目的候选人都一一成为了特朗普竞选之路上的“牺牲者”，而后两位更在退选之后，早早就宣布支持特朗普成为总统，从而引发了美国社会的强烈震动。

9. 特朗普与他的民主党对手们 121

早在此次参选总统之前，特朗普就已经与现任总统奥巴马“结下了梁子”，并在此次选举中继续“积怨”；而他与参加本次竞选的民主党候选人、前国务卿希拉里之间的“恩怨情仇”，则更可谓是“剪不断、理还乱”。

10. 被特朗普“撕裂”的美国 142

特朗普的参选使今天的美国社会四分五裂，冲突不断，从抗议示威到暴力事件不断上演。而从当初送特朗普出征的共和党，到诸如索罗斯、扎克伯格这样的业界大佬，甚至与特朗普同为亿万富翁的前纽

13. 地利：从政治文化到选举规则的种种“利好” 199

社会问题的积累为特朗普提供了“天时”，而政治文化、政治发展以及选举规则则为他带来了“地利”。众多看似“偶然”的因素凑在一起，成就了今天特朗普难以预见的“必然”崛起。

14. 人“为”：无法复制的竞选方式 210

“天时”可遇不可求，“地利”事半可功倍，然而，如果没有人“为”，一切皆空谈。特朗普之所以走到今天，与他独一无二的竞选方式有着很大关系，也正是这些无可比拟的“人‘为’”优势，或将帮助他最终问鼎美国总统的大位。

结束语：终极一战 222

第一部分

谁是特朗普？

1. 成长岁月

与大多数总统竞选人一样，特朗普也拥有令人瞩目的教育背景；然而，与绝大多数参选人不一样的是，其成长经历则显得颇为曲折。从家庭到校园，从军校到沃顿，特朗普以他与众不同的成长道路，一步一步地走向自己的人生辉煌。

1.1 童年教育

唐纳德·特朗普（Donald Trump），1946 年 6 月 14 日生于美国纽约市皇后区的一个地产商家庭。其父亲弗雷德·特朗普是 20 世纪中期纽约市一个颇具影响的地产开发商。

弗雷德·特朗普生于 20 世纪初，为德国移民的后裔。在其尚未成年之时，曾经在地产领域小有成就的父亲就因病去世。自此，作为家中长子的弗雷德就通过打零工来分担家庭的重担，与此同时，他也开始学习包括木工技术在内的建筑知识。20 世纪 20 年代初，已经接手过一些

唐纳德·特朗普（此照片摄于 2001 年）

简单建筑生意的弗雷德开始兴建住房，并成立公司[①]。凭借所建住房的经济耐用，弗雷德很快就打开了自己的市场，并开始在地产界崭露头角。

进入20世纪20年代末30年代初的经济大萧条时期，弗雷德一度将自己的生意重心转移到超市经营等其他方面。但是随着经济形势的好转，他又很快重回地产行业，并在第二次世界大战期间兴建了大量的海军营房，所涉及的地域包括宾夕法尼亚、弗吉尼亚等东海岸的数个州。此外，弗雷德在纽约市的地产生意也逐渐做大，到儿子唐纳德·特朗普出生时，弗雷德已经拥有一份在纽约市皇后区、布鲁克林区兴建并运营中产阶级公寓的产业。

特朗普的母亲玛丽·麦克劳德是苏格兰移民。与那个时期的大多数商人家庭一样，当丈夫外出打拼时，玛丽就在家里照顾特朗普及其四个兄弟姐妹。不同于专心生意、一贯低调的丈夫，这位辛勤持家的母亲有着充满魅力的另一面。在各种家庭节庆聚会上，玛丽总能神采焕发，成为聚光灯下的焦点。几十年后，功成名就后的特朗普在谈到自己面对媒体的从容、积极时，也不忘提到母亲的优良“遗传基因”，坦承自己爱表演的性格多半是受母亲的影响。此外，在当地慈善事业中，玛丽还贡献了自己的一份力量。

按照今天的标准，成长于这样的地产商人家庭，特朗普可谓是含着金钥匙出生的“富二代”。然而，在父亲弗雷德的言传身教下，特朗普从孩提时代就开始一点一滴地积攒着自己的财富经。

差不多从特朗普三四岁的时候开始，弗雷德就时常带着他到自己的建筑工地。尽管身为地产老板的儿子，特朗普和兄弟们也像其他普通家

---

① 由于未满成年的弗雷德并不具备法人资格，公司的许多文件都要由其母亲伊丽莎白·特朗普代签，所成立的公司也被命名为“伊丽莎白·特朗普母子公司”（Elizabeth Trump & Son）。

庭的子女一样，从小就被教育要通过实实在在的付出来赢得收获。在很小的时候，特朗普就和哥哥一起在工地上通过回收空瓶子来积攒零用钱；而稍大一些之后，特朗普就在寒假、暑假外出打工，并且还要出去送报。虽然坐拥足够家人过上富足生活而无后顾之忧的财富，但是弗雷德还是坚持培养子女们的工作意识。多年后，回忆起儿时的画面，特朗普的姐姐玛丽安娜依然记得，在父亲的指点下，特朗普和兄弟们从清理洗手间、打扫厨房、整理烤箱这些最基础的工作做起，几乎把力所能及的零活儿都学了个遍。也就是从那时起，“要想有所回报，就得辛勤付出”逐渐成为了特朗普人生道路上最为重要的信条。

除了从小教育孩子们认识工作的意义之外，弗雷德也不忘让子女们领悟金钱的价值。尽管身为当时纽约外区最有实力的地产开发商之一，但是弗雷德的个人生活始终保持着朴实甚至是节俭的风格。一方面，弗雷德会尽可能地抽出时间回家陪伴孩子；另一方面，他几乎从不购买那些华而不实的昂贵礼物来宠爱孩子。在工地上，即便是非工作日，弗雷德也会经常到现场捡起被丢弃的建筑用料以免浪费。而在家中，他时常为之的一件事就是检查自家别墅内外的照明，如果有太亮的灯，就把它换掉；如果没有必要开，就把它关掉。几十年后，已是亿万富翁的特朗普面对镜头时表示，正是父亲的身体力行，使他认识到即便再小的钱，也会有其发挥作用的那一刻，而也正是父亲的循循善诱，让他懂得了每一美元的价值。

如果说上述父亲的点滴教诲，让特朗普从小就对于工作和金钱有了深刻体会的话，那么弗雷德长期向子女传授的生意经，则逐渐塑造起了特朗普独一无二的商业头脑。弗雷德尽管生意繁忙，但是只要有时间，他就会津津乐道地向子女讲述其地产生意中的种种经历——从如何与斤斤计较的供应商讨价还价，到怎样向各种身份的租客收取租金，这些都成为了他茶余饭后的谈资。与对此并不感兴趣的哥哥不同，年龄小得多的特朗普却听得津津有味。多年后已经坐拥数倍于父亲财富的特朗普，仍然对于当年坐在父亲膝盖上听其谈论地产生意经的画面记忆犹新。进入少年时代后，不论学期中段，还是寒、暑假，只要有机会，特朗普就会回家，并且不厌其烦地跟在身为大地产商的父亲身后，看其如何与不同身份的人打交道，而对儿子寄予厚望的弗雷德也会时不时地对特朗普耳提面命。

弗雷德对子女的教育方式使得特朗普这个不折不扣的“富二代”从小就树立起对于工作、金钱以及未来人生的正确态度。也许在当时这些教育所带来的影响并未显现，但是随着年龄的增长，当年的这些生活理念逐渐成为了特朗普在日后取得成功的重要基石。

1.2　军校生活

父母的教诲一点一滴地影响着特朗普，并且为他日后的成功打下了坚实的基础。然而，活泼开朗的特朗普并不是一个循规蹈矩的“好孩子”。与大多数好胜要强、顽皮好动的男孩儿一样，少年时代的特朗普也会时常惹是生非。例如，从趣味商店里买来充满怪异气味的气球来制造“气氛”，或者在同学的生日聚会上上演精心策划的恶作剧，甚至在课堂上直截了当地表达对老师的愤怒。20 世纪 80 年代初，在面对媒体采访时，父亲弗雷德就曾回忆，“小的时候，他（指特朗普）是一个相当‘粗野’的家伙儿”。而若干年后，对于自己当年的种种“劣迹”，特朗普也不讳言，但他也指出并不是所有的糗事都无可取之处，勇敢表达自己的观点并没有错，但是表达的方式是否得当，才是问题所在。

13 岁那年，特朗普被父母送进一所位于纽约市郊的军事学校，以继续其学业，直到高中毕业。

这家名为“New York Military Academy（纽约军事学院）”的军校，成立于 1889 年，是一所旨在以军事化管理方式，提供正规中学及大学预科教育的私立寄宿制学校。在这所位于纽约市区以北近百公里的学校内，所有学员都要遵守从整理内务到每日出操在内的各种准军事化管理制度。与此同时，也要学习英语、化学、生物等中学或预科阶段的常规课程。自成立起，这所学校就因严格的管理而闻名。而在来到这里之前，特朗普对于学校的军事化管理以及即将到来的“苦行僧”生活充满了担忧。然而，随着军校生活的开始，特朗普很快就适应了新的环境，而且如鱼得水。

在这所远离家庭呵护、时刻充满呵斥的军事学校，原本就头脑灵活、个性好强的特朗普不仅很快就适应了学校生活，而且找到了更有意义的奋斗目标。在着装上，特朗普力求以整洁完美的姿态出现在教官面前；在课业上，他试图以出类拔萃的表现赢得年级的高分。即便面对最为同学忌惮的铁面教官，特朗普也能很快学会如何巧妙却又不失尊严地获得对方认可。严苛的校规本来让特朗普颇为顾忌，但是在适应之后，反倒成为促使其严于律已的推动力。从八年级到高中毕业这段时间的军校生活，让特朗普成长为一个懂得自律并且勇于竞争的年轻人。而目睹了特朗普以上变化的母亲玛丽，事后也不禁赞叹军校岁月给特朗普带来的改变。多年后，面对记者的采访，特朗普直言，相对于大多数进入军队的小伙子，他在纽约军校接受了更多的军事化训练。

军校生活的另一个好处，就是在这种既重视学习成绩又鼓励身体对抗的环境中，特朗普的运动天赋得到了全方位施展。他不仅活跃在篮球场上充当着校篮球队的得分后卫，而且时不时地出现在棒球比赛中，为教练和队友留下经久难忘的瞬间。几十年后，面对媒体采访，曾经在纽约军校棒球队执教近半个世纪的老教练，依然能够绘声绘色地描述起当年比赛中特朗普“单骑救主”，帮助球队拿下关键得分的情景。也许正是这段时期运动场上的优异表现，进一步鼓舞了特朗普体育方面的热情，使他在事业成功之后，将橄榄球、拳击、高尔夫球等多个体育项目作为自己的投资选择。

1964 年，特朗普从纽约军校毕业。这位风华正茂的年轻人一度萌生出去西海岸知名学府南加州大学学习电影专业的念头[①]，但是经过短暂权衡之后，特朗普决定自己的未来还应该是在房地产领域，从而放弃了这个颇有浪漫色彩的想法。

值得一提的是，据《纽约时报》等美国媒体报道，这所在特朗普成长历程中占据重要位置的纽约军校，在 2015 年初因入学率下降等原因面临破产。虽然该校一度面临停止运营，但是最终还是被具有中资背景的机构买下，并且有望重现辉煌。

1.3　走向商海

在纽约军校度过了青葱岁月的特朗普，先是来到位于纽约市的福特汉姆大学深造。在这里，他不仅继续了自己在运动场上的优异表现，而且时不时地利用空余时间跟随父亲走进商海，从而日益坚定了他从事地

① 南加州大学是美国西海岸历史最为悠久的大学之一，其电影艺术学院一直被公认为世界顶级水平，长年位于全美大学电影学院排行榜首位。包括《星球大战》系列电影的导演乔治·卢卡斯、《阿甘正传》的导演罗伯特·泽米吉斯等多位著名影视制作人均是该校校友，而其校友中获得奥斯卡奖的更是不计其数。

产行业的志向。两年后，特朗普选择转学，进入宾夕法尼亚大学沃顿商学院继续自己的学业。

当时，沃顿商学院是全美少数几个开设有房地产专业的学院，而这正是吸引特朗普的原因所在。尽管身为转校生，但是自小就耳濡目染了父亲的地产经，并且有志于在这一行业大展身手的特朗普，很快就成为了同学中的佼佼者。通过在沃顿商学院两年的学习，特朗普不仅坚定了本来就颇为得意的自信心，而且也顺利获得了被商界普遍视为“敲门砖”的沃顿文凭。尽管特朗普曾经表示这张文凭也无甚了得，但是不可否认，正是沃顿的毕业证书成为其进入地产行业最好的“介绍信”。从 2015 年 6 月宣布竞逐下届美国总统以来，特朗普曾不止一次地在各种竞选活动中强调自己的沃顿出身，声称即使在近半个世纪前，进入沃顿也绝非易事，而这足以说明他“非常聪明！”

事实上，早在特朗普尚未从沃顿毕业时，他就已经踏入了房地产行业。通过参与父亲弗雷德在俄亥俄州的一个投资项目，特朗普为自己投身商海补上了一节颇为难得的实践课。

就在其他同学还在关注报纸上娱乐新闻的时候，特朗普就把目光投向了刊载各类房地产信息的地产版面。20 世纪 60 年代中期，他与父亲弗雷德看上了位于俄亥俄州辛辛那提市的一个名叫“斯威夫顿”的小区。虽然当时这个有 1200 户的小区只有不足 4 成的入住率，而且缺乏管理、环境混乱，根本不被看好，但是特朗普父子还是以 500 多万美元的价格将其买下。在随后的日子里，特朗普父子通过重新粉刷墙面、改善园区绿化等措施，让这个一度被人忽略的小区重现生机。其后，他们又为小区发布商业广告、招聘销售精英，从而让这个原本人气低迷的小区很快被租售一空。

几年后，已从沃顿毕业正式加入父亲公司的特朗普，在对斯威夫顿小区及其周边环境观察了一段时间后，敏锐地意识到小区的未来或将面临危机：尽管其内部运营基本正常，但是辛辛那提市的整体环境却变得越来越糟糕。特朗普父子立即做出了出售小区的决定，由于自其接手以来斯威夫顿小区一直保持着良好管理和较高的入住率，小区的意向买家很快出现，而在经过短暂洽谈后，斯威夫顿小区被以远高于当初买入的价格售出。

斯威夫顿小区的投资经历，不仅给只有 20 多岁的特朗普带来了丰厚的经济收益，而且更为重要的是，它让这个雄心勃勃的年轻人真正体验到了从发现商机并及时购入，再到妥善经营，最终适时出手这一系列的投资实践全过程。特朗普在日后的采访中，数度指出这次投资对于他的重要意义。

1968 年，从沃顿商学院顺利毕业的特朗普回到了纽约，正式加入父亲弗雷德的公司。这段时期特朗普一方面继续跟随着久经沙场的父亲学习房地产生意的诀窍；另一方面，他对于自己的未来也有了更为清晰的设计。特朗普认识到父亲的生意尽管很大，但是其收益主要来源于低利润的长期积累。与此同时，那些兴建于皇后区等纽约外区的中产阶级公寓，虽然经济耐用，但是缺乏特色，而这些都是特朗普想要改变的。怀揣着远大抱负的特朗普意识到，自己的事业不应再重复父亲的老路，而应创造属于自己的未来。

2. 辉煌事业

如果说特朗普的个人成长主要是受家庭教育、学校生活的影响，那么成功的事业则更多地来自其不懈的努力和勇敢的尝试。不论在地产行业，还是在媒体领域，特朗普都已取得了多项现象级的非凡成就，这也使其在此次参选之前，就已经成为了全美家喻户晓的明星式人物。

2.1 地产大亨

说到特朗普的个人事业，“来自纽约的地产大亨”是其早期最为人熟知的一面。

1971 年，经过 3 年多在父亲身边的历练后，特朗普终于搬进了一套位于曼哈顿东区的公寓，有志于成就一番事业的特朗普把曼哈顿这片地产、金融的精华之地视为自己的主战场。也就是在 20 世纪 70 年代初，特朗普将公司命名为“特朗普集团”（The Trump Organization）。而在随后十多年的时间里，精明、高调，善于把握商机的特朗普一步步成为了纽约地区闻名遐迩的房地产开发商。

在特朗普改造纽约天际线的过程中，20 世纪 70 年代中后期实施的康莫德酒店（Commodore Hotel）改造和特朗普大厦（Trump Tower）是其中最具有里程碑意义的两个项目。

1974 年，特朗普获悉濒临破产的宾夕法尼亚中央铁路公司（以下简称“宾州中铁”）有意出售旗下几家位于曼哈顿的酒店，其中之一就是地处 42 街的康莫德酒店。

康莫德酒店位于纽约市中心，与建于 20 世纪初期的中央车站（Grand Central Terminal）毗邻。作为纽约地标性建筑的中央车站，既是全美最为繁忙的火车站，又因其卓越的建筑风格和完美的空间设计，被认为是纽约市的公共艺术馆。每天数以万计的游客和市民，经由这里走向曼哈顿的各个角落。

然而，尽管占据着邻近中央车站的优良位置，但是康莫德酒店的状况却不容乐观。在经济不景气的 20 世纪 70 年代初，原本被认为颇具商业价值的中央车站地区，因为管理不善、缺乏维护，周边环境变得破败不堪，甚至包括康莫德酒店在内的街区一度沦为藏污纳垢之地。每日往来于此的庞大人群不仅没有成为这片街区发展的推动力，反倒对于这一带的恶劣环境嗤之以鼻。到了 1974 年，占据有利位置的康莫德酒店已沦为了宾州中铁旗下“最为烫手的山芋”。

虽然康莫德酒店当时的状况可谓糟糕透顶，附近的街区也已变得不再值得驻足，但是敏锐的特朗普发现了其中的商机。在他看来，酒店的特殊位置就决定了它不应该就此沉沦，如果能够重新设计、改造，再加上良好的管理，这家酒店将会成为一个不可多得的优良资产，甚至为这片落魄的街区点亮复苏的希望。雄心勃勃的特朗普决定通过自己的行动

夜色中的中央车站（左侧）与君悦大酒店（右侧玻璃幕墙建筑）

让这一切变为现实。尽管这一想法并不被已在房地产行业摸爬滚打几十年的父亲看好，但是特朗普还是很快将个人的设想付诸于实践。

在接下来的几年，特朗普为酒店改造项目创造了一个又一个的突破。一方面，特朗普坚持在全新的设计中，把原本斑驳老旧的酒店外墙变为光彩夺目的玻璃幕墙，进而让酒店外观焕然一新；另一方面，特朗普特地为改造后的酒店找来了一家优质的管理方，当时尚未在纽约开设分店的凯悦集团成为其合作伙伴。此外，特朗普又通过自己的成功游说，为该项目争取到了 40 年的减税政策。经过特朗普的不懈努力，改造后的康莫德酒店最终于 1980 年 9 月，以凯悦集团旗下的君悦大酒店（Grand Hyatt New York）的面貌正式亮相。

新开业的君悦大酒店以其华丽耀眼的外观，与旁边经典庄重的中央车站交相辉映，迅速成为纽约这座大都市不可多得的建筑景观。此外，凯悦集团的参与也大幅度提升了酒店的档次，再加上整个经济形势的回暖，重新开业的酒店很快就取得了优良的业绩。作为特朗普进军曼哈顿取得的第一个巨大胜利，该项目不仅让昔日负债累累的康莫德酒店枯木逢春，而且使得特朗普在纽约房地产界声名鹊起。

如果说康莫德酒店改造项目使特朗普在纽约房地产界小有名气，那么位于第五大道的特朗普大厦项目则使他一举成为纽约房地产界的明星。曼哈顿是纽约的名片，寸土寸金的第五大道则是曼哈顿最为繁华的地段。与所有梦想在纽约地平线上有所建树的房地产开发商一样，特朗普自进军曼哈顿以来就梦想在第五大道兴建自己的摩天大楼。到 20 世纪 70 年代末，特朗普经过数年的不懈努力，终于获得在第五大道一处地块上兴建摩天大楼的许可。值得一提的是，为了让所建的摩天大楼能够达到理想的高度，特朗普花费数百万美元购买了邻近建筑蒂芙尼商店的上空使用权[①]。1980 年，在拆除了地块上的原有建筑之后，全新的大厦破土动工。1983 年，这栋以特朗普自己姓氏命名的摩天大楼拔地而起，迅速成为整个纽约的焦点。

在特朗普大厦项目中，两个标志性特征成为日后特朗普在房地产领域内的金字招牌。而首屈一指的就是特朗普大厦过目难忘的奢华风格。尽管在康莫德酒店改造项目中特朗普已经表现出与其父亲在建筑风格方面的巨大区别，但是在特朗普大厦项目上特朗普则把这一奢华风格发挥到了极致，包括镀金、黄铜、大理石、玻璃幕墙等一系列远离“朴实”的耀眼饰材被大范围采用。而且，特朗普大厦中庭足有六层楼之高，并有颜色绚丽的大理石装饰，大厦入口处则悬挂着镀金的“TRUMP TOWER”（特朗普大厦）标识。此外，从扶梯到地面各个部分也都被赋予了华丽的设计。特朗普大厦落成之后，这里不仅成为了曼哈顿炙手可热的商业建筑，而且也被看作是纽约市区最为主要的旅游景点之一。时至今日，占据着第五大道的有利位置、售有玲琅满目商品的特朗普大厦，仍然是众多外国游客的旅游目的地。

相对于显而易见的建筑风格，特朗普大厦项目另一个标志性特征就是它的命名。在 20 世纪 80 年代初，尽管以个人名字命名的零售商品或者餐饮品牌并不鲜见，但是作为不动产的房地产项目却罕有以开发商个人姓名命名，更何况在号称“世界中心”的曼哈顿。而高调的特朗普则决定以自己的姓氏为这座外表同样“高调”的大厦命名。虽然在提议之初这一想法就引发了包括同行在内的广泛争议，但是实践证明特朗普这一看似“不靠谱”的决定为其地产王国的创立产生了不可估量

---

① 根据相关法规规定，如果不能取得蒂芙尼商店这所邻近建筑的上空使用权，特朗普兴建的商住两用大厦将会被限制在一定的高度内，这将对于大厦的外观与其未来盈利造成重大的影响。

位于纽约市第五大道的特朗普大厦

的正面影响。大厦入口处的金色标识向路人宣告了它的缔造者；出现于新闻报道中的“特朗普大厦”则成为了一个个免费的广告；而到此参观、购物的各国游客则把特朗普的名声带往了世界各地。从特朗普大厦建成开始，“特朗普”就被逐渐打造成为一个品牌，这不仅为特朗普本人带来了声誉，更在日后的经营过程中转化为了切切实实的商业价值。

落成后的特朗普大厦在商业领域取得了难以预料的成功，包括斯蒂芬·斯皮尔伯格、布鲁斯·威利斯在内众多名人的陆续入住，更为其增光添彩。而在其后的几十年里，特朗普大厦多次作为取景地，在《蝙蝠侠·黑暗骑士崛起》等好莱坞大片中亮相。值得一提的是，特朗普在这座以自己姓氏命名的大厦里，保留了部分楼层作为自己的家庭住房使用，同时，这里也是特朗普集团的总部所在。2015 年 6 月，就是在这里，特朗普正式对外宣布参选下届美国总统。

康莫德酒店改造和特朗普大厦两个项目奠定了特朗普在房地产领域的地位，而特朗普在这两个项目所获得的名声，更为其日后的成功奠定了基础。在随后的 30 多年时间，特朗普陆续扩张着自己的地产版图，仅在纽约市区，他就拥有或开发了特朗普大楼（Trump Building）①、特朗普世界大厦（Trump World Tower）、特朗普 SoHo（Trump SoHo）等一系列物业；而纽约之外，从芝加哥到洛杉矶，从马尼拉到伊斯坦布尔，特朗普所开发或参与的房地产项目更是不计其数。

① 特朗普大楼，也称“华尔街 40 号”，是位于曼哈顿的另一座摩天大楼。

2.2 商界传奇

经过20世纪70年代以来在纽约地产界的高调崛起，特朗普作为知名开发商的形象已经牢固确立。然而，比之于在地产领域所取得的成就，特朗普在其他方面所展现出的商业才能或许更为传奇。

1987年出版的《交易的艺术》（The Art of the Deal）一书就是其诸多“传奇”中的重要一笔。这本书由特朗普与另一位著者托尼·施瓦茨（Tony Schwartz）共同完成，并以第一人称进行叙事。在全书的开篇，特朗普就宣称“我并非为了钱才做生意”，他强调自己之所以热爱经商，是因为把它视之为一门艺术，一门真正让他享受到乐趣的艺术。在这本特朗普的首部著作里，他先向读者们阐释了自己做生意的“秘诀”，例如，“Think Big”（大处着眼）、“Get the Word Out”（巧用媒体）、“Contain the Costs”（严控成本）等。其后，特朗普又以通俗易懂的语言描述了自己在以往多个项目中的投资经历，生动形象的再现了他在选择投资对象、实施商业谈判、适时抽身而出等多个商业环节中所采取的策略。

该书出版之时，正是特朗普为纽约市重新整修中央公园溜冰场项目完工后不久，基于早前在特朗普大厦等项目上积攒的人气，以及重修溜冰场一事所引发的关注，《交易的艺术》一经推出，就收到了良好的效果，并在其后的很长一段时间内，占据《纽约时报》畅销书排行榜首位。尽管有部分评论指出，这本书带有典型“特朗普式”的自吹自擂，但是不可否认的是，不论是从销量角度而言，还是从它所带来的正面影响来看，《交易的艺术》都取得了空前的成功。

一方面，这本书的内容让特朗普这个在媒体报道中“高高在上”的年轻富豪变得紧接地气儿，使得人们相信他绝非浪得虚名；另一方面，《交易的艺术》在销售上所取得的成功也为特朗普一系列的商业成就增添了靓丽的一笔。在其后数十年里，特朗普又多次复制了这种成功，在20世纪90年代及2000年后，特朗普又先后推出多部著作，并且屡创佳绩。

除了通过文字向世人展示自己的商业才能之外，特朗普也通过自己跌入谷底之后迅速的东山再起为他的商业之路谱写了精彩篇章。

20世纪80年代初，特朗普把眼光投向到了纽约之外，他将在纽约地产业所取得的回报投入到职业橄榄球队、赌场运营等多个领域。1983年，特朗普买入了美国橄榄球联盟的新泽西将军队（New Jersey Generals），进而开始在体育产业施展身手。1985年前后，特朗普投资的特朗普广场（Trump Plaza）与特朗普城堡（Trump Castle）两家赌场酒店先后开门营业，从而把他的商业版图扩展到了被称为“东部拉斯维加斯”的大西洋城。尽管其后新泽西将军队与美国橄榄球联盟的命运并不太理想，但这对于特朗普并无太大影响。而赌场酒店的运营则如特朗普所预期的那样，很快就取得丰厚的利润。

20世纪80年代后期，已经在多个领域取得骄人成就的特朗普继续受到众多银行的追捧，被描绘成具有“点石成金”之术的特朗普在源源不断的贷款帮助下，进一步扩大着自己的商业王国。在纽约，特朗普投资3亿多美元买下了历史悠久的纽约广场酒店（Plaza Hotel）；在大西洋城，投资高达10亿美元的特朗普泰姬玛哈赌场酒店（Trump Taj Mahal）成为了赌城的新地标。此外，特朗普还买下了一家主要运营中短途客运的航空公司，并将其命名为特朗普穿梭航空（Trump Shuttle）。特朗普的多面投资一方面扩大了他在纽约之外的影响；另一方面由于这些投资相当程度上有赖于银行的各种贷款，也使得他在资产方面的风险逐步加大。

泰姬玛哈赌场酒店

进入20世纪90年代以后，特朗普的发展遭遇了困境。80年代以来房地产市场过热与大量放贷所酿成的危机使得纽约地产业遭遇重创，而特朗普的状况则是其中的代表。面对不利的经济形势，银行业普遍收紧银根，而缺乏资金来源的特朗普变得“寸步难行”。与此同时，曾经熙来攘往的赌场酒店也逐渐变得门可罗雀，其中，投入巨资的泰姬玛哈赌场酒店更是成为特朗普的负担。之前的债务继续累积，而新的贷款却难见踪影，特朗普自20世纪70年代以来所取得的商业成就似乎就要化为乌有。事后回忆起那段时光，特朗普直言，比起那些在第五大道边乞讨的流浪汉，自己当时“更为贫穷”，因为对方不过是一贫如洗，而他则因为个人担保背负着近10亿美元的债务。而至于到生意层面，特朗普其时所欠贷款数额则更为巨大。

尽管从高峰瞬间跌入了谷底，原本环绕身旁的各种光环也被媒体上长篇累牍的负面报道所取代，但是特朗普并未从此一蹶不振，而是在短暂冷静之后，以令人瞩目的方式重新崛起。

首先，特朗普以他特有的姿态面对来自银行的压力。2008年金融危机中多家投行所体验出的“大而不倒”概念被特朗普提早十余年采用[①]。鉴于特朗普旗下的众多投资都被冠以“特朗普”这一共同的品牌，因此，他个人的破产势必将会对于名下资产的后续发展造成不可挽回的恶劣影响。特朗普通过对于这一可能的阐释与对自身快速恢复的预

① “大而不倒”，即“Too Big to Fail”，是指一些诸如银行一类的大规模商业机构，因其自身庞大的业务体量，以及在整个金融体系或市场结构中占据的重要地位，使得其自身的破产将会不可避免地对于其他商业部门、甚至是有关行业造成难以估量的影响。因此，为了避免这种系统性风险所导致的破坏性后果的发生，这类濒临破产的商业机构往往会受到来自于政府或是其他渠道的救助，而“难以倒闭”，这种现象即被称为“大而不倒”。在2008年的金融危机中，尽管有部分投行最终倒闭，但同时还是有相当部分机构获得政府援手，从而避免破产，这被广泛认为是“大而不倒”的体现。

期获得了银行的“松绑”，为自己争取到了优惠的还贷政策。

其次，特朗普也通过出让旗下资产等实际行动来“止损”。20 世纪 80 年代中后期快速增长阶段所购入的大量资产，被特朗普有选择地进行处置。航空公司、豪华游艇均被售出；纽约广场酒店与大西洋城赌场酒店的部分股权也得到释放①；而一度被特朗普作为私人住宅，位于佛罗里达州棕榈滩的“国宝级”豪宅也进行了“改制”。这一系列措施使得特朗普的财务危机得到了有效缓解。

此外，特朗普还“巧妙”运用有关企业破产的相关法规来为自己争取利益。包括泰姬玛哈赌场酒店在内的多个资产均曾经历破产风波，但特朗普并非坐以待毙，而是充分利用有关法律或程序来渡过难关。2015 年总统选举大幕拉开之后，包括竞选对手与辩论主持人曾多次就“破产”这一问题向特朗普发难，但他本人毫不避讳，而是直言对于有关法规的利用正说明了他在商言商的精明。

通过多方位的及时调整，陷入泥潭的特朗普逐渐走出了个人危机，并于 20 世纪 90 年代中期重新回到福布斯富豪榜。和大多数从商者一样，特朗普的商业之路并非一帆风顺，但和大多数人不同的是，一时的困境甚或是灾难并没有把他击倒，特朗普以积极的态度与务实的行动传奇般地重回巅峰。

再度崛起后的特朗普更多地出现在了媒体的报道中，并且因为主持与制作电视真人秀等一系列活动使得他被越来越多的人所熟知。而在把自己的姓氏塑造成了独一无二的地产品牌之后，他又将“特朗普”品牌的商业价值扩展到了地产以外的多个领域，并且获得了难以估量的多

① 纽约广场酒店在 20 世纪 90 年代中后期被其他投资方接手。而包括泰姬玛哈赌场酒店在内的，特朗普在大西洋城的资产份额也在后续 20 多年里陆续减少。

位于纽约市华尔街 40 号的特朗普大楼，该大厦建成于 20 世纪 30 年代，特朗普于 1995 年将其买下并更名。

重收益。

20 世纪 90 年代中期复苏以来，特朗普开始通过出让品牌使用权以及提供管理服务等一系列举措来扩大自己的商业帝国。一方面，那些全美多地甚至世界其他城市的被冠以“特朗普”大名的酒店物业在凭借该品牌提升自身形象的同时，也在为特朗普做推广。另一方面，包括领带、伏特加、家居用品在内的各种“特朗普”牌商品也大大拓展了特朗普的“产品组合”。

有趣的是，在 2016 年美国总统初选过程中，一路高歌猛进的特朗普仍不忘在各种场合中推销自己品牌的产品，特朗普矿泉水、特朗普牛肉、特朗普高尔夫球俱乐部等等都成为了特朗普选举演讲中的关键词。而当特朗普在一些关键州的胜选演讲中，面对镜头大谈特谈自己品牌的各类商品时，其他候选人甚至很难在同一时段得到足够的新闻画面。

如果说特朗普早期的成功塑造了他地产大亨的形象，那么，他从《交易的艺术》到品牌扩张这一系列的商业故事，则为他的商业道路赋予了无可比拟的传奇色彩。

2.3 电视明星

在房地产及其他商业领域取得的成就使得特朗普拥有不同于一般商界人物的知名度，然而，真正让他家喻户晓的则是一档 2004 年开播的电视真人秀节目——《飞黄腾达》。

2003 年，曾经制作过《幸存者》[①] 等热门电视真人秀节目的制作人马克·伯奈特（Mark Burnett）找到特朗普，提出要与他合作推出一档商业类电视真人秀的想法。尽管包括经纪人在内的多位人士都反对这一提议，但是特朗普本人却在无人看好的情况下接受了这一邀请。

这档名为《The Apprentice》（国内称之为《飞黄腾达》或《学徒》）的真人秀节目，被设计为在 16 名左右的参与者之间展开竞争。在每集节目中，被分为两支队伍的参与者，都将会被委派以诸如在街头销售柠檬饮料，为演出准备场地设施等各类商业任务。而在每集的结尾，当期任务表现不好的一队将接受特朗普的当面“质询”，并由特朗

① 《幸存者》（Survivor）是一档在全美热播多年的电视真人秀节目。在这档比《荒野求生》更早进入电视荧屏的节目中，多位参赛者被限定在某一特定的野外环境下进行竞赛，最终胜出者将获得巨额奖金。

普最终决定其中一人为该期的淘汰者。随着每集节目的播出，参与者的数量逐渐减少，而当季节目中最终的胜出者将会获得一份为期一年、在特朗普旗下公司担任高管的高薪工作，由此正式成为特朗普的“学徒”。

《飞黄腾达》节目设计看似简单，但是因其情节上的不可预测性，以及队员与队员之间、队伍与队伍之间微妙的关系互动而颇具看点。更为重要的是，在整个节目中，特朗普扮演了不可替代的角色。他既是任务的设计者，也是最终的裁判者。在每集节目中，最受瞩目的片段就是节目的尾声，特朗普在两位顾问的协助下，对于失败一方做出评判的环节。在这一环节，特朗普会向面临淘汰危机的失败一方的队员发问，让他们对自己和队友在当期任务中的表现做出评价，而稍后特朗普会在2~3名“责任人”中选定一位，对其宣布“You're fired（你被解雇了）！”由于参与者的表现并不总是优劣分明，最终的裁判时常会变得难以抉择，因此，特朗普的裁决也难免出乎预料，甚至引发争议，这也成为了该节目的亮点。

《飞黄腾达》自2004年1月开播后，迅速获得广泛关注。一方面，节目自身的内容吸引了大量的受众群体。观众在这里不是在欣赏一群比拼才艺或者某项特殊技巧的参与者之间的竞争，而是在观看每个人的职场生涯中时常发生的故事。例如，如何与同伴合作，如何领导一支团队，如何进行商业谈判，甚至如何在老板面前承担或者理清有关责任等，这些内容使得这一节目不再仅仅局限在猎奇或者其他娱乐层面，而是成为了一档真正具有商业实战色彩的电视真人秀。

另一方面，特朗普的知名度以及人们对他的关注，也使节目迅速走红。如果说《交易的艺术》一书通过文字拉近了读者与特朗普之间的距离，那么《飞黄腾达》则以生动可视的画面让观众看到了特朗普是如此成功。随着节目的持续播出，特朗普的个人财富和商业才能得到了全方位展现，而这些片段与节目内容相得益彰，从而进一步提升了节目的吸引力。特朗普在节目尾段展现出的决策力，尽管不一定能够获得所有观众的认可，但还是极大地增强了他的个人魅力。

开播当年，《飞黄腾达》就成为了风靡全美的电视节目，它不仅获得5年来18~49岁成年人中的最高收视率，而且取得了2000万以上的观众人数。《飞黄腾达》的热播，也使播出该节目的美国全国广播公司，在《老友记》（《Friends》）与《欢乐一家亲》（《Frasier》）两档极受欢迎的情景喜剧停播后，继续保持着较高的关注度①。在接下来的十多年，《飞黄腾达》陆续播出，并自第7季开始，推出名人版节目《飞黄腾达名人版》（“The Celebrity Apprentice”，也称《名人学徒》）。而在世界范围内，英国、南非、德国、中国等多个国家陆续播出了十余个获得其授权或者与其风格类似的真人秀节目。直到2015年年中，由于特朗普宣布参选总统并发布有关言论，全国广播公司宣布该节目中的“BOSS”将由另一位全美名人、电影明星，同时也是前加州州长阿诺德·施瓦辛格接任。

《飞黄腾达》的成功也给特朗普个人带来了超出预期的正面影响。作为节目主持人的特朗普，同时也是这一节目的主要制作人。据美国媒体报道，在该节目走红之后，特朗普每集的收入高达百万美元以上。而据特朗普的竞选经理在2015年7月的一次采访中披露，特朗普主持并参与制作的14季《飞黄腾达》，收入共计高达两亿美元以上。2007年，特朗普在美国好莱坞的星光大道上获得了一颗属于自己的“星星”，这被认为是对其主持并制作《飞黄腾达》节目的表彰。

---

① 《老友记》，又译《六人行》，于1994年9月首播，并于2004年5月播出最后一集。《欢乐一家亲》，于1993年9月首播，同样于2004年5月播出最后一集。

2007 年 1 月 17 日，特朗普在家人的陪伴下，出席好莱坞星光大道上的留名仪式

除了这些有形的收益之外，特朗普在知名度方面获得的收获更是难以衡量。在参与《飞黄腾达》节目之前，特朗普虽然已经拥有了一定的知名度，但是自该节目热播之后，他几乎成为了不论出现在美国各地，都会有人寻求合影、签名的巨星级人物。而特朗普在每集节目结束时抛出的那句“You're fired”，更是成为了如同中国春晚小品中经典台词一样的金句。与此同时，由于节目中展示了包括特朗普大厦、特朗普国家高尔夫球俱乐部等一系列特朗普旗下的资产或项目，使得特朗普的商业成就变得尽人皆知，他作为成功商人的形象更是深入人心。此外，特朗普的妻子、子女也作为顾问或其他角色多次出现在节目中，这也有力地提升了他们的知名度，并为其名下品牌的塑造提供了帮助。

2015 年特朗普宣布参选美国总统之后，曾有美国媒体报道，高达 98% 的美国人都知道特朗普。在共和党方面，特朗普的知名度大幅领先于其他候选人，即便是来自“布什家族”的杰布·布什（Jeb Bush）也望尘莫及。而民主党候选人前国务卿希拉里·克林顿（Hillary Clinton），尽管在世界舞台上名声赫赫，但在美国国内，特朗普的个人形象或许更为人熟知。

值得一提的是，尽管《飞黄腾达》使特朗普的知名度上升到了前所未有的高度，但是这并不是特朗普成为电视明星的唯一渠道。早在特朗普初进曼哈顿之时，他就时常因为房地产项目的新闻而见诸于媒体。80 年代，随着特朗普在事业上的成功，他作为知名房地产开发商和公众人物更是屡屡登上电视荧屏，接受访谈或新闻类节目的采访。可以说，在那个时候，特朗普就已经拥有了相当的影响力。

此后，尽管事业一度走入低谷，但是特朗普很快又重回巅峰，并且越来越多地出现在电视、电影等各种媒体上。自 20 世纪 90 年代中期以来，特朗普就开始与美国全国广播公司共同主办“环球小姐”、“美国小姐”等多项选美比赛，频频亮相于电视屏幕。在其他一些电视节目中，特朗普也不再只是采访对象，而是时常在一些诸如《周六夜现场》（Saturday Night Live）之类的娱乐节目中客串主持人，甚至带来了收视高峰。此外，在电影银幕上，特朗普也在《小鬼当家2》等好莱坞影片中屡有露面，虽然出镜时间有限，但却往往成为亮点。而随着网络时代的到来，特朗普在以社交媒体为代表的网络平台上更是如鱼得水：一方面，他的大量采访或电视节目在这里被广泛传播；另一方面，特朗普也熟练运用推特等社交平台，进一步扩展着自己的影响力。

可以说，特朗普多年来在电视、电影等媒体上所积累的经验，为他后来凭借《飞黄腾达》成为全美家喻户晓的明星奠定了基础，而这种成功在2016年美国总统选举中还将继续。

2.4 美国“超人”

房地产等领域的成功奠定了特朗普作为商界传奇的地位，《飞黄腾达》的热播体现了特朗普作为电视明星的另一面。然而，特朗普的成就不止于此，他在公共事务方面的成绩同样让人侧目。

1986年，纽约中央公园沃尔曼溜冰场（Wollman Rink）的重建就是其中的重要一项。沃尔曼溜冰场建成于1949年，既是纽约中央公园的重要景点，也是纽约民众秋、冬季休闲的主要场所。该溜冰场于1980年中宣布闭馆重建，然而，直至1986年初有关工作仍然没有取得突破性进展。1986年5月，纽约市政府不得不宣布该溜冰场的重建工作推倒重来。而自20世纪80年代初，就在中央公园近旁兴建摩天大楼的特朗普，对于溜冰场的重建工程实在“不忍直视”。1986年5月底，特朗普向纽约市政府提出自愿接手该项目，以尽快终结重建溜冰场这一“闹剧”。

特朗普的提议并未得到纽约市政府的正面回应，尽管他不仅宣布要在年底之前完成整个工程，而且自愿出资300万美元，但还是遭到了纽约市政府的拒绝。不过事情的发展却很快转向于有利于特朗普的方向，他自愿担当沃尔曼溜冰场重建重任的消息一经媒体曝光之后，几乎得到了一边倒的支持，原本对特朗普还不甚感冒的纽约市政府转而寻求与他的合作。1986年6月初，特朗普与有关部门正式达成协议，由他负责溜冰场的重建工作，而整个重建工作应在12月15日竣工。与此同时，纽约市政府将只负责“报销”不超过300万美元的重建费用，尽管此前的花费已经高达上千万美元。

1986年11月13日，完成重建的沃尔曼溜冰场举行了隆重的重新开放仪式。整个工程不仅比预计工期提前了一个月，而且还节省了大约75万美元的预算。特朗普不仅实现了自己的诺言，而且完成得更快、更好。

沃尔曼溜冰场的重建，不仅让阔别溜冰场6年多的纽约市民重新回到了中央公园享受冬日时光，而且也使特朗普成为了这座都市里的“城市英雄”。包括《纽约时报》、哥伦比亚广播公司等多家媒体都对此做了报道。特朗普，这位纽约生、纽约长的纽约大亨，为这座城市献上了一份久违的冬日大礼，也为自己的传奇增添了非凡的一笔。

沃尔曼溜冰场重建并非是特朗普“仗义出手”的唯一例子，就在此事前后，特朗普还曾两次“救人于危难”。而与沃尔曼溜冰场仍旧在为纽约市民服务一样，30年后的今天，特朗普当初的善举依然还在闪耀着光辉。

1986年年初，特朗普从媒体上了解到希尔太太的故事，这位佐治

位于纽约市中央公园内的沃尔曼溜冰场，此照片摄于2006年，适逢该溜冰场经特朗普翻修后重新开放20周年。

亚州的女士正因为丈夫的自杀和家族农场的丧失而近乎崩溃。希尔先生早年将家中祖传的农场抵押出去，但因为长期的农业歉收而无力赎回。走投无路的他选择了自杀，希望以此获得保险金来赎回农场。然而，事与愿违，希尔先生的离世并未能改变现实。而失去丈夫的希尔太太尽管费尽周折，却也难以将农场收回。

看到这则报道之后，特朗普旋即与希尔太太取得联系，并且成立了希尔基金筹集善款，承诺如果筹款不足，他将自掏腰包，补齐赎回款项。特朗普的义举很快收到了成效，所需资金最终筹齐，希尔太太也因此赎回了农场。1986 年 6 月，特朗普更是邀请希尔太太及其女儿来到纽约的特朗普大厦，为她们举行了一个简短仪式，以纪念农场的收回。

无独有偶，两年后特朗普又为另一个面临绝境的家庭伸出了援手。该家庭居住在西海岸的洛杉矶，急需将 3 岁的孩子送到东海岸的纽约就医。然而，孩子患有一种特殊的呼吸系统疾病，因此时刻需要一套的医疗设备来维持生命。正因如此，一般的商业航空公司都拒绝为这一家庭提供横跨东西海岸的飞行服务。绝望之时，该家庭尝试联系了特朗普，并向其说明了自身的困境。与当初为希尔太太提供帮助一样，特朗普再次出手，安排自己的私人飞机为这一家人服务，并且为其联系医院着手治疗，最终使得这个曾经一筹莫展的家庭走出了困境。

2016 年，当特朗普作为总统候选人成为全美瞩目的焦点时，他这两段“超人”一般的事迹被再度提起。尽管特朗普自宣布竞选以来，就因其发表的一系列言论而饱受批评，但是他曾经的善行还是令人钦佩，而且为他的竞选之旅添加了一段感人的画面。

2016 年初，当特朗普的竞选活动来到南卡莱罗纳州时，一个眼含热泪的女士走上了活动现场的讲台，而她就是希尔太太的女儿。她在随后的发言中表示，愿意在南卡莱罗纳州为特朗普做任何事情，因为

“你对美国人民的承诺，在 30 年前，就已经兑现给了我们的家庭”。现场的观众在感动中报以潮水般的掌声，而在几天后的南卡莱罗纳州的初选投票中，特朗普以明显优势拿下了该州全部的 50 张选票，为他的初选之旅赢得了一场里程碑式的的重要胜利。

事实上，特朗普的“雷锋事迹”不止于此，这位“美国梦”的实现者不仅用多个领域的非凡成就为自己塑造了令人瞩目的光环，而且也通过实实在在的行动改变了其他人的命运。而参选美国总统，甚至是入主白宫，或许将是特朗普迄今以来最为宏大、最有可能改变美国人民命运的一笔“投资”!

3. 幸福家庭

也许在多数人眼中，有过两次离婚经历的人生很难与幸福沾边儿，然而在特朗普的世界里“这都不是事儿”。虽然也有过不尽如人意的过往，但是如今的特朗普，不论是个人生活，还是子女教育，都打理的井井有条。一家人其乐融融地出现在各种公共场合的画面，俨然已经成为了美国社会中一道靓丽的风景。

3.1 三次婚姻

从特朗普在纽约房地产界成名开始，其个人情感生活就屡屡成为媒体追踪的热点。随着 2015 年特朗普宣布参选美国总统，其夫人和子女又一次成为了各方关注的焦点。虽然特朗普在个人事业方面取得了很多成功，但是在家庭方面却经历了 3 次颇为不同的婚姻。

特朗普与首任妻子伊凡娜·泽尼科娃相识于 20 世纪 70 年代中期。生于前捷克斯洛伐克的伊凡娜，早年是一名小有成就的滑雪运动员，而且作为国家队的一员参加了1972年的札幌奥运会。在离开体坛之后，伊凡娜来到了加拿大，并迅速成为一名顶级模特，随后与特朗普相识。而在与伊凡娜交往近一年后，特朗普和伊凡娜在1977年4月举行了婚礼。

婚后的伊凡娜很快成为了特朗普的贤内助。她不仅把家庭打理的井井有条，照顾好她和特朗普的3个子女，而且在康莫德酒店改造、特朗普大厦、纽约广场酒店等多个项目中担当重任，成为了特朗普集团中举足轻重的人物。特朗普在1988年购入纽约广场酒店后，就曾高调地对外宣布，妻子伊凡娜将负责酒店的运营。

然而，特朗普和伊凡娜的婚姻却在20世纪90年代初走到了尽头[①]。1993年年底，特朗普与来自乔治亚州的女演员玛拉·梅普尔斯成婚。不过，这段婚姻也并未维持多久，双方于1997年分手，并在两年后离婚。

2005年1月，特朗普开始了第三段婚姻，他与交往多年的斯洛文尼亚裔模特梅拉尼娅·克瑙斯结婚，包括前第一夫人希拉里在内的多位美国政、商、娱乐界人士均成为了这次婚礼的座上宾。

与第二任妻子一样，梅拉尼娅为特朗普育有一名子女。而与前任不同的是，梅拉尼娅和特朗普的结合则稳定的多。梅拉尼娅不仅与特朗普恩爱有加，而且与其子女们互动良好。自2015年特朗普参选美国总统以来，一向低调的梅拉尼娅也多次出现在公共场合，与特朗普的几位成年子女一同参与助选活动。尽管在2016年年初选投票开始后，可能成为“第一夫人”的梅拉尼娅一度受到特朗普竞选对手的抹黑，但是在整个竞选过程中，包括梅拉尼娅在内的特朗普一家人，还是凭借其良好的公众形象得到了美国媒体的广泛赞誉。

---

① 特朗普的第一任妻子伊凡娜，在离婚后并未从公众视野消失，而是继续活跃在女装、媒体等领域。

2011 年 2 月 27 日，特朗普与妻子梅拉尼娅出席第 83 届奥斯卡颁奖礼

3.2 教子有方

与特朗普的历任妻子一样，特朗普的子女也不可避免地成为了媒体追逐的对象。特别是随着特朗普于 2015 年宣告参选美国总统，以大女儿伊万卡为代表的特朗普子女越来越多地出现在公众视野。

2016 年 2 月 8 日，身怀六甲的伊万卡在新罕布什尔州的一场竞选活动中为特朗普助选

伊万卡是特朗普和第一任妻子伊凡娜的第二个孩子。34 岁的她已经与两位成年的兄弟小唐纳德、埃里克一样，在特朗普集团身居要职。此外，伊万卡还拥有自己的品牌，主要经营女鞋和高级饰品等。而在这次特朗普的总统竞选过程中，伊万卡扮演着重要的角色，她不仅频频出现在竞选现场为父亲站台辅选，而且在整个竞选的幕后为特朗普出谋划策。

尽管伊万卡与父亲特朗普一样也是含着金钥匙出生，但是她所拥有的这一切并非从天而降。伊万卡从小就被父亲视为掌上明珠而呵护有加，但是她也和自己的兄弟们一样，是在特朗普的调教下，通过自身的努力一点一滴地成长起来。

在特朗普的教子方针中，他始终坚持一项对于子女的“开门政策”。即便在 20 世纪 80 年代的事业上升期，特朗普也不曾忽视对子女的关爱。不论是与合同方商谈工程进度，还是与公司员工商讨业务，只要孩子们出现在他的办公室，他就会停下手头工作。若干年后，特朗普的大儿子小唐纳德面对采访回忆到，任何时候，只要他们来到父亲的办公室，都不会遭到父亲的冷遇。

特朗普在向子女敞开怀抱的同时，也不忘让子女从小就接受各种历练。像父亲弗雷德当初要求自己一样，特朗普也让子女从实践中体会到付出的意义，领悟到工作的价值。所有孩子包括女儿在内，从小就被要求通过打工来赚取自己的零用钱。继承了母亲优良基因的伊万卡，更是在青年时期成为了兼职模特，并因此逐渐受到媒体的追捧。

此外，在子女们的成长过程中，特朗普也通过各种机会让他们获得不一样的经验和阅历。无论小时候被特朗普带到一处处建筑工地，还是成年后作为观察员出现在诸如《飞黄腾达》之类的电视节目中，

2015 年 6 月 16 日，特朗普与家人在宣布参选现场

特朗普的子女们经过一系列的耳濡目染和亲身体验，逐渐变得更为成熟和自信。

特朗普对于子女的正确引导取得了良好的效果。几位子女不仅拥有优秀的教育背景，而且也都成了“富二代”中的典范。大儿子小唐纳德和二儿子埃里克不仅在特朗普集团中独当一面，而且也都在慈善等领域贡献良多。稍小一些的二女儿蒂芙尼和小儿子巴伦尽管出现在公众面前的机会有限，但是也始终保持着大方得体的公众形象。

2007 年，伊万卡在接受《GQ》杂志采访时就说道，她为自己和兄弟们感到自豪，因为他们中没有谁把自己“搞砸了”，更没有谁成为“瘾君子”，或者只会“开着车追逐女孩子”。而在当期采访中，伊万卡更是展现出要把“特朗普”塑造成为世界顶级品牌的远大抱负。

而在一部英国电视台录制的关于特朗普的纪录片中，二儿子埃里克向记者侃侃而谈特朗普在苏格兰的高尔夫球俱乐部项目。当记者问到该项目的有关设备、装饰是否都由他和哥哥小唐纳德、姐姐伊万卡亲自经手时，埃里克对于其中的细节如数家珍，甚至准确给出了记者所问灯具、草种的品牌与产地。

对于身为特朗普家族一份子的责任，大儿子小唐纳德的体会或许更有说服力。面对记者的采访，已经身为特朗普集团高级副总裁的小唐纳德甚至戏称，如果不热爱自己的工作，或者工作不努力，父亲会像对待一只狗一样，把他们“开了”。

而对于子女的优异表现，特朗普也颇为自豪。他在面对消费者新闻与商业频道采访时，就曾表示：“我很骄傲孩子们所取得的巨大成功，说到底，那比砖块和泥浆都重要，比任何东西都重要！”

特朗普 2015 年宣布竞选美国总统以来，他的夫人和子女越来越多地出现于各种竞选现场或者电视采访。而与大多数美国家庭不一样的是，特朗普一家更多的是以几代同堂、全家动员的方式出现在公众面前，这种难能可贵的表现也在为特朗普的竞选及其一家人的公众形象持续加分。

第二部分

特朗普风暴

4. 跃跃欲试的局外人

尽管在此次参选之前，特朗普从未深度涉猎政治事务，但是在过往的近20年，他是为数不多的几个每到选举年，就会传出参选“绯闻”的名人。然而，比其参选记录更为传奇的是，特朗普长期以来不断地变化着的党派身份及其“两边下注”的政治捐款历史，这也成为了特朗普区别于其他参选人的“独家特色”。

4.1 选！选！选！

拥有过职业橄榄球队，出版过长期位居《纽约时报》排行榜榜首的畅销书，投资过地产、赌场、航空等多个领域的特朗普，不仅在商业方面有着异于常人的眼光，而且在政治方面也时常流露出不小的热情。

20 世纪 70 年代，年轻气盛的特朗普初到曼哈顿之时，就频频与纽约的政客推杯换盏。也就从这一时期开始，特朗普与政治人物之间的互动就屡见报端。随着个人影响的不断提高，关于特朗普有意涉足政坛的报道也就渐渐增多了起来。

进入20世纪80年代以后，特朗普的个人事业渐入高峰，而他更是“三番五次”地流露出对于竞选公职的兴趣，并且几次掀起波澜。1987年，特朗普斥资在《纽约时报》、《华盛顿邮报》、《波士顿环球报》刊载整版广告，表达其对于美国外交政策的看法。他声称，美国应当就保障波斯湾石油通道的安全，向西欧各国和日本出具一份账单。这次典型的“特朗普式”表态很快引发了关于特朗普是否有意参选美国总统的猜想。尽管面对记者的提问，其发言人试图打消关于此事的议论，但是到了1988年，特朗普又表示他“可能”竞选美国总统。值得一提的是，关于特朗普当年可能作为共和党候选人乔治·H·W·布什（老布什）竞选搭档的传闻也曾引发热议，虽然关于这种可能究竟由哪一方率先提出至今还存在争议。

1999年，面对即将到来的2000年美国总统选举，特朗普首先宣布了他对于争取第三党“改革党”（“Reform Party”）提名的意愿，而这随即引发了媒体的广泛报道。随后，特朗普又多次向公众表示了对于问鼎白宫的自信，而且回击了对于他参选态度的批评。2000年1月初，特朗普召开新闻发布会，发布新书《The America We Deserve》阐述了自己政治立场，从而再度引发了媒体关注。然而一个月后，特朗普却选择退出了总统竞选。值得一提的是，尽管特朗普去意已决，但是在随后举行的改革党初选中，特朗普在密歇根州和加利福尼亚州的得票都高居榜首，而这两个州正是特朗普有参选资格的两个州。其中，特朗普在加州的得票率高达44.28%，大幅领先于其他候选人。对于退出的原因，特朗普表示主要是因为改革党的内部纷争让他决定中止竞选。

2004年，特朗普又一次表达了对于白宫椭圆形办公室的兴趣，他表示在“非常严肃”地考虑竞选美国总统的可能。类似的情况在2008

年再度重演，不过和4年前一样，特朗普并未有太多实质性的进展。

2010年10月，就在贝拉克·奥巴马（Barack Obama）入主白宫不到两年的时候，特朗普就明确表示将考虑参加2012年的美国总统竞选。并且随着总统竞选的临近，特朗普对即将寻求连任的奥巴马的出生地问题一而再地表示质疑。进入2012年后，特朗普在历时一年多的摩拳擦掌、多处造势之后，还是放弃了总统竞选。

除了上述多次对于美国总统的“冲击”之外，特朗普也不只一次地表达过对州长一职感兴趣，2006年和2014年他就表达过相关想法。

可以说，过去的近20年，几乎所有的选举年中，关于特朗普或将竞选美国总统的新闻都会登上媒体。而正如一篇报道所指出的那样，自2000年以来，特朗普恐怕是唯一一位几乎每两年都会因为“可能参选”而成为关注焦点，最后却与绝大多数普通人一样，成为选举看客的美国人。

4.2 一个共和党人的自我修养

值得一提的是，就像在商业领域不断变化自己的投资方向一样，特朗普在政党倾向方面，也不断地转换着自己的“胃口”。在2015年特朗普正式宣布以共和党身份参选下届美国总统之前，他已经在共和党、民主党、第三党等身份之间进行了多次转换，并且频频引发争议。

登记时间	党派归属
1987年7月	共和党
1999年10月	独立党派
2001年8月	民主党
2009年9月	共和党
2011年12月	无党派
2012年4月	共和党

特朗普的政党登记记录（自 1987 年）

从 1987 年起，截止 2015 年正式宣布参选前，特朗普曾经 3 次登记为共和党人，两次登记为独立党派或无党派人士，至少一次登记为民主党人。

正如一位美国政治评论家在谈到特朗普的党派记录时所指出的那样，“随着时光的流转，美国人当然可以改变他们的政治倾向——罗纳德·里根就曾这样做过——但是，你几乎不可能找到一位共和党人，能够在过去的 28 年里，先后把共和党人、独立党派人士、民主党人、共和党人（编者注：再一次），反复地登记为自己的选民身份；而且就在 2012 年还曾将身份登记为‘拒绝声明’。”

在 2015 年 8 月新罕布什尔州的一场选举活动中，刚刚被特朗普在共和党第一场辩论中抢去风头的杰布·布什就说道：“特朗普并不具有一个公认的共和党人记录。在过去 10 年①，他作为民主党人的时间要比作为共和党人的时间更长”。也就是在之前的共和党第一场辩论中，

① 杰布·布什并未明确指出“过去 10 年”的具体起止。事实上，自 2005 年起的最近 10 年（截至讲话时间），特朗普登记为共和党人的时间约为 5 年 6 个月，超过其登记为民主党人的时间；因此，一些媒体指出，杰布·布什所称的“过去 10 年”，应该是自 2001 年到 2010 年这 10 年，这期间特朗普登记为民主党人的时间约为 8 年 1 个月，远远超出其登记为共和党的时间。

主持人梅根·凯利也曾当面指出了特朗普的“离奇”党派履历。

虽然美国人关于个人党派立场的改变，并非是什么不可接受之事，而且相当数量的美国选民，在不同时期、不同层级的选举中，也会将票投给代表不同党派的候选人，但是像特朗普这样几近无常的党派登记记录还是堪称“奇葩”。

细数特朗普在党派倾向方面的历次转变，不难发现，这或许与他数次尝试参加总统选举有着一定的联系。1999 年，特朗普选择登记为独立党派人士；2000 年，特朗普尝试以改革党身份参选；2011 年，特朗普将自己的党派登记由共和党改为无党派后，又在 2012 年重新——也是自 1987 年以来的第三次——登记为共和党人，也就是在这个时期，特朗普对于奥巴马的出生地问题展开连番炮轰，并一度表示要考虑参选 2012 年的总统选举。然而，从 2012 年 4 月起，特朗普的党派倾向总算趋于稳定，这多少也使得他在 2015 年以共和党候选人身份参选美国总统，显得不至太过意外。

4.3 有钱就是任性!

除了不止一次地宣称要参选美国总统以及“任性”地改变着自己的党派身份之外，特朗普另一项骄人的记录就是长期以来对于美国民主党、共和党两党的政治捐款历史。

2011 年以前，如同《华盛顿邮报》所指出的那样，特朗普向民主党捐款的名单几乎就是“共和党的对手列表”，包括希拉里·克林顿（第 42 任美国总统比尔·克林顿的夫人，2009 年 1 月到 2013 年 1 月担任美国国务卿）、约翰·克里（资深参议员，现任美国国务卿）、爱德华·肯尼迪（资深参议员，约翰·肯尼迪总统的弟弟）等民主党内的头面人物均位列其中，而且大都在特朗普个人捐款名单上名列前茅。与此同时，特朗普也向民主党参议院竞选委员会和民主党众议院竞选委员会这两个民主党内主要的竞选组织捐款，其数额超过10万美元。

而就在同一时期，特朗普向共和党方面的捐款也不在少数。这些捐款不仅流向了约翰·麦凯恩（资深参议员，2008年共和党总统候选人）、纽特·金里奇（资深众议员，20世纪90年代后期美国国会众议院议长）这样的共和党大佬，而且在捐款数额上与民主党方面也不相上下。

值得注意的是，2012年以来，特朗普对民主党和共和党的捐款则发生了明显变化。依据美国联邦选举委员会、州选举办公室等机构的数据显示，2012年后，特朗普向民主党方面的个人捐款可谓微乎其微，而与此同时，他向共和党方面的个人捐款则高达数十万美元。

在美国，团体或者个人对民主党、共和党两党同时捐款的现象并不少见，例如，在美国政治舞台上长期发挥重要影响的全国步枪协会，以及那些试图影响美国政治走向的大金主们，都有着对于民主党、共和党两党长期捐款的历史。然而，像特朗普这样长期以来“两边下注”，同时又总是“跃跃欲试”，时刻准备进入政坛的做法，还是时常会引发公众对于其政治倾向的讨论，特别在那些选举年，对于其党派忠诚度的批评更是屡屡成为热点。

不过，这样的捐款历史也成为了特朗普在历次选举中敢于“直抒己见”的有力保障。因为在他看来，包括2016年美国总统竞选的潜在对手希拉里在内，民主和共和两党的政治人物都“拿过他的钱”；也正因如此，特朗普在此次美国总统竞选中，始终强调相对于其他参选人，他更清楚候选人与利益集团或者捐款者之间的“猫腻”，而只有他自己

2012 年 2 月 2 日，特朗普为当年总统选举的共和党候选人米特・罗姆尼（左二）站台

可以完全不受外界利益的影响，全心全意地为选民谋利。

与政党倾向相类似，2011 年以后特朗普在政治捐款上的变化，也在一定程度上为他“靠近”共和党，并以共和党的身份参加 2016 年美国总统选举埋下了伏笔。

5. 正式参选：一场前所未有的真人秀？

2015 年 6 月，特朗普正式宣布参加下一届美国总统竞选，尽管不论是现场演讲的内容，还是参选仪式的氛围，相对于以往的“玩票”经历都显得格外严肃认真，但是他这篇以“MAKE AMERICA GREAT AGAIN”为主题的参选演讲，还是爆出不少“特朗普牌”的猛料，而且在大多数美国媒体看来，特朗普的这次参选很可能将会是一场充满娱乐色彩的选举“真人秀”。

5.1 “MAKE AMERICA GREAT AGAIN！”（让美国再度伟大）

2015 年 6 月 16 日，经过近 20 余年的“跃跃欲试”，特朗普终于在纽约正式宣布，竞选下一届美国总统！

当天，在其一手打造的特朗普大厦内，特朗普外着深蓝色西装，身穿纯白色衬衣，搭配鲜红色领带，与夫人梅拉尼娅从大厦中厅的扶梯上

TRUMP
MAKE AMERICA GREAT AGAIN!
TRUMP
MAKE AMERICA GREAT AGAIN!

特朗普发表参选演讲

缓缓走下，随即登上演讲台，发表了以“Make America Great Again（让美国再度伟大）”为主题的竞选宣言。

在这篇充满特朗普特色的竞选宣言中，特朗普从调侃竞选对手不知道演讲场地的空调是否运转开始，历数了美国在贸易、移民、反恐等多个方面的“失败”，然后提出最根本的问题——美国人到底需要一个什么样的总统？在一番自我宣传之后，特朗普宣布：“我正式参选美国总统！我将会让我们的国家再度强大！”

在随后大约半个小时的演讲中，特朗普抨击了包括总统奥巴马、国务卿克里在内的多位领导人，指责他们不懂得如何谈判，也不懂得如何使用“手中的牌”，从而造成美国从国内就业到国际关系等多个方面的失势。同时，他针对政客只为利益集团、政治捐款方服务却无视普通百姓，展开了猛烈抨击。在特朗普对美国外交、内政等多项政策的批评中，中国、墨西哥、日本、沙特等国家成为其外交话题的涉事国家，而移民、医保、基础设施建设、军队等也都成为其内政主张的重点议题。在演讲的最后十余分钟，特朗普先是宣读了一份自身资产报告，夸耀了自己雄厚的经济实力，然后提出了当选美国总统后其诸多的政策主张，其中就包括在他整个竞选过程中最具争议美墨边境的“修墙论”。

在演讲的总结部分，特朗普宣布了其主要政策主张：

“我将抵制并且废除‘奥巴马医保’。”

“我将修建一座‘长城’——没有人比我建的更好，相信我，并且我会把它修建的非常经济……我会让墨西哥为那堵墙买单！”

“没有人会比唐纳德·特朗普在‘ISIS’（伊斯兰国）面前更为强硬，没有人！”

“我会找到我们军队之中的巴顿将军！我会找到我们军队之中的麦克阿瑟将军！我会找到合适的人！我会找到那个能够让军队真正发挥作

用的人！而没有人，没有人会欺负我们。”

“我将阻止伊朗获得核武器。”

“我将立即终止奥巴马总统在移民方面的‘非法’行政命令，立刻!”

“全力支持宪法的第二条修正案。”①

“终结共同核心标准。”②

“重建国家的基础设施。”

“保证医疗保险、医疗补助与社会保障，同时不予削减。”

“重新开展外贸协议谈判。”

“减少我们的18万亿美元债务。”

“加强我们的军队，照顾好我们的退伍军人。”

最终，特朗普以“美国梦已死。而如果我能当选总统，我会将它找回，让它比以前更大！更好！更强！而我们将会让美国再度伟大!”结束了整篇竞选演讲，宣告了白宫之旅的正式开启。

5.2 中国无辜“躺枪”

在历时近一个小时的竞选演讲中，特朗普以特有的语言阐述了自己

① 美国宪法第二条修正案，于1791年12月15日批准，是美国宪法的一部分。它是所有宪法修正案中影响最为深远，同时也是引发争议最大的修正案之一。该条修正案规定：“管理良好的民兵是保障自由州的安全所必需的，因此，人民持有和携带武器的权利不得侵犯”。基于这条修正案，持枪被认为宪法赋予美国民众的一项合法权利。然而，长期以来，对于宪法原文的不同理解，以及关于枪支所引发的暴力事件，使得这条修正案一直饱受争议。而对于该条修正案及控枪的态度一直就是美国政治中最为重要的议题之一。

② “共同核心标准”出台于2000年，该标准详细定义了美国K－12年级（幼儿园到高中）学生应该掌握的知识和技能，其目的就是使所有学生在离开高中时都能为升学或就业做好准备。尽管近年来该标准在美国多个州已获得通过并实施，但是关于该标准的争议始终存在。部分观点认为，该标准束缚了学生的创造性，并会带来“应试教育”等弊端。此外，对于该标准是否完整、合理，也有着不同的意见。

特朗普在参选演讲中

对于内政、外交多个方面的看法，而“China”几乎成为被提及最多的词汇。在他这篇备受关注的“出师表”中，中国多次无辜“躺枪”。

演讲一开始，特朗普就把矛头指向了中国。在感叹美国不再赢得胜利之后，特朗普问道：“谁知道我们在贸易协议上最后一次击败中国是什么时候？”紧接着，特朗普说道：“中国把我们玩死了”，并且不忘补上一句，“我每次都能‘击败’中国”。

随着演讲的继续，特朗普把话题引向美国国内经济形势。他表示，刚刚公布的上季度美国 GDP 指数为“负值”，劳动参与率则是 1978 年以来“最糟糕的”，并且强调真实的失业率大约在“18% ~20% 之间”。随即，特朗普说道：“许多人找不到工作。而他们找不到工作是因为那里没有工作，因为中国把我们的工作抢走了，墨西哥把我们的工作抢走了，他们都抢走了我们的工作……”

稍后，在提到其他共和党候选人时，特朗普又拿中国说事儿，“他们（指其他候选人）不谈论就业，他们不谈论中国。你上一次听到他们谈论中国是什么时候？中国正在玩死我们……”而在其后的演讲中，几乎每次提到工作和就业，特朗普就会扯上中国，诸如“把工作从中国带回来”等等。

如果说上述几次提到“China”，特朗普只是把中国作为美国国内的就业等问题的“背锅侠”，那么到了演讲的第 19 分钟，特朗普对中国可谓是“火力全开”，对于中国在货币、贸易、军事等方面问题，特朗普给予了一连串的评论，直到 4 分钟后，才将话题转移到其他方面。

值得一提的是，尽管特朗普屡屡提及中国并将失业等问题与中国联系起来，但是他也几次表达了对于中国的“Love”和惊叹。演讲中段，特朗普直言他“喜欢中国”，并声称他刚刚与中国客户完成了一笔数额巨大的交易，“难道我应该讨厌他们吗？”而在随后的一分钟内，特朗普又说道，在特朗普大厦就有来自中国的企业，并强调“I Love China!”

此外，特朗普在演讲的其他环节，也不忘拿中国举例。在提及基础设施建设时，特朗普对中国的桥梁、机场的规模及质量啧啧称奇。

而在特朗普发表了这篇以“China”为关键词之一的竞选演讲后，中国外交部发言人陆慷在2016年6月17日的记者会上，也被记者问及对特朗普有关言论的看法。陆慷并未对特朗普的具体言论做出正面回应，但是他表示，中美之间的经贸合作已经发展成为相互依存、互利双赢的局面，如果中美贸易没有一个良好的基础，这种经贸关系也许不可能长久。随后，陆慷强调，中美经贸关系总体上是健康发展的。

特朗普在竞选演讲中对于中国的“重视”，也迅速引发了中国媒体的广泛关注。有关媒体不仅介绍了特朗普在演讲中对于中国的“呛声”，而且也详细列举了特朗普大厦里销售的各类中国产品，指出特朗普在痛批中国的同时，也不忘靠中国获利。

5.3 “我真的很有钱!”

近几十年来，美国总统竞选的花费与日俱增，并且已经趋于天文数字。虽然通常而言竞选资金主要来源于各类政治捐款，但是绝大多数的参选人也都有一定的经济基础。尽管如此，纵观历次美国总统选举，恐怕难以找出一位像特朗普这样高调的候选人——他几乎是炫耀似的面对公众，大肆宣扬自己的“有钱”，并将这种个人层面的“有钱”上升到一种国家层面的“心态”和“思维”!

特朗普在演讲中展示自己的资产报表

在谈论政策主张时，特朗普强调“I am really rich”，并且表示正是因为自己“有钱”，才能使得他不像其他候选人那样，容易受到利益集团和捐款者的操纵，而这正是这个国家所需要的心态。

临近竞选演讲结束时，特朗普花费了将近10分钟的时间，来展示自己的商业才能和个人财富。在阐述了自己的发展历程后，特朗普宣称拥有大约92.4亿美元的总资产和大约5亿美元的低息债务，而且表示如果包括增长部分，将会超过100亿美元。随后，特朗普列举了特朗普大厦、旧金山美国银行大厦、特朗普大楼①等名下的资产，表示个人净资产为8,737,540,000美元②。此后，他再度声称自己“无需吹牛”，而之所以这样做，是因为“我想说，这正是我们国家所需要的思维方式”。

如果说参选人在宣布竞选总统时，公布自身的资产状况是其要履行的义务，那么像特朗普这么高调甚至积极的候选人却还真是屈指可数。特朗普在个人财务方面的开放，以及在此问题上的“借题发挥”，在一定程度上也预示着他未来的竞选风格。

5.4 打一趟选举的酱油？

尽管这已经不是特朗普第一次宣称要竞选美国总统，但是他正式参选的表态还是引发了从媒体到民众，以及美国两党的广泛关注。而特朗普

---

① 特朗普大楼，即位于纽约曼哈顿Wall Street 40号的Trymp Building。

② 据《福布斯》2015年全美富豪榜显示，特朗普的个人财产大约为40多亿美元。该榜单发布后，遭到了特朗普的痛批，他指责福布斯严重低估了他的财富。

特朗普发表参选演讲现场

的竞选演讲以及对其未来选情的预测则成为了社交媒体、新闻报道甚至是电视脱口秀栏目的热议话题。

在社交网络上，特朗普参选的新闻立刻成为焦点，网民对于特朗普演讲中的“炫富”“跑题”，以及墨西哥移民等相关问题都给予了热议，而带有他标志性发型的图片也广为流传。在随后的一周，特朗普参选美国总统一直是美国社交网络上的热议话题。

在全美拥有极高收视率的脱口秀节目《每日秀》（The Daily Show）中①，节目主持人乔恩·斯图尔特（Jon Stewart，中国广大粉丝喜欢把他称为“囧司徒”），异常兴奋地介绍了特朗普宣布参加美国总统选举的情况，而民主党候选人希拉里的重要演讲、共和党候选人杰布·布什的宣布参选都难敌特朗普新闻的“震撼”。斯图尔特本人更是极尽所能地展开了各种调侃，从“重力是否存在”，到“弗洛伊德的‘本我’”，都被拿来描绘特朗普的参选。在整个节目中，斯图尔特和几位场外“记者”竞相耍宝，表达了对特朗普未来竞选活动的“期待”和“惊恐”。

《华盛顿邮报》评论认为，这场 40 多分钟的竞选演讲简直是一场“自恋的狂欢会”。该报表示，翻看特朗普当日的演讲稿，提到与“我”相关的词汇就达 250 多次，其中“我（I）”大约 190 多次，“我的（my 或者 mine）”28 次，“我（me）”22 次，“我已经，我将”十余次。与此同时，“美国”或“美国人”被提及的次数却非常有限，并且大都是谈及个人资产时提到的。

---

① 《每日秀》是一档在美国影响广泛的脱口秀栏目，它以新闻事件和政治话题作为节目评论的主要内容，主持人幽默、讽刺，又不失自嘲的语言风格是节目的主要特色。在整个节目中，往往穿插着经过剪辑甚至是 PS 的“新闻画面”，以加强节目效果。《每日秀》在全美范围内拥有广泛的观众群和影响力，自开播以来，已赢得了十余次美国电视艾美奖，而包括总统奥巴马在内的众多名人都担任过该节目的嘉宾。

有趣的是，包括《华尔街日报》《赫芬顿邮报》在内的一些知名媒体，都不忘在特朗普竞选的新闻报道中调侃一下他的标志性发型。其中，《赫芬顿邮报》直接发布了一条“特朗普竞选总统，看看这11种与他有着相同发型的动物”的报道。而英国《卫报》更是直言：“特朗普要参选总统，这就像他的发型一样可笑”。

美国著名保守派杂志《国家利益》指出：能“耍宝”并不代表能治国，而特朗普代表了共和党两个最为不堪的倾向，搞不清政治领袖与娱乐明星之间的区别，习惯性地将政治作为情感表达的方式。

《纽约邮报》表示：想让特朗普成为共和党候选人，恐怕只有民主党人。

面对特朗普的加入，民主党、共和党两党及其他候选人，也都发表了各自的看法。民主党官方回应：现有共和党总统候选人“缺乏严肃性”，而特朗普的加入恰恰“填补”了这一点。共和党选举委员会则表示：特朗普是“一位成功的商人”，而“本党在本次竞选中已经有了多名高规格的竞选人”。共和党候选人兰德·保罗（Rand Paul）表示：竞选总统的人“越多越快活”。

据美国有线电视新闻网在特朗普宣布竞选美国总统后的民调显示，特朗普的支持率大约为3%左右，在所有共和党候选人中，位居第10位。

纵观特朗普宣布参选总统后美国社会以及民主党、共和党两党的反应，可以说不论是相对严肃的电视新闻，还是比较大众化的社交平台，都更多地把特朗普的参选当成了一桩颇具“娱乐色彩”的事件来报道。一方面，特朗普凭借多年来积攒的超高人气，在宣布参选后的一段时期内，成功在媒体曝光率大幅超越两党的其他候选人，占据了各类媒体的头条，成为了街谈巷议的热点；另一方面，也正是由于他长期以来的出位形象，以及在竞选公职方面的屡屡“玩票”，使得他的参选从一开始就被描绘成了又一次的“打酱油”之旅。尽管如此，根据多个机构的民调数据显示，从2015年6月下旬开始，他的支持率就开始出现明显上升。

以2015年6月16日的这次参选演讲为标志，特朗普正式开启了自己的总统竞选之旅，而等待他的或许将是历时近一年半的选举“马拉松”。首先，从宣布参选总统到2016年1月底，是选举的前期造势时期，即通过参加党内候选人辩论，以及各种竞选集会活动积攒人气，赢得选民支持的“隐形初选”阶段；在接下来的2月到7月，则是以各州初选投票为主，围绕赢得共和党总统提名所展开的正式“初选”阶段——在此阶段内，倘若有候选人的优势较大，并且获得党内认可，或将提前锁定提名；而再进一步来讲，如果特朗普赢得共和党提名，或者决定以独立候选人身份投身最后的选战，那么由7月至11月，将会是他向白宫发起冲刺的时期，即“总统竞选”阶段。最终，美国第45任总统人选将于2016年11月8日的总统大选日获得揭晓①，而究竟是谁将会带领美国“再度伟大”也将在那一天得到确认。

① 需要说明的是，通常而言，2016年11月8日的总统投票日当天就能决出本次总统选举的最终获胜者。但是，依照美国总统选举的相关程序规定，在12月份，将会有各州推选出的选举人再进行一次象征意义上的投票，来正式完成整个的选举流程。届时，下届美国总统人选将会得到最终的确认。

6. 奇葩竞选路之一——出格言行

相对于其他候选人参选以来的平铺直叙，特朗普从宣布参选开始就给美国社会投下了一枚枚震撼弹。他的一系列言行不仅远远超出了美国公众人物应有的规范，甚至打破了诸多美国政治人物不可逾越的禁忌。然而，正是这些出格言行，构成了特朗普这次总统竞选中的最大“亮点”，引发了美国上下到全球范围内的广泛关注和巨大争议。

6.1 美墨边境筑“长城”

2015 年 6 月 16 日，特朗普正式宣布参加下一届美国总统竞选，就是从这场参选演讲开始，特朗普走上了一条一发不可收拾的“大嘴”之路。第一个被特朗普推上各大新闻头条并成为其系列争议言论代表的，就是关于墨西哥移民的相关表态。

在当天的竞选宣言中，特朗普开门见山地提出，美国在贸易问题上屡屡不敌他国，在边境上更是无法“击败”墨西哥。在阐述了“他们（指墨西哥）正在经济上击败美国”“美国已成为其他所有人问题的倾倒场”等观点之后，特朗普说道：“当墨西哥送来他们的人，他们不是送来那些最好的人，他们不是送你来（指向现场观众），也不是送你来。他们送来的人有着很多的问题，并且他们把这些问题带给我们。他们带来毒品，他们带来犯罪，他们的强奸犯，还有一些我假设为好人”。此后，特朗普继续说道：“他们送来的绝非善类，而且也不仅仅来自于墨西哥，他们来自于整个南部甚至拉丁美洲，还有的很可能来自于中东，但是我们并不确定……”

在演讲的总结部分，特朗普再次将炮火对准墨西哥。他宣布，要修建一座“长城”，并且自信满满地表示，没有人会比他修得更好，而且他会把这座“长城”修建的非常经济。特朗普强调：“对于这座修建于美国南部边界的‘伟大长城’，我会让墨西哥来买单!”

特朗普关于墨西哥移民的言论，迅速引发了媒体的广泛关注，受到包括共和党在内的一致批评。纽约市长、梅西百货都加入了谴责特朗普言论的行列，甚至由特朗普参与举办的“环球小姐”比赛也遭到了抵制，全国广播公司等电视台取消了转播计划，一些知名艺人和运动明星也拒绝在这一比赛中担任嘉宾。众多墨西哥团体、拉美裔团体均要求特朗普就此给予道歉，甚至相继提出警告，要求共和党和其他候选人谴责特朗普的言论，并与其划清界限。

然而，这些声音并未阻止特朗普在这一问题上坚持己见。在 2015 年 7 月初的竞选活动中，拒绝道歉的特朗普再度将矛头指向墨西哥裔非法移民，并提出将会通过向非法移民征收“人头税”，来让墨西哥政府“出钱修墙”。

2015 年 7 月 9 日，墨西哥移民在华盛顿特区的特朗普酒店外抗议示威

2015 年 8 月 20 日，墨西哥政府出面对特朗普的移民、边境安全、双边关系等政策主张表示谴责，指出其言论充满“偏见、种族歧视与愚昧无知”，或将损害两国关系，并强调广大的墨西哥移民为美国经济发展做出了巨大贡献，而近些年来从墨西哥到美国的净移民率则接近于零。

据英国《每日邮报》报道，好莱坞著名影星乔治·克鲁尼在 2015 年 9 月 13 日举行的多伦多电影节上直指，特朗普对于墨西哥移民的言论“愚蠢至极”。

9 月 14 日，在参加一场爱荷华州举行的活动中，奥巴马总统在不点名的情况下，也对以特朗普为代表的共和党初选阵营的反移民情绪提出了批评，特别是相关“煽动性言论”。10 月 8 日，在国会西班牙裔党团年会上，奥巴马更是明确指出：“美国的伟大不是源自于建立高墙。反移民情绪感染到我们的政坛不是新闻，但这是不对的。”在随后的数次采访中，奥巴马又多次针对特朗普的移民言论给予了点名批评，并指出：“他（特朗普）当不了总统。”

尽管受到了国内外的广泛质疑和批评，特朗普对于“修墙论”的主张不仅没有丝毫改变，反倒变得“更为坚定”。在不同的竞选活动或电视辩论中，特朗普一再重申，要让墨西哥政府承担修墙的费用。进入2016年以后，特朗普在这一问题上继续发声。针对广大媒体和其他候选人关于如何落实资金来源方面的质疑，特朗普提出了阻止美国境内墨西哥裔非法移民将个人收入汇出国境等一系列措施，来支持自己的主张。

面对特朗普的系列言论，特别在关于“买单”问题上的不断升级，墨西哥前任、现任总统纷纷提出了强烈批评。据美国有线电视新闻网2016年2月下旬的报道，墨西哥前总统比森特·福克斯（Vicente Fox）、费利佩·卡尔德隆（Felipe Calderon）在接收媒体采访时，针对特朗普的“修墙论”提出了强烈谴责。福克斯在采访中，更是情绪激动地飙出脏话，痛斥特朗普针对墨西哥移民的不当言辞。而对于这位墨西哥前总统的批评，特朗普也很快给予了回应，要求福克斯为使用脏话道歉，并且在2月25日的共和党第十场辩论中表示，鉴于对方使用脏话，“现在这堵墙要加高十英尺”。另一位墨西哥前总统卡尔德隆在采访中，也表达了对于特朗普言论的强烈不满，他表示：“政府间的良好合作才是保护美国的有效办法，而不是建一堵愚蠢的墙……我们不会为这面愚蠢的墙付一分钱。特朗普就是个彻头彻尾的煽动者，可悲的家伙。”

在上述两位前总统针对特朗普的言论发出谴责后不久，墨西哥现任总统恩里克·培尼亚·涅托（Enrique Pena Nieto）针对特朗普的“修墙论”，给予了最为严厉的抨击。2016 年 3 月 7 日，涅托在接受本国媒体采访时，不仅指出特朗普的言论损害了美墨两国的双边关系，更是将其“刺耳”的言论与希特勒、墨索里尼相提并论。在此之前，捏托已就特朗普的言论提出过谴责，指出其言论“充满偏见且荒唐至极”。

此外，墨西哥财政部长、墨西哥城议会代表等也都对特朗普的言论做出了回应。2016 年 4 月初，墨西哥政府做出更换驻美大使的决定。据墨西哥媒体披露，此举在很大程度上是针对特朗普有关言论的外交姿态，以期在表明强硬立场的同时，也能采取相应的战略措施。

而在墨西哥民间，特朗普的系列言论更是把他推上了风口浪尖。从 2015 年宣布参选以来，不论在各种的社交媒体上，还是在普通民众的节日仪式上，特朗普都成为了众矢之的，引发墨西哥社会的一致鞭挞。

6.2 “被俘虏不能算英雄”

2015 年 7 月，就在特朗普关于墨西哥移民的言论还在发酵之时，他对共和党大佬约翰·麦凯恩（John McCain）的一番评论，再度成为了媒体的焦点。

麦凯恩是共和党资深参议员，其祖父、父亲皆曾担任过美国海军上将，而其本人在越战期间被俘，并被拘禁 5 年之多。麦凯恩退役后进入政坛，先后担任众议员、参议员，并在参议院军事等多个委员会担任主席。2000 年、2008 年麦凯恩均参加了总统竞选。其中，2008 年麦凯恩赢得了共和党方面的总统提名，与民主党方面的奥巴马进行最后对决。

2008 年 10 月 15 日，麦凯恩在当年的总统竞选辩论中（左为奥巴马）

2015 年 7 月中旬，麦凯恩针对特朗普关于墨西哥移民的言论发表看法，批评特朗普在竞选活动中煽动反移民情绪。7 月 18 日，在一场爱荷华州的竞选活动中，特朗普提到被视为战斗英雄的麦凯恩时，表示："他是因为被俘虏才变成'战争英雄'，而我喜欢那些没有被俘虏的人。"事后，在接受媒体采访时，特朗普针对麦凯恩继续进行抨击，声称对方是一个"只说不做的人"，并指出麦凯恩对于退伍军人缺乏实际的行动。

在特朗普关于麦凯恩"不算英雄"的言论曝出后，迅速引发了包括共和党在内的广泛批评。一向在共和党初选中保持中立，甚少介入选举纷争的共和党全国委员会也对特朗普的言论做出了谴责。其发言人通过网络表示："诋毁英雄的言论，不论在党内还是在国家，都不能容忍。"

前德克萨斯州州长的里克·佩里、前佛罗里达州州长杰布·布什、威斯康辛州州长斯科特·沃克等多位共和党候选人均就特朗普的言论表示谴责。里克·佩里表示："特朗普应该尊重为国家服务的退伍军人，并就自己的言论进行道歉。"他还指出，特朗普的言论"刷新美国政治新'下限'"，呼吁其退出竞选。另一位候选人杰布·布什也对麦凯恩做出声援，表示："这种诽谤的言论真是够了"。而斯科特·沃克则表示："特朗普不仅需要对麦凯恩道歉，而且更需要对全美国'所有穿军服的人'道歉。"此外，候选人林赛·格雷厄姆、里克·桑托勒姆等也加入了谴责行列。

民主党候选人希拉里也少有的与共和党方面"同仇敌忾"。她表示，特朗普的言论是在民间散播仇恨，简直是"耻辱"，而麦凯恩是真正的战争英雄。

美国白宫也对特朗普的不当言论做出回应。发言人欧内斯在稍后的记者会上指出，尽管总统奥巴马与2008年总统大选的对手麦凯恩在政治立场上存在分歧，但是这并不影响他欣赏后者为国家做出的贡献。

面对特朗普的“恶语相向”，当事人麦凯恩于2015年7月20日做出回应。他在接受微软全国广播公司采访时，表示并不要求特朗普向自己道歉，其应该向那些在战争中失去亲人的家庭，向那些在战争中不幸被俘的人道歉。麦凯恩同时强调，自己在战争中算不上英雄，但是他最大的荣誉就是能与那些英雄们一起服役。

面对来自共和党、民主党两党的批评和媒体的大肆报道，特朗普并未做出太多退让。他表示有关评论只针对麦凯恩，但是拒绝做出道歉。然而，与不少舆论预测相左的是，特朗普的这次“失言”并未成为其竞选之路的转折点，甚至未对其选情造成太大影响。在后续的竞选过程中，特朗普与共和党主流人物之间的“内战”又多次上演，这也成为他“奇葩”竞选历程中的主要“看点”。

6.3 “不公正”的女主播

特朗普的“大嘴巴”风格早在20世纪末期成为明星商人的时候，就已为人熟知。他针对女性的各种言论在竞选之前就曾数度引发争议。继参选以来有关墨西哥移民、共和党资深议员麦凯恩等方面的争议言论之后，特朗普又先后针对福克斯新闻台当家女主播、共和党候选人卡莉·菲奥莉娜、民主党候选人希拉里等多位女性发表过“犀利”言辞。特别是他针对福克斯女主播的不当言论，不仅引发了媒体和各界的广泛批评，而且还直接影响了共和党初选辩论的进程。

福克斯新闻台的当家花旦梅根·凯利（Megyn Kelly），是共和党第

梅根·凯利（中）在共和党辩论现场

一场初选辩论的主持人，也是全美最受瞩目的美女主播。在这场于2015年8月6日举行的电视辩论中，凯利向特朗普提问，希望他能对于之前在社交网络上针对女性的不当言论做出解释，并因此质疑他作为总统候选人的资格。特朗普对凯利的问题极为不满，一方面表示对方的观点“毫无根据”；另一方面则在回答中试图避实就虚。辩论结束后，特朗普在接受美国有线电视新闻网采访时，就对凯利展开炮轰，声称对方“眼睛里在‘冒血’，身上其他地方也在‘冒血’”。

特朗普的言辞迅速引发了广泛批评，一些原定于稍后举行的共和党人聚会也收回了对特朗普的邀请。包括杰布·布什在内的多位共和党候选人都对特朗普的出格言论给予“差评”，其力度比早前特朗普抨击麦凯恩所引发的批评更为猛烈。然而，面对舆论的一致谴责，特朗普拒绝道歉，并坚称媒体曲解了他的意思，他对于凯利“没有敌意”。而在几天后的采访中，当事方凯利表示，自己当然不会为正确的新闻报道道歉，并在直播中大方预祝特朗普未来的竞选之旅能够继续之前的成功。

值得一提的是，特朗普的言论不仅引发了外界的批评，而且也导致了自己团队的分裂。据美国有线电视新闻网报道，在当天辩论后，一位特朗普团队的主要智囊，同时也是特朗普20年的好友，与特朗普爆发了激烈的争吵，并于两天后宣布退出其竞选团队。

然而，尽管“攻击”女主播这一事件对于特朗普造成了一定的负面影响，但是并未对他的支持率及其后续的选情造成较大的冲击。随着竞选的继续，特朗普随后多次以主持人梅根·凯利“不公正”为由，拒绝参加之后由福克斯新闻台举办的共和党辩论。

2016年1月28日，共和党方面迎来了第七场辩论，同时也是初选投票前的最后一场辩论。然而，在这场由福克斯新闻台举行的辩论中，特朗普宣告缺席。而有关数据显示，该场辩论的收视率下滑明显。后有媒体指出，考虑到距离初选第一战爱荷华州投票还有不到一周的时间，这场辩论本应受到更多关注；然而，实际收视率却远远低于预期，这在一定程度上与特朗普的“任性”缺席有着较大的关系。

2016 年 3 月 16 日，由于特朗普的抵制，福克斯新闻台宣布取消原定于 21 日举行的第十三场共和党辩论[①]。事实上，特朗普在 3 月 15 日佛罗里达等州投票过后，其领先优势继续扩大。而随着另一位参选人马克·卢比奥（Marco Rubio）的退选（卢比奥是来自佛罗里达州的联邦参议员，他在获悉自己无法赢得本州初选后即宣告退选），共和党内仅剩下 3 位候选人。当特朗普宣布不参加辩论之后，另一位候选人约翰·卡西奇（John Kasich）也宣布将不会参加这场他与泰德·克鲁兹（Ted Cruz）之间的“二人转”，辩论旋即告吹。

特朗普对于女主播梅根·凯利的出格言辞，只是他在竞选过程中针对女性的众多争议言论之一。2015 年 9 月初，特朗普在提到共和党另一位候选人菲奥莉娜时说：“看看那张脸，会有人给她投票吗？”几天后，在共和党的第二场辩论中，特朗普不得不就该问题当面回应菲奥莉娜，并称赞对方“是一个美丽的女人”。而在 2015 年底，特朗普在一次竞选活动中，更是以低俗词汇来描述民主党候选人希拉里之前的竞选经历，并且在引发舆论哗然后，继续与希拉里一方“较劲儿”。

值得注意的是，与之前攻击参议员麦凯恩的情况类似，特朗普针对女性的多次不当言论并未对其选情造成太大影响，这在一定程度上，也纵容了特朗普“语不惊人死不休”地继续发挥。

2016 年 5 月中旬，在一档福克斯新闻台播出的专访节目中，已经

---

① 在此前的 2016 年 3 月 3 日，共和党第十一场辩论举行，而福克斯新闻频道台为当场辩论的主办方。对于该场辩论，特朗普并未抵制，并在辩论中与身为主持人的梅根·凯利有所互动。

基本获得共和党提名的特朗普接受了梅根·凯利的采访。时隔九个月，两人首次谈论共和党第一场辩论中的交锋，特朗普也在节目中罕有的表达了“歉意”。而在相当数量的网民看来，在镜头面前向梅根·凯利“道歉”的画面，是特朗普在整个竞选过程中少有的尴尬时刻之一。

6.4 “全面禁止”穆斯林

2015 年 12 月初，美国加州圣贝纳迪诺发生枪击事件[①]，几天后，总统奥巴马在白宫发布全国电视讲话，将该枪击案定性为恐怖主义行为。就在奥巴马发布讲话后的一天，特朗普抛出了“全面禁止”穆斯林的声明。

2015 年 12 月 7 日，特朗普在出席一场南卡莱罗纳州的竞选集会时表示，必须“全面禁止”穆斯林入境，“我们没有其他选择”。特朗普指出，在对穆斯林人士开放国门之前，议员们必须先搞清楚“到底发生了什么情况”，并说道：“在我们能够确定并明白问题和危险威胁之前，美国不能再受害于那些以‘圣战’为名、毫不尊重生命的人的骇人袭击。”稍后当被问及特朗普的声明只是针对移民，还是包括学生、游客时，特朗普的竞选经理莱万多夫斯基明确答复：“所有人”。

事实上，这并不是特朗普竞选以来第一次发表相关言论。早在 2015 年 11 月，特朗普就表示过，如果自己当选，将会遣返所有叙利亚难民。另

① 2015 年 12 月 2 日，在加州圣贝纳迪诺地区发生了一起恶性枪击案，怀疑被激进组织洗脑的夫妇，向无辜群众开枪，导致十余名民众死亡，多人受伤。这场枪击案被认为是近 3 年来美国死伤最为严重的枪击事件，引发了全美的广泛关注，也进一步促使总统奥巴马于 2016 年 1 月 5 日，宣布通过行政措施手段加强枪支管控。关于嫌疑人所持 iPhone 手机的解密问题在 2016 年 2 月，又成为了全美各大媒体关注的焦点。

在11月19日接受雅虎采访时，特朗普更是表示，应该给全美国的穆斯林人士建立数据库，颁发显示其宗教信仰的特殊身份证，甚至考虑关闭清真寺。

如果说之前特朗普与福克斯女主播之间的“误会”还更多地局限于涉事双方的话，那么这番关于“全面禁止”穆斯林的声明，则立即引发了美国社会各界甚至全球范围内的广泛批评。

白宫第一时间就特朗普的言论发表讲话，发言人欧内斯表示：“特朗普的言论是在拿人们的恐惧开玩笑，以支持自己的竞选活动。他在用这种‘冷嘲’的方式分裂美国。”他同时指出：“特朗普的声明与美国的价值观、国家利益完全相悖。”白宫国家安全事务副助理本·罗兹表示，特朗普的建议不利于美国安全，而正迎合了恐怖组织的想法。

美国的穆斯林团体表示，特朗普的系列言论不仅违反宪法，而且有悖美国的立国之本，并把特朗普的表态与第二次世界大战期间德国纳粹针对犹太人的政策进行比拟。

美国国务卿约翰·克里、国土安全部部长杰伊·约翰逊、众议院议长保罗·瑞恩也均对特朗普的言论提出了批评。约翰逊在接受电视采访时指出：“特朗普建议的做法不负责任，这与我们维护国家安全的努力背道而驰。”而身为共和党人的保罗·瑞恩则表示，宗教信仰自由受到宪法保护，特朗普的言论违反宪法，也不符合共和党的保守主义价值观。

民主党、共和党两党的多位候选人，也纷纷就特朗普的言论发表看法。民主党候选人希拉里发表声明，谴责特朗普的出格言论，表示特朗普在竞选中以偏执和偏见著称，而他对于穆斯林的态度是“令人耻辱的”，特朗普的言论为恐怖主义提供了宣传机会，正中对方下怀。另一位民主党候选人伯尼·桑德斯（Bernie Sanders）表示，历史上的煽动家都是企图利用种族、性别、性倾向或来源国来制造分裂，而特朗普则

2015 年 12 月 20 日，穆斯林群体在纽约的特朗普大厦外抗议

是要人们“仇恨所有穆斯林”。共和党候选人、新泽西州州长克里斯·克里斯蒂（Chris Christie）指出：“这是一种荒谬立场，也是没有效果的。”另一位候选人，杰布·布什则在社交平台上表示，特朗普“精神错乱”，其政策建议不严肃。

此外，FACEBOOK 创始人马克·扎克伯格于 2015 年 12 月 9 日在其个人主页上表态，作为一名犹太人，父母教导他必须站起来反对任何针对个别群体的攻击，哪怕这种攻击并非针对自己，但是这种针对自由的攻击，早晚有一天会伤害到每个人。扎克伯格同时强调，他与 FACEBOOK 支持并且欢迎所有穆斯林。值得一提的是，扎克伯格的表态很快得到了土耳其总统埃尔多安的称赞，后者分别用土耳其语和英语做出回应。

亚马逊创始人杰夫·贝佐斯也在特朗普发布相关言论后，在自己的推特账户上做出回应。他建议，应该把特朗普“扔”出地球，并且配之以他所创立的火箭公司的宣传视频，称火箭上将会为特朗普保留一个座位。

此外，包括《华盛顿邮报》《纽约客》《赫芬顿邮报》等多家媒体均对于特朗普的言论提出了批评。自2015年12月中旬开始，美国华盛顿、纽约等多地也相继爆发了反对特朗普的示威活动。

除了在美国国内引起轩然大波，特朗普的言论也激起了联合国和其他国家的强烈批评。联合国人权事务专员扎伊德·拉阿德·侯赛因称，特朗普“禁止”穆斯林的提议“不负责任”，伤害到了绝大多数普通穆斯林民众，这反而对“伊斯兰国”武装更为有利。

而包括首相卡梅伦、财政大臣奥斯本、内政大臣特蕾莎·梅在内的多位英国政要都发表评论，谴责特朗普的错误言论。奥斯本更是在议会中批评特朗普纯粹是“胡说八道”。与特朗普同样拥有一头标志性发型的伦敦市长鲍里斯·约翰逊，则回击特朗普不了解情况的发言是“完全彻底的胡说”，并强调伦敦拥有说三百多钟语言的居民，文化多样性和容忍度是伦敦的骄傲，而特朗普的发言“简直可笑”①。此外，由一些英国民众发起的“禁止特朗普入境英国”的请愿活动，仅在一天时间内就获得了10万余人的签名。部分英国议员也联名签署了一项下议院议案，要求政府“在特朗普收回极端言论之前，拒绝其到访英国”。

另外，法国、印度尼西亚等国家的领导人和民众也都对特朗普的言论表示了谴责。

而在穆斯林人口众多的中东地区，特朗普的言论不仅引发了从媒体

① 特朗普在关于“全面禁止”穆斯林的有关言论中指出，伦敦一些区域因激进化过于严重，连警察都不敢进入。鲍里斯的反驳正是对此的回应。

到民众的一致反弹，更是直接导致特朗普在当地的经济利益受损。一家总部位于阿联酋迪拜的家居饰品连锁企业在特朗普发表言论后，很快就宣布中东地区的180家店面全部暂停销售特朗普公司的产品。而另一家正在考虑与特朗普合作建设高尔夫球场项目的迪拜房地产公司，决定将其逐出合作名单。此外，包括沙特王子阿尔瓦利德（Alwaleed bin Talal）在内的诸多要人，都通过社交媒体等平台对特朗普进行了谴责，阿尔瓦利德更是直斥特朗普为“美国之耻”。

然而，尽管有关言论引发了潮水般的批评，但是对于自己的主张，特朗普却没有多少退让。就在发表相关言论的一天后，面对媒体的质疑，特朗普将自己的政策建议与第二次世界大战期间美国总统的富兰克林·罗斯福针对日本侨民的做法相提并论①。2015年12月9日，特朗普在接受美国有线电视新闻网的专访时，直言自己的政策建议得到了身边多数穆斯林朋友的支持。同时，特朗普还重申，他的建议被大家误读，他所提出的限制措施并不会执行太久，而且部分穆斯林人士——如外交官或运动员——并不在此限制范围内，美国的穆斯林民众在出国后重新进入美国也不受约束。

进入2016年后，特朗普针对穆斯林的不当言论继续发酵。而总统奥巴马在2016年2月初于任内首访美国国内的清真寺，再度谴责了特朗普针对穆斯林群体的不当言论。

2016年6月12日，美国佛罗里达州奥兰多市，发生了一起美国史上最为严重的单起枪击案件。事后根据媒体披露，行凶者为阿富汗裔的穆斯林背景人士。特朗普在枪击案第二天发表演讲，重申了自己“全面禁止”穆斯林的政策主张，并且痛批了民主党候选人、前国务卿希

① 第二次世界大战期间，在日本偷袭珍珠港后，超过十万名的日本侨民在美国被隔离。

拉里在相关政策上的失职。而在早前，特朗普已经通过社交平台批评了领导层的“软弱”，并且呼吁奥巴马“下台”。

虽然特朗普能否最终入主白宫还未可知，但是他关于穆斯林群体的有关言论必将在日后的很长一段时期内，成为整个美国社会的争议话题。

6.5　辩论舞台“秀下限”

“全面禁止”穆斯林的言论再度将特朗普推上了风口浪尖，在美墨边境“修墙论”之后，他又一次成功抢占了全美甚至世界范围内的新闻头条，并引发了海啸般的批评。然而，这一切都不能阻止特朗普的继续发挥，特别是在他作为候选人频频登场的共和党初选辩论上，特朗普一而再地用自己的“毒舌”考验着美国选民的接受程度。

2016 年 2 月 13 日，共和党迎来了第九场电视辩论。在这一场辩论之前，爱荷华州、新罕布什尔州，这两个初选中的“风向标”刚刚举行完投票。而随着初选的正式开始，候选人在辩论舞台上的交锋也日渐白热化。就在这一场被《华盛顿邮报》称之为总统竞选史上“最下流”的辩论中，多位候选人相互指责，使得辩论舞台充满了高声叫喊、人身攻击，甚至是辱骂，而特朗普则“当仁不让”地再夺头条。

在主持人提出与伊拉克战争的相关问题后，特朗普借题发挥，抨击另一位候选人杰布·布什为其哥哥美国前任总统乔治·W. 布什（即小布什）辩护。杰布·布什宣称为自己的家人感到骄傲，而对特朗普三番五次地攻击自己的家族感到非常厌恶。在杰布·布什赞扬了自己的母亲之后，特朗普随即说道：“该让你妈来竞选”。特朗普的发言引发了现场观众的强烈嘘声，也成为当场辩论中最受“瞩目”的片段。事后，这场以特朗普出格言辞为代表的辩论引发了包括海外媒体在内的广泛批评，《经济学人》杂志更是直言该场辩论“让人有些进入垃圾场的感觉”。

在随后的两场辩论中，特朗普的“强势”表现并未有所改观，面对来自其他候选人的抨击，特朗普更是左右出击，屡屡放炮。在 2016 年 2 月 25 日举行的共和党第十场辩论中，特朗普在回应另一位候选人克鲁兹呼吁其“放轻松”言辞时，称对方才是“精神崩溃”。演讲中，特朗普同时攻击身居他左右的候选人，表示：“这家伙（指卢比奥）是个‘掐脖艺术家’，而这家伙（指克鲁兹）则是个骗子。”

2016 年 3 月 3 日，特朗普在共和党第十一场辩论中（左为马克・卢比奥，右为泰德・克鲁兹）

到了2016年3月3日共和党第十一场辩论时，特朗普再度拉低了初选辩论的“下限”。在辩论中，当特朗普回应之前卢比奥对于他“手小”的评论时，他一边高举双手向台下观众展示，一边说道：“看看这双手，它们小吗？”特朗普接着补充：“至于说到如果手小，别的地方一定也小，我向你们保证，那儿绝对没有问题！”对于特朗普的“坦诚”，其他候选人均无言以对，而现场主持人不得不打断话题，避免特朗普继续深入。

特朗普这番“少儿不宜”的发言，引发了《纽约时报》《赫芬顿邮报》《卫报》的广泛报道。而在社交媒体上，网民们更是吐槽这场竞选辩论迎来了“新下限”。共和党方面，包括全国委员会主席在内的多位人物均出面表态，呼吁初选辩论“重回客厅”，别再继续“秀下限”。

一周后，共和党第十二场辩论如期举行，在这场辩论中，包括特朗普在内的几位候选人均围绕议题展开讨论。媒体普遍认为这场辩论终于重回正轨，而特朗普也在辩论中表示，现场风格“如此文明”。

而随着其后第十三场辩论的取消，共和党初选的所有辩论就此结束。尽管在最后一场辩论中，特朗普貌似停止了他“秀下限”的脚步，但是在其后的竞选过程中，他的“大嘴”之路并未终结。在包括内政、外交，甚至是对于其他候选人或媒体记者的多次表态中，特朗普不断的抛出了一个又一个争议言论，这也成为了他此次竞选之路的最“奇葩”特色。

7. 奇葩竞选路之二——逆势狂飙

特朗普自参选以来的一系列出格言行，让美国社会感到惊讶和不安，然而，更让人不可思议的是，其选情却一路看涨。不论在初选投票前的选举造势时期，还是在投票开始后的正式初选阶段，特朗普都以其不可扭转的强势表现让整个美国感到震撼。尽管面对着党内党外的围堵、国内国外的批评，但是特朗普距离成为下届美国总统也就只剩“一步之遥”。

7.1 在争议中迅速崛起

如果说特朗普自参选以来的各种出格言论，让美国上下甚至世界多国感到惊讶的话，那么比这更让人惊奇的是，在整个初选过程中，伴随着特朗普一系列“奇葩”言行，他逐渐取得了共和党内的绝对优势，并赢得“提名”的竞选之路。

从 2015 年多位候选人陆续宣布参选，到 2016 年 2 月初选投票正式开始，这一时期是所谓的“隐形初选”阶段。在这一阶段，候选人的主要任务就是在各地举行竞选造势活动，参加党内举办的系列辩论，从而为自己积攒人气，取得更多选民的支持。特别值得一提的是，鉴于2016年2月开始的初选投票将会由爱荷华州、新罕布什尔州打头阵（这两个州的选情通常被认为具有重要的指标意义，或将会对后续多个州的投票产生重要影响），因此，候选人争取在这两个州的高支持率也是“隐形初选”阶段的重要考量。

2015年6月16日，特朗普正式宣布参选，当时其民调支持率还处于个位数，并且在共和党内位居倒数；而以前佛罗里达州州长杰布·布什为代表的数位共和党候选人均以显著优势领先于特朗普。对于特朗普的参选，绝大多数美国媒体并不看好，而且有不少评论指出，特朗普的加入与其说是来竞选总统，倒不如说是给已经人数众多的共和党初选阵容增添一份“娱乐”色彩。然而，自特朗普宣布参选以来，多家民调机构的数据显示，其支持率显著上升。

进入2015年7月，随着特朗普竞选演讲中抛出的“修墙论”以及其他主张的不断发酵，其支持率持续蹿升。相对于其他多位以政治为业的“专业”候选人，多年以来跨界于商业和传播领域的特朗普，凭借其几十年积攒的人气和看似“不着调”的竞选方式，逐渐吸引了越来越多选民的关注。7月中旬，多份民调显示，特朗普的支持率已上升到20%左右，不仅首次超越一致被看好的杰布·布什，而且位居共和党多位候选人之首。尽管如此，多数媒体和专业人士还是不看好特朗普的选情。值得一提的是，尽管特朗普在7月18日对共和党大佬麦凯恩的不当言论，招致了党内党外的一致批评，但是并未对其支持率造成太大影响。

2015年8月6日，共和党的第一场候选人辩论如期举行。如同一个

2015 年 9 月 16 日，特朗普（右起第六）与共和党其他主要参选人在第二场辩论现场

多月前在特朗普大厦的华丽演出一样，特朗普再次成为了舞台上的主角。他与女主播梅根·凯利的交锋，成为了当场辩论最吸引眼球的环节。此外，特朗普在辩论中直截了当地表明了对于“政治正确”的批评态度，为他后续竞选定下了基调。而在这场辩论后，特朗普因为有关梅根·凯利的不当言论而成为众矢之的，其支持率虽然有所波动，但是很快又在 2015 年 8 月底冲上了 30%，而曾经广受期待的杰布·布什的民调支持率这时已经接近个位数。

在随后的两个月，共和党方面又举行了两场电视辩论。虽然相对于第一场辩论中的“抢眼”表现，特朗普在这两场辩论中的发挥并未引发太多争议，但是他依然是辩论舞台上公认的主角。在这一时期，特朗普的支持率仍然保持高位，而与此同时，另两位共和党候选人——本·卡森（Ben Carson）和卢比奥的支持率也显著上升，前者更是在 2015 年 10 月末、11 月初的个别民调中小幅超越特朗普。

从参选开始，杰布·布什就是所有共和党候选人中最有力的竞争者，作为共和党建制派（即在党内占有主流地位的体制内人物，多为党内精英和掌权派，通常而言，政治色彩较为温和）的代表，杰布·布什在 2015 年 7 月以前的民调中多次居于首位。然而，随着特朗普这一“非主流”候选人的迅速崛起，以及他在各种场合对杰布·布什不遗余力地炮轰，杰布·布什的支持率从 2015 年 7 月开始下滑，到 2015 年最后一个季度，已经基本跌出前三。而几乎就在杰布·布什退去光芒的同时，与特朗普同为“非职业”候选人的著名医生本·卡森的支持率却稳步上升，并且在 2015 年 9 月、10 月长期紧随特朗普。对于本·卡森的“威胁”，特别是其在 10 月底的个别民调中对于自己的反超，特朗普更多表现出的是意外。然而，随着特朗普将“炮火”对准本·卡森，以及后者在系列辩论中缺乏亮点的表现，两人在民调方面的胶着态势很快缓解。在 2015 年的最后两个月，特朗普的支持率不仅重新回到首位，而且领先优势更为明显。

2015 年 11 月 13 日，法国巴黎发生了严重的恐怖袭击事件。这一事件不仅给法国乃至整个欧洲带来了巨大震撼，而且也给正在进行的美国总统竞选造成了重要影响。民主党、共和党两党的候选人都纷纷出面谴责恐怖分子的暴行，并就有关问题发表自己的观点。由于恐怖袭击事件所带来的强烈震动，早前在民调中居于中游位置的共和党候选人克鲁兹，因其在移民问题上的强硬表态和长期以来在基督教保守派中的较高人气，支持率出现明显攀升，而曾经在移民政策方面发表过极端言论，并且主张强力打击恐怖主义的特朗普，也日益巩固了自己的领先优势。

就在法国巴黎恐怖袭击发生半个多月后，2015 年 12 月 2 日，美国加州圣贝纳迪诺发生了恶性枪击案件。12 月 6 日晚，奥巴马总统发表电视讲话，宣布该事件为恐怖主义行为，并表明了打击“伊斯兰国”的坚定态度。虽然奥巴马在讲话中强调了穆斯林群体的广泛性，并且指出不应由于恐怖袭击的频发，就对穆斯林区别对待。然而，随着 2015 年一连串恐怖袭击事件的发生，特别是加州枪击案行凶者身份的曝光，还是引发了相当比例的美国民众对穆斯林世界的恐慌情绪。就在奥巴马讲话后的一天，特朗普在竞选活动中发布了“全面禁止”穆斯林的言论。就像当初发布有关墨西哥移民的不当言论一样，特朗普的这次表态迅速引发美国内外，从官方到民间的广泛批评。然而，与之前历次争议言行的效果类似，特朗普的支持率并未受多少影响，甚至在 2015 年年底接近 40%，大幅领先共和党内的其他候选人。

经过近半年时间的“隐形初选”，美国媒体对于特朗普的表现大都刮目相看，特别是他在一系列的“致命性”风波中，依然保持着较高的支持率，而且似乎越来越有市场。与此同时，共和党方面从候选人到党内精英，也都对特朗普的崛起感到意外，尤其他的竞选方式和超高人气让不少政治专家都感到困惑不解。到 2015 年年底，原本有 17 位候选人的共和党初选阵容已经缩减至 12 人，包括前德克萨斯州州长里克·佩里、威斯康辛州州长斯科特·沃克在内，数位曾被看好的候选人退出了竞选。

进入 2016 年，各位候选人发起了针对初选投票的最后冲刺，特朗普也越来越频密地往返于爱荷华、新罕布什尔等“初选”州。尽管有媒体和专业人士预测，特朗普的势头会随着投票的临近出现转折，但是各方民调显示，特朗普的支持率相当稳定，而且在最初投票的几个州也具有较强的竞争力，“特朗普神话”或将继续。

7.2　在围堵中锁定头名

2016 年 2 月 1 日，共和党初选正式开始。从这一天到 2016 年 6 月 7 日，共和党方面将在美国 50 个州、哥伦比亚特区和数个领地举行初选投票。在这一阶段，候选人的主要目标就是尽早取得提名所需的代表票数——1237 票①，进而锁定共和党的总统提名，直接晋级最终的总统竞选。在这 4 个多月的初选过程中，2 月份是选举的第一个月，具有明显的风向标作用；2016 年 3 月 1 日、3 月 15 日这两个星期二，由于多个州将同时举行初选投票，因此，也具有相当重要的地位。

---

① 1237 票是本次共和党初选中直接获得提名所要求的票数，这一数字在历次总统选举中会根据当年的共和党总代表数和选举规则进行调整。如果在各州初选结束后，并没有候选人达到这一票数，共和党方面将会在 7 月中旬举行的全国党代表大会上依据相关规则，经过现场投票决定总统提名人。

2016年2月1日，备受瞩目的爱荷华州初选举行，在全国民调中一路领跑的特朗普并未旗开得胜。虽然在该州早前的数个民调中特朗普均处于领先地位，但是当天的投票结果表明，另一位候选人克鲁兹以28%的得票率取得第一，而特朗普则以24%位居次席。尽管特朗普并未拔得头筹，但是其表现依旧引发了美国媒体的惊叹，特别考虑到他并不以政治为业的“局外人”身份和首次参加竞选，这样的成绩着实值得称道。

根据共和党方面的选举规则，在2016年2月和3月初举行投票的部分州中，代表票的分配实行比例得票制，即根据每位候选人在一个州的得票率来按比例分配本州的代表票数。因此，虽然特朗普在得票率上与排名第一的克鲁兹存在4个点的差距，但是依据爱荷华州的总代表票数和比例制度，特朗普在该州实际取得了7张代表票，与得到8张票的克鲁兹并未拉开差距。

2月9日，新罕布什尔州举行初选。特朗普在该州以35%的得票率大幅领先于其他候选人，取得初选以来的第一场胜利。由于在该州取得了12张代表票，特朗普在总代表票数上成功上升至第一位，成为了共和党候选人中的领跑者。也就是从新罕布什尔州的初选开始，特朗普把他在“隐形初选”阶段的超高人气不断地转化为一张张代表票，掀起了共和党初选中的“特朗普风暴”。

在2月份随后两个州的初选中，特朗普继续了他在新罕布什尔州的发挥，接连取得头名，特别在2月20日南卡莱罗纳州的初选中，特朗普更是一举获得该州全部50张代表票——该州的代表票分配实施的是“胜者全得”制，即在满足一定门槛值的情况下，得票率居于首位的候选人将获得所有的代表票。而曾经在爱荷华州赢得胜利的克鲁兹并未继续之前的优异表现，很快就被特朗普甩在了身后。在共和党的其他候选人中，卢比奥的表现颇为出色，在两个州的得票率均位居次席，但是由于实际分得的代表票数有限，因此，也被特朗普拉开了距离。

经过2016年2月份的选战，特朗普总计取得了80多张代表票，而克鲁兹和卢比奥均以不到20张代表票的成绩位居其后，其他候选人基本处于个位数或者颗粒无收。在这个月，包括杰布·布什在内的7位得票率较低的候选人均宣布退出竞选，从而使得共和党的初选阵容进一步缩水，也让剩下的选战变得更为激烈。

对于特朗普的强势表现，特别在他的压力下多位主流候选人纷纷退出竞选，共和党方面表现出了极大的担忧。2月下旬，刚刚在新罕布什尔州初选后宣布退出竞选的新泽西州州长克里斯蒂对于特朗普的公开背书，更是让共和党内甚至整个美国社会感到极为震惊。而特朗普长期以来的极端言论，不仅有违共和党的许多政治主张，同时也破坏了美国社会的一些基本共识。包括总统奥巴马在内的多位重要人物，均在不同场合表达了对于共和党选情的关注，并且呼吁选民能够做出理智选择。而众多的美国媒体在对特朗普的表现感到惊讶的同时，也将目光聚焦于即将到来的关键3月。

3月1日，本次共和党初选的第一个“超级星期二”到来。在这一天，有11个州同时举行投票，所涉及的代表票数总计将近600张，这一数字占到了提名所需1237票的近50%，因此，3月1日的选情将会对整个初选的走势产生重大影响。

在当天的选举中，特朗普不出意料地获得大胜。他在弗吉尼亚州、阿拉巴马州、马萨诸塞州等7个州取得第一，收获了250张左右的代表票，进一步巩固了自己的领先优势。而克鲁兹则获得了德克萨斯州等3个州的胜利。由于德克萨斯州的代表票数高达150多张，因此，克鲁兹在该州的领先使他在当天的选战中并未被特朗普落下太多。此外，卢比

2016 年 3 月 3 日，特朗普与其他参选人在共和党第十一场辩论现场（左一为卢比奥，右一为卡西奇，右二为克鲁兹，本 · 卡森并未参加该场辩论，并在一天后宣布退出选举）

奥因为赢得了明尼苏达州的胜利，而且在其他多个州均排名靠前，所以在代表票上也有所斩获。而另两位候选人卡西奇和本·卡森则收获寥寥。

相对于2016年2月份的选情，3月1日的选举结果给美国社会带来了更大的震撼。越来越多的媒体开始正视特朗普的竞选，而曾经期待广大选民能够“觉悟”的共和党也被彻底惊醒。从3月初开始，以2012年美国总统竞选共和党提名人米特·罗姆尼为代表的多位共和党资深人士均公开出面抨击特朗普，并且号召选民将选票投给以卢比奥为代表的其他候选人。甚至数十位共和党内的重要人物发起联署，要求抵制特朗普。

尽管面临来自共和党方面的全面围堵，但是特朗普的竞选走势并没有发生改变。在2016年3月15日之前举行投票的数个州中，特朗普又接二连三地赢得了几个州的初选，并获得了100多张代表票。而克鲁兹和卢比奥虽然也各有收获，但是还是被特朗普逐渐甩开。

这一时期，那些对特朗普的竞选方式和极端言论感到强烈不满的民众，也越来越多地走上街头，甚至来到特朗普的竞选活动现场，表达自己的抗议。在芝加哥、堪萨斯等多个城市，均爆发了针对特朗普的示威活动，并且险些酿成大规模冲突。美国白宫也对由于特朗普的竞选而引发的系列事件发表了看法，并且重申了总统奥巴马对于美国民众的信心。

2016年3月15日，本次共和党初选的第二个“超级星期二”到来。与3月1日的情形类似，这一天也因为多个州同时举行投票而影响重大。与此同时，由于在当天的初选中，将会在卢比奥的“主场”佛罗里达州（卢比奥为该州的参议员）、卡西奇的“地盘”俄亥俄州（卡西奇为该州的州长）进行投票，因此，这个“超级星期二”的意义更为非凡。

相对于3月1日的胜利，特朗普在这一天的收获更为巨大。一方面，他拿下了以佛罗里达为代表的4个州，而且在俄亥俄州只以10个点左右的差距不敌州长卡西奇；另一方面，由于当天举行投票的5个州，其代表票的分配方式不像3月1日那样分散（例如，拥有99张代表票的佛罗里达州，采用的就是“胜者全得”制），因此，特朗普在获得200多张代表票的同时，大大拉开了与其他候选人之间的差距。

经过3月15日的初选之后，特朗普在代表票上已经获得700张左右，超过了提名要求的1237票的一半，大幅领先于排名第二的克鲁兹。而在当天选举结果出炉后，在杰布·布什退出后被共和党建制派视为主要希望的卢比奥，也宣布退出竞选。由于另一位候选人本·卡森早在3月初就已经退出，因此，共和党的候选人只剩下了特朗普、克鲁兹、卡西奇3个人。

3月15日的初选结果表明，共和党对于特朗普的围堵基本失败。特朗普在初选中的异军突起已经很难扭转，而共和党最后的希望就是阻止他成功获得1237票。如果特朗普不能在代表票数上“达标”，那么依据相关规则，他就会被拖进初选提名的“加时赛”。到那时，共和党的总统提名人将会在2016年7月中旬举行的全国代表大会上，通过党代表的投票选出，而这就可能赋予共和党方面更大的操作空间。然而，尽管存在这种可能，但是面对着只剩两位参选人与特朗普竞争的尴尬局面，共和党的“亡羊补牢”多少显得有些“为时已晚”。

7.3 在鏖战中最终胜出

与2016年3月15日之前举行投票的多个州相比，其后投票的各州其初选规则发生了一个重要改变，即在后续各州的代表票分配上，将会主要采取之前在南卡莱罗纳、佛罗里达等个别州采取的“胜者全得”制。这一规则的实施，对于在后续各州取得首位的候选人具有重要意义，他们将借此拿下该州所有的代表票。相反，那些不能取得第一的候选人，也会因此“白忙活一场”①。

特朗普之外的两位候选人，克鲁兹尽管在代表票数上已经被特朗普拉开了差距，但是作为其他候选人中表现最好的一位，他还要继续“搏杀”，甚至争取通过在其后各州可能的大胜，为自己赢得 1237 票，从而实现逆转。与此同时，另一位候选人卡西奇虽然只在自己主政的俄亥俄州拿下了一场胜利，但是他依旧不愿放弃。卡西奇的坚持被认为是冲着希望渺茫的全国党代会而去的，因为如果特朗普不能顺利得到 1237 票，那么共和党的全国党代会或许还有一丝“变天”的可能。

从 2016 年 3 月 15 日以后，到 4 月 19 日的纽约州投票为止，有多个州举行了初选。在 3 月 22 日进行投票的亚利桑那州和犹他州两个州，特朗普和克鲁兹打成了平手，双方各赢得一个州，并在代表票上差距不大。而在 4 月 5 日投票的威斯康辛州，克鲁兹则借助早前该州州长斯科特·沃克的背书②，顺利获得该州的胜利。此外，由于 4 月初举行投票的科罗拉多州等州的代表票归属，并不像其他州那样很快就能统计出结果。因此，在纽约州投票之前，特朗普与追赶者克鲁兹之间的差距出现了小幅缩小，大有陷入长期鏖战之势。

---

① 需要指出的是，美国各州的初选规则不尽相同，即便在那些实施“胜者全得”制的州中，各个州代表票的分配也会因为各种门槛值的不同——如有些州规定，取得第一的候选人必须获得 50％以上的得票率才能“全得”——而各有差异。这里所说的“胜者全得”只是一个广义上的描述，以区别于早前数个州采取的“按比例分配”代表票。

② 值得一提的是，斯科特·沃克在“保驾”克鲁兹赢得威斯康辛州初选后不久，转而宣布为特朗普背书。

特朗普在这一时期的“弱势”，在很大程度上与他自3月下旬以来丢出的几颗“炸弹”有关。2016年3月22日，特朗普在个人推特上指责克鲁兹方面攻击自己模特出身的夫人梅拉尼娅，并“以牙还牙”，晒出一张对方夫人的照片。特朗普这种做法很快引发了克鲁兹的反击，后者表示特朗普的行为实在难以忍受，而之前关于梅拉尼娅的照片也并非自己的团队所为。“夫人风波”的发生，使得3月份以来一直处于风口浪尖的特朗普备受媒体和网民的抨击，特别是考虑到他之前多次冒犯女性的“前科”，特朗普的做法显然给自己带来了极大的负面影响。然而，难得的是，一向以强势作风行事的特朗普在4月初居然流露出了对于此事的“悔意”，就连多数美国媒体也指出，特朗普这一态度转变实在令人惊讶。

在2016年3月下旬的几次媒体采访中，特朗普在内政、外交等方面均做出了惊人表述，这也是他这一时期遭遇低潮的原因所在。特朗普在3月底的一次媒体采访中，对记者提出的有关堕胎的问题，做出了极端的表态。尽管其团队很快通过社交媒体等渠道为特朗普解围，但是由于之前的广泛报道，特朗普的言论还是造成了恶劣的影响。

特朗普在同一时期接受《华盛顿邮报》《纽约时报》等媒体采访时，针对北约、日韩等美国的传统盟友发表了自己的看法，甚至表示对日本、韩国拥有核武器持开放态度。其上述言论很快引发了包括总统奥巴马在内的一致批评，使得特朗普长期以来“信口开河”的形象得到了进一步巩固。

在上述因素的共同作用下，特朗普遭遇了自初选投票开始以来第一次，同时也是唯一一次低潮。而克鲁兹和卡西奇虽然由于各自的原因，不大可能在稍后的纽约州取得胜利，但是出于各自代表票数的计算以及这一时期选情的波动，还是对纽约州抱有些许期盼。

2016 年 4 月 19 日，纽约州初选如期举行，作为纽约人的特朗普以 60% 的得票率取得了压倒性胜利。由于特朗普的大胜，他顺利收获了 89 张代表票。而在竞选之初曾经攻击过特朗普“纽约价值观”的克鲁兹则颗粒无收。卡西奇虽然因为满足相关规则而获得 6 张代表票，但是这样的结果对于总代表票数只有百余张的他，几乎没有什么意义。

纽约州的选举结果给初选走势带来了重大影响。特朗普凭借在家乡的优异表现一举扫清了前一阶段的阴霾，而且在终止了克鲁兹连胜势头的同时，再度拉大了彼此之间的差距。克鲁兹则由于纽约州的失利，基本丧失了取得 1237 票进而直接赢得提名的可能。经过这一役，共和党初选的所有悬念就只剩下特朗普能否取得 1237 票直接晋级，而克鲁兹和卡西奇能做的，就是在后续选举中尽可能地分割特朗普的选票。

然而，2016 年 3 月下旬的局势并没有重演，特朗普以风卷残云之势，横扫 4 月 26 日同时举行投票的宾夕法尼亚州等东海岸 5 个州，而且由于得票率全部都在 50% 以上，使得他的总代表票数接近 1000 票。5 月 3 日，特朗普在具有决定性意义的印第安纳州初选中，成功凭借过半数的得票率而获得了全部的 57 张代表票，使他几乎笃定在后续选举中顺利达到 1237 票的“提名线”。当天选举结果出炉后，失去最后一线希望的克鲁兹随即宣布退出竞选。次日，卡西奇也做出了同样的选择。

以印第安纳州的初选为标志，特朗普已基本确定成为 2016 年美国总统大选共和党方面的提名人。虽然长期以来都对特朗普的竞选方式及其对党内的冲击感到不满，但是共和党方面不得不面对这一客观现实。共和党全国委员会主席雷恩斯 · 普利巴斯随即在个人社交媒体上表示，特朗普是共和党方面的“‘假定’提名人”。尽管至此，共和党的一些重量级人物仍旧拒绝为特朗普背书，但是初选的天平已经彻底倒向了特

2016 年 4 月 26 日晚，特朗普在纽约的竞选活动中，他在当天举行初选投票的 5 个州全部取得胜利

朗普[1]。

从 2016 年 2 月 1 日开始，经过长达 3 个多月的鏖战，“局外人”特朗普成为了共和党内唯一的总统候选人，而对于他的提名，只剩下了程序上的达标和共和党内的正式确认。

7.4 后“提名”时代

印第安纳州初选之后，基本出线的特朗普已经不用在如何与其他候选人竞争方面花费心思，而后续竞选最主要的任务就是怎样赢得共和党内的支持，并迎接即将到来的总统竞选。事实上，自 2016 年 4 月份以来，特朗普已经在竞选策略上做出了改变，而且越来越多地向主流路线靠拢。

一方面，在 2016 年 3 月下旬因为堕胎、核武器等问题上的不当言论以及“夫人风波”而引发广泛批评之后，特朗普在此后相当长一段时间内基本没有更多地“放炮”。甚至在 4 月 27 日，特朗普以严肃认真的态度参加了一场在华盛顿举办的智库活动，并且借此机会，全面、系统地阐述了自己的外交政策主张。面对华府的政治精英，特朗普不仅在演讲中没有了惊人之语，而且他所展示出的“靠谱”候选人的气度以及对于外交政策的理性梳理，让众多美国媒体都感到意外，甚至有评论惊呼特朗普“仿佛变了一个人”。然而，这些变化并非偶然为之，它只是 4 月份以来特朗普一系列转变的集中体现。

---

① 在共和党内，全国委员会主席更多地被看作一个负责组织和协调诸如全国代表大会之类活动的“事务性”职务，主席本人在党内的影响力相对有限。而共和党在国会两院的领袖以及多位共和党前总统，则通常被认为是党内的重量级人物。

另一方面，特朗普在不再剑走偏锋的同时，也试图通过一系列与共和党高层及其他重量级人物的会面，来弥合彼此之间的分歧，消除党内党外的敌意。早在 2016 年 3 月底，特朗普就出人意料地与共和党全国委员会主席普利巴斯进行了会晤，而在会晤之后，特朗普透过社交媒体表明双方沟通良好，并希望共和党内更加团结。在 5 月初基本锁定提名之后，特朗普于 5 月 12 日前往国会山，会见以众议院议长保罗·瑞恩为代表的多位共和党头面人物。在这次会见之后，保罗·瑞恩和特朗普发表联合声明，表示会晤进展顺利，这将是共和党走向团结的积极一步。尽管保罗·瑞恩在有关表态中并未明确表示将会支持特朗普，但是这次会见本身就被看作特朗普与共和党方面走向“谅解”的重要信号。在当天会见之后，共和党的另一位重要人物——参议院多数党领袖米奇·麦康奈尔，也表示双方的会见是“具有建设性的”。

相对于特朗普长期以来的出格言行及其对共和党原有体系的冲击，其上述转变乍看起来貌似有些难以接受。但是，这样的“君子豹变”正是特朗普通往白宫之路的必修课。只有尽可能早地与共和党主流达成谅解甚至是妥协，特朗普才有可能走出参选以来的“乱战”局面，进而有可能整合并借助共和党内的既有资源，赢得最终的总统竞选。

与此同时，几乎已经被特朗普“手撕”的共和党，面对前者已经铁定出线的局面，也不太可能另起炉灶。如果非要执意为之，共和党方面就有可能面临更大的危机。而协调并“招安”特朗普，不仅有利于改变共和党现有的混乱局面，甚至还有可能“转危为机”，进而给共和党带来更长远的利益。

在其他候选人退出、特朗普与共和党方面修好等因素的影响下，2016 年 5 月举行的几场初选中，特朗普均以高达 6 成以上的得票率获得了胜利。5 月 26 日，根据美联社的相关统计，特朗普获得了超过

1237 张的代表票，正式锁定了共和党的总统提名。

也就是在 2016 年 5 月中下旬，多家民调机构的数据显示，特朗普的支持率已经持平甚至超过民主党方面的领跑者希拉里，2016 年美国总统大选的局面正在发生不可思议的转变。

经过近一年时间的“奋战”，特朗普终于挺过了“隐形初选”，赢得了“提名之战”，而不论他是否能够最终问鼎白宫，他这一系列的“奇葩”竞选旅程必将载入美国总统选举的史册。

8. 被特朗普“碾压”的共和党小伙伴儿们

作为“局外人”参选的特朗普，不仅没有因为自身的资历尚浅而半途退出，反而在竞选过程中一路过关斩将，几乎以一己之力摧毁整个共和党。从出身于总统之家的杰布·布什，到闻名全美的名医本·卡森，再到共和党内的明星州长的克里斯·克里斯蒂，都一一成为了特朗普竞选之路上的“牺牲者”，而后两位在退选之后，更是早早就宣布支持特朗普成为总统，从而引发了美国社会的强烈震动。

8.1 根正苗红杰布·布什

杰布·布什，曾长期担任美国佛罗里达州州长一职，是美国第 41 任总统乔治·H. W. 布什[①]的儿子，第 43 任总统乔治·W. 布

① 乔治·H. W. 布什于 1989 年 1 月至 1993 年 1 月担任美国总统，在任期间经历东欧剧变、苏联解体，并发动海湾战争，取得压倒性胜利。国内媒体习惯称为“老布什”。

什[1]的弟弟。早在2015年下半年美国总统选战开始以前，媒体就普遍认为杰布·布什将会成为下届总统最有力竞争者，其所获得的资金支持也在众多候选人中首屈一指。甚至有些媒体预言，在共和党内，杰布·布什几乎很难找到对手，未来的总统竞选将会是他与民主党候选人希拉里之间的一对一比拼。然而，就是这么一位出身政治世家，被认为要延续美国政坛“布什家族”神话的候选人，却在共和党初选正式开始不到一个月时，就宣布暂停选举[2]。而杰布·布什的黯然退出，被认为与特朗普在此次选举中的异军突起有着很大关系，他两人之间的互动也被看作是共和党候选人之间最具代表性的竞争。

早在2015年6月，特朗普宣布参选之时，杰布·布什就成为了他的攻击对象。特朗普在参选演讲中讽刺杰布·布什总是声称“将要”参选总统却迟迟不以宣布[3]。而后，当其他的共和党候选人还在忙于抨击民主党对手的时候，特朗普就接二连三地对杰布·布什展开“炮轰”。他在从社交媒体到电视采访的各个场合，不厌其烦地给予对方批评与讽刺，其辛辣通俗的语言也屡屡成为媒体头条。甚至有共和党方面的政治分析师指出，特朗普对于杰布·布什的“关照”就像是在玩弄“校园霸凌”的游戏。尽管杰布·布什也多次对特朗普的攻击给予回应，并且数度谴责了特朗普的过激言论，但是相比起后者语言的简单粗暴，杰布·布什的表态显得相对温和，所获得的效果也相对一般。

---

① 乔治·W. 布什于2001年1月至2009年1月担任美国总统，在任期间经历“9·11”事件，并发动了阿富汗战争、伊拉克战争。国内媒体习惯称为“小布什”。

② 参选人由于支持率过低等原因停止选举，通常不会直接宣布“退出”选举，而多是选择“暂停”选举，这样做一方面是出于宣传考虑，另一方面，也是为其日后在诸如党代表大会等党内政治运作中增添筹码。事实上，相当数量的候选人在其“暂停”选举后不久，就宣布为另一位候选人“背书”，即公开表态支持该候选人。

③ 杰布·布什正式宣布参选是在2015年的6月15日，就是特朗普宣布参选的前一天。

2015 年 6 月 15 日，杰布·布什于佛罗里达州迈阿密正式宣布参选下一届美国总统

值得一提的是，特朗普的支持率从宣布参选时的个位数一路攀升，根据福克斯新闻台的民调数据显示，到7月中旬为18%，至8月初共和党第一场辩论前达到26%。而杰布·布什的支持率却毫无起色，在上述两个时间节点，其支持率分别为14%和15%。

在2015年9月16日举行的共和党第二场辩论中，特朗普与杰布·布什的交锋成为焦点。杰布·布什要求特朗普就把自己家人牵入政治议题的不适做法而道歉，特朗普当即拒绝，转而批评杰布·布什的移民政策太过软弱。至于双方民调方面，到第二场辩论时，特朗普依旧以30%左右的支持率保持领先，但是杰布·布什的支持率已降至个位数。

2015年12月15日，在共和党第五场辩论中，面对杰布·布什的“他（特朗普）是一位颠三倒四的参选人，（即使竞选成功）也将会是一名颠三倒四的总统”的批评，特朗普毫不留情地指出最让杰布·布什尴尬的选情问题，表示后者这么说没人会在意，因为对方在选战中“一败涂地”，而他自己则是表现最好的人。

12月19日，特朗普与杰布·布什之间的“骂战”进一步升级。据美国有线电视新闻网报道，在当天位于新罕布什尔州的一场拉票活动中，杰布·布什面对自己的支持者，直言不讳的表示“特朗普就是‘蠢蛋’”。而特朗普则在同日爱荷华州的活动中，继续表达对于对杰布·布什的不屑，嘲讽他的支持率已经“非常接近于零”。

而至这一时期，据福克斯新闻台数据显示，特朗普的支持率已经高达39%，杰布·布什约为3%。

进入2016年后，随着初选投票的临近，特朗普与杰布·布什之间的“互掐”也愈演愈烈。

在2月13日的共和党第九场辩论中，特朗普与杰布·布什之间的“PK”上升到了一个新“高度”。辩论期间，主持人向特朗普发问，询问其是否依然坚持小布什应该就伊拉克战争与大规模杀伤性武器问题遭受弹劾，特朗普随即表示，伊拉克战争是个“非常严重”的错误，并嘲笑小布什在大规模杀伤性武器问题上撒谎。随后，特朗普在该问题上继续发挥，他讽刺杰布·布什在有关问题上为其兄辩解。面对特朗普再一次在有关问题上的大放厥词，杰布·布什悍然回击道：“坦白讲，我并不在乎特朗普对于我个人的众多羞辱，但是我不能容忍他对于我家族的指指点点。我的父亲是我心目中最伟大的人；在特朗普还在搞真人秀的时候，我哥哥就已经建立起了保障我们安全的机制。我为他的所为感到自豪!”特朗普当即回应道：“世贸大楼就是在他（指小布什）担任总统期间遭袭的!”也就是其后的辩论中，特朗普抛出了他那句“该让你妈来竞选”，他的几次发言引得现场观众嘘声四起。

2 月 20 日，就在哥哥小布什等家人为自己在初选重镇南卡莱罗纳州站台不到一周后，原本被认为是共和党内最有希望候选人的杰布·布什含泪宣布“暂停”选举。此时，共和党方面的初选投票仅仅进行了爱荷华、新罕布什尔、南卡莱罗纳 3 个州。而在关于他退选的有关评论中，媒体都不约而同地提到了特朗普，强调正是特朗普的“冲击”为杰布·布什的选情造成了无法挽回的影响。

纵观特朗普自竞选伊始就对于杰布·布什展开的连续抨击，这绝不是他个人情绪的肆意发泄，而是他在竞选过程中有意为之的选举策略。一方面，特朗普的持续炮轰是为了显示自己的强势作风，通过打击杰布·布什这个建制派的代表，来塑造自身反建制的形象，特别是将杰布·布什贴上“布什家族”“第三个布什”之类的标签，强化他的“贵族”出身以分化其支持者；另一方面，杰布·布什在共和党内的深厚根基，特别是他在竞选初段所表现出的较高民意支持率与强大的资金筹集能

2016 年 2 月 20 日，杰布·布什宣布退出总统竞选

力[①]，正是特朗普所顾忌的。因此，尽可能地削弱杰布·布什的影响力，甚至早日将其“踢出局”，是特朗普在竞选初期主要的策略之一。

2016 年 3 月 23 日，历经一个月的沉寂后，杰布·布什正式宣布为共和党的另一位候选人克鲁兹背书，支持其成为共和党总统提名人。

① 在特朗普宣布参加选举的最初两个月时间里，杰布·布什是除特朗普本人外，唯一一个共和党内民调支持率长期保持在两位数的候选人。而据报道，早在 2015 年 7 月 10 日，杰布·布什的超级政治行动委员会就发表声明，已筹集到创纪录的 1.03 亿美元，遥遥领先于共和党内其他候选人。

8.2 传奇医生本·卡森

比起与“官二代”杰布·布什之间的长期“对峙”，特朗普与另一位候选人——著名医生本·卡森之间的竞选互动，就显得更具戏剧性。

身为退休神经外科医生的本·卡森，与特朗普一样也是一名由其他领域跨界参加总统选举的“非主流”候选人，他也是此次总统选举中共和党唯一的一位非洲裔候选人。早在其宣布参选下一届美国总统之前，本·卡森就已经因其卓越的医术与非凡的成就而闻名全美。

2015 年 10 月 24 日，本·卡森在爱荷华州的竞选活动中（右二）

本·卡森1951年出生于密歇根州底特律市。他8岁时父母离异，家庭生活困难。少年时期的本·卡森最初对于学习并无多大兴趣，并且险些误入歧途。然而，在独立承担家庭重任的母亲的引导下，本·卡森很快找到了人生的目标，并且由此走上了不一样的人生轨道。

而通过自身的不解努力，本·卡森先后从耶鲁大学、密歇根大学医学院毕业，并且成为了在全美享有盛誉的约翰·霍普金斯医院的一名神经外科医生。在20世纪80年代初，本·卡森凭借其出色的医术成为了这所医院儿童神经外科的主任。1987年，他领导的一个外科团队首次实施了头部连体双胞胎的分离手术，引起广泛关注。在其后的职业生涯中，本·卡森继续其在神经外科方面的优异表现，应邀飞赴海外实施了多起头部连体婴儿的分离手术，逐渐成为了该领域里世界一流的专家。与此同时，本·卡森也一直在公共服务领域做出贡献，1994年他与妻子共同创立了卡森学者基金（The Carson Scholars Fund），致力于为有志服务社区的优秀学生提供奖学金，并且资助在缺少图书馆的小学设立阅览室。在其后20余年的时间里，该基金共资助了全美5000余名学者，设立并管理着80余个阅览室。

鉴于本·卡森在专业领域以及公务服务方面所取得的非凡成就，美国媒体与政府给予了他一系列高度评价。2001年，本·卡森被美国有线电视新闻网与《时代》杂志联合提名为美国20位最重要的医生与科学家。同一年，他也被国会图书馆评选为89位活着的传奇人物之一。2006年，本·卡森被美国全国有色人种协进会（NAACP）授予最高奖——斯平嘉恩奖。2008年，时任总统小布什授予他总统自由勋章（美国政府授予平民的最高荣誉）。2009年，由奥斯卡获奖演员小古巴·戈丁主演的电视电影《恩赐妙手》播出，该影片以本·卡森为故事原型。值得一提的是，就在2015年12月，美国总统选举渐入高潮之际，在我国的大学生英语四级考试中，本·卡森的成长经历被选进了考试真题，出现在了广大中国考生面前。

2013年，本·卡森退休。也就在同一年，他在全国祈祷早餐会上，面对包括总统奥巴马与国会议员在内的众多华盛顿重要人物，发表了一篇极具保守主义色彩的演讲，阐释了自己在社会与政治议题上的主张，并且因其对奥巴马政府不留情面的批评引发舆论广泛关注。之后，在众多人士的不断鼓励下，本·卡森考虑参加总统选举。2015年5月，本·卡森正式宣布加入总统角逐。由于其非职业政治家的出身与共和党内唯一一位非洲裔候选人的身份，他的参选备受瞩目。

自2015年7月以来，本·卡森的支持率逐渐走高，从9月起长期保持在两位数，多次与特朗普的支持率接近。在10月28日共和党第三场辩论前夕，依据美国哥伦比亚广播公司与《纽约时报》的联合民调，本·卡森的支持率超过特朗普，以26%:22%领先对方，居于首位。也就是在这一时期，特朗普多次在竞选活动中将本·卡森作为“靶子”，以他特有的语言进行抨击。

2015年10月底在佛罗里达州的一场竞选造势活动中，面对在爱荷华州民调或被本·卡森赶超的状况，特朗普向自己的支持者们绘声绘色地说道：“我们有一个重大新闻，唐纳德·特朗普落后于本·卡森位居第二！我们专门（把这个消息）通知本·卡森，但是他正在睡觉！”①稍后，特朗普又表示，本·卡森“超级缺乏能量”，而“我们正需要巨大的能量”。

① 本·卡森是共和党所有候选人中，讲话语速最为缓慢的一位。在辩论舞台上，其他的候选人都竞相在有限的发言时间中，尽可能快的表达自己的观点，并且往往伴随着丰富的肢体语言与抑扬顿挫的语音语调。而当本·卡森发言时，他时常以相对缓慢的语速不温不火的表达着自己的立场。包括中国网友在内，许多评论指出，本·卡森在竞选舞台上的表现看起来“昏昏欲睡”，而这也成为了他在此次竞选过程中，最受媒体与网民热议的一点。

2015 年 11 月中旬，特朗普在一场爱荷华州的竞选活动中，再度表达了对于本·卡森位居民调前列的“不满”。特朗普表示，尽管自己在有关民调中占据首位，但是他“实在无法理解”本·卡森能够居于次席。随后，特朗普花费了数分钟来谈论本·卡森在其所出书籍中对于自己少年时期不当行为的描述①。在谈到依据书中记述，本·卡森曾经试图用刀捅向一位朋友，却因为刀尖被对方的皮带阻挡才未酿成大祸时，特朗普走到了讲台外侧，手握自己的皮带，并将其翻起以向现场支持者演示当刀捅向皮带的各种可能，强调：“皮带居然能够完全不移位，而刀却坏掉了”。在后续的几分钟里，特朗普反复以书中所描述本·卡森的不当行为为内容，抨击后者的不可信。特朗普这段“跑题”的演讲，随即在网络上迅速传播开来，甚至被有些网民称为“特朗普竞选以来‘最精彩’的演说！”

至 2015 年 12 月，本·卡森的支持率有所下滑，并逐渐与处于第一位的特朗普拉开差距。进入 2016 年以后，随着在辩论过程中不够亮眼的表现，本·卡森的支持率多数时期处于个位数。进入 2 月份初选阶段以后，本·卡森并未在任何一州取得领先名次。而赢得爱荷华州初选的共和党候选人克鲁兹，则被媒体质疑在该州投票前散布本·卡森退选的消息，以此获得原本力挺本·卡森的选民支持。

在 2016 年 2 月 25 日举行的共和党第十场辩论中，被特朗普与其他候选人抢去风头的本·卡森，面对电视镜头，抱怨自己得到的发言机会太少。在互相质询部分，由于规则限定只有那些在之前发言中被提到的候选人才能回应，无人对其发问的本·卡森不得不呼吁，“有没有谁能

① 本·卡森在该书中，记述自己在少年时期的几次不当行为，并且强调正是在其中一次险些酿成大祸之后，他幡然悔悟，改过自新，并且因此坚定了自己的宗教信仰。

2015 年 12 月 15 日，本 · 卡森与特朗普在共和党的第五场辩论现场

攻击我?”也许是因为在辩论中表现不如预期，在随后的第十一场辩论前，本·卡森宣布不会参加这场辩论。

2016年3月4日，在声称“看不到政治前景”两天后，本·卡森正式宣布退出总统选举。如果说本·卡森的退选并不出人预料的话，那么，几天后他对于特朗普的公开背书却让舆论感到意外。

2016年3月11日，本·卡森透过社交媒体正式宣布，他支持特朗普成为下届美国总统。他在声明中表示，特朗普是一位成功的商人，并且建立起了广为人知的全球品牌，而特朗普的经验正是推动美国经济向正确方向发展，以及帮助那些失掉美国梦的人们所需要的。他同时指出，也许有人会重提特朗普之前对于他的言论，但是作为一个有信仰的人，他本人已将这些原谅，并且将会向前看。在声明的最后，本·卡森号召广大支持者一起加入特朗普的队伍中。本·卡森的声明在媒体上引发了热烈讨论，从社交网络到新闻报道，都对他的决定表示惊讶，并有部分他的支持者表示不满。

面对背书特朗普所引起的广大质疑，随后本·卡森又在社交媒体上重申了自己的立场，表示该决定并非出于自私考虑。有趣的是，在面对采访时他又强调，即便特朗普可能不会是一个伟大的总统，那也“只会是四年而已”。发表这段言论几天后，本·卡森出现在了佛罗里达州的一场竞选活动上，为特朗普辅选。

8.3 明星州长克里斯蒂

虽然本·卡森对特朗普的背书引发了媒体与选民的广泛热议，但是，在这场选战中，他并非第一个公开成为特朗普支持者的共和党候选

2013 年 5 月 28 日，克里斯蒂在新泽西发表有关“桑迪”飓风灾后重建情况的演讲

人，还有一名候选人对特朗普的背书不仅更早，而且引发的争议也更为巨大，这个人就是新泽西州的明星州长克里斯·克里斯蒂。

现年 53 岁的克里斯蒂，出生于新泽西州的纽瓦克市，是土生土长的新泽西人。尽管在职业生涯早期克里斯蒂一度从事律师工作，并且在初进政坛时也颇为不顺，但是在 2000 年总统大选之后，他开始在政治舞台上大展拳脚。

曾经在 2000 年选举期间担任小布什方面新泽西州竞选团队骨干的克里斯蒂，2001 年底被任命为新泽西地区的联邦检察官。在其后的 7 年多任期里①，克里斯蒂高举反腐败大旗，一举查办了新泽西地区各级

① 克里斯蒂于 2008 年底从检察官的位置上辞职，宣布竞选下一届新泽西州州长。

政府的100余起腐败案件，并且在打击犯罪方面也卓有成效。至2009年新泽西州长换届选举前，克里斯蒂已经成为该州炙手可热的政治人物。

2009年成功当选为新泽西州州长后，克里斯蒂继续其强势表现，不仅进一步提升其在本州内的人气，而且随着其在2012年“桑迪”飓风来袭时的频繁曝光，成为了闻名全美的“明星州长”。尽管早在2012年共和党总统提名人罗姆尼考虑将他列为副总统人选之前，就有众多的共和党人士呼吁他出面竞逐总统宝座，然而，老成持重的克里斯蒂还是继续留守在州长岗位上，并在2013年的州长选举中以压倒性的优势连选获胜[①]。此时，已是共和党州长协会主席的克里斯蒂俨然已经是振兴本党，甚至为共和党拿下下一届美国总统大位的希望所在了。

然而，发生于2013年9月的一起“封桥”事件，以及其后所揭示出的“官场纷争”却让克里斯蒂的总统之梦蒙上了阴影。

乔治·华盛顿大桥是连接新泽西州利堡市与纽约的交通要道，每天有数以万计的市民经过这里奔赴纽约工作生活。而这么一座年通车量约亿次的大桥，其新泽西一侧的部分车道却从2013年9月9日起连续4天时间被人为封闭，导致大范围车辆拥堵，严重影响了利堡市民的正常生活。后经媒体于2014年1月披露，克里斯蒂的一名主要助手可能是这次封桥事件的幕后推手，其原因或是因为身为民主党人的利堡市长在州长选举中拒绝支持克里斯蒂，从而引发报复。

虽然有关信息曝光后克里斯蒂几度出面就此事向公众道歉，声称此

① 克里斯蒂在当年州长选举中以巨大优势击败民主党对手芭芭拉·博诺。而据媒体披露，其竞选策略就是要在此次选举中大胜，进而锁定2016年总统选举的入场券。

前并不知情，并宣布解雇其助手，但是这一事件的恶劣影响却难以消散。鉴于该事件涉嫌滥用公权力报复政治对手，而这一行为在美国政治文化中被认为极为恶劣，因此，此次“封桥门”丑闻成为了克里斯蒂政治生涯的一个转折点，对其后续的州长任期与参选总统造成了不可忽视的影响。

尽管由于“封桥门”一事，克里斯蒂在共和党内乃至全国范围的声望都有所下滑①，但身为共和党曾经的“中流砥柱”，他还是于2015年6月底正式宣布参选下届美国总统。

总体而言，克里斯蒂在宣布参选后的民调支持率基本维持在10%以下，这也使得他始终未能对于长期排名第一的特朗普造成太大威胁。在2015年11月10日举办的共和党第四场辩论中，克里斯蒂因为支持率未能达到参加主辩论的门槛值，只参加了为民调较低候选人所举办的副辩论②。尽管此后他又重新回到主辩论舞台，并且一直到其宣布退选之前都未缺席，但是其支持率始终未有明显提升。

在退选之前，克里斯蒂最为高光的表现被认为是在2016年2月6日共和党第八场辩论中对于另一位候选人卢比奥的犀利批评。在这场辩论中，克里斯蒂集中火力抨击卢比奥，直指对方缺乏担任总统所需的从政经验。而卢比奥并未就此作出有力回击，反倒在后续环节进一步“坐实”了前者对于他只会背诵演讲稿的指责。

---

① 根据美国有线电视新闻网和民调机构欧维希公司的联合民调，2013年12月，克里斯蒂在整体选民中的支持率为48%，领先于民主党热门候选人希拉里，而到了2014年2月，克里斯蒂的支持率降至39%，落后于希拉里近20个百分点。独立选民对于克里斯蒂的支持率在这一期间有着较大幅度的下滑。

② 这次总统选举中，至2015年8月6日第一场辩论前，共和党方面宣布参选的候选人多达17位。因为人数过多等原因，从第一场辩论开始，就设立了主、副两台辩论，其中在民调方面达到主辩论门槛值的候选人获邀参加主辩论，其余候选人则多数参加副辩论。在第四场辩论前，克里斯蒂民调没有达到该场主辩论所要求的2.5%的门槛值，因此参加了副辩论。

这段克里斯蒂与卢比奥之间的交锋成为了这场演讲的焦点片段，在互联网与其他媒体上被广泛报道。辩论结束后，诸如“机器人”（指其不断“复读”）之类的负面评价很快成为卢比奥的标签，给这位正蓄势待发，准备代表共和党建制派“狙击”特朗普的候选人造成了无可挽回的影响。克里斯蒂尽管被广泛认为在本场辩论中表现突出，但是在3天后初选第二站新罕布什尔州的选战中，依然未能取得理想成绩，仅仅位居第六。2月10日，新罕布什尔州共和党初选投票次日，克里斯蒂宣布退出选举。

在克里斯蒂宣布退出选举半个月后的2016年2月26日，他正式宣布背书特朗普。相比起退选之前的不那么抢眼的表现，克里斯蒂对于特朗普的公开支持引发了从全国到地方的广泛挞伐，其影响范围与深度远远超出稍后本·卡森背书所带来的争议。

在克里斯蒂表态支持特朗普后，包括《纽约时报》在内的众多知名媒体均对此作出评论。《纽约时报》在其报道中，更是使用诸如“霸凌”等词汇来形容特朗普与克里斯蒂之间的关系。数位共和党州长在面对媒体时，也表达了对于克里斯蒂背书的意外与不解。而不同于本·卡森在宣布支持特朗普后，鲜少为后者站台，克里斯蒂在声明背书后，多次与特朗普一起出现在各类竞选场合。不论是在特朗普召开的新闻发布会上，还是在特朗普乘坐他的波音757抵达各州的到达仪式上，克里斯蒂都多次陪伴左右。他在发布会上站在特朗普身旁的照片被广泛转发，更有媒体质疑其被特朗普“扣为人质”，并有网友以此内容制作漫画，讽刺克里斯蒂的选择。

事实上，克里斯蒂的背书不仅在舆论上引发了热议，更对于其政治声望造成了巨大影响。根据哥伦比亚广播公司报道，在克里斯蒂宣布背书后，他的支持率在新泽西州独立选民中从34%骤降到18%，在所有

2016 年 2 月 26 日，克里斯蒂在新闻发布会上表态支持特朗普

调查对象中也从 33% 降到 27% 。此外，在支持率下降的同时，更有多家新泽西本地报纸于 3 月初发表联合社论，公开呼吁克里斯蒂辞去州长一职。

克里斯蒂背书特朗普所引发的争议，除了因其身为在任州长，却频繁“误工”为特朗普站台之外，更重要的是，它体现出了广大选民对这位共和党昔日明星“投靠”特朗普阵营的强烈不满。如果说本·卡森对特朗普的支持还可以被解释为非建制派候选人之间“惺惺相惜”的话，那么身为共和党建制派重要人物、甚至一度被认为背负着本党希望的克里斯蒂，他对于特朗普——这位对于共和党造成“毁灭性打击”人物——的支持，则被包括共和党选民在内的众多人士，认为是一种明显的“政治投机”。虽然，克里斯蒂在宣布背书后，也重申了他对于特朗普部分政策的不同意见，并且强调自己并未得到特朗普的任何政治许诺，但是，他的这一政治选择还是被广泛认为是其政治生涯的“自杀”，哪怕特朗普能够在竞选中走到最后。

9. 特朗普与他的民主党对手们

早在此次参选总统之前，特朗普就已经与现任总统奥巴马“结下了梁子”，而他在此次竞选中的一系列颠覆性言论，更是使得身为总统的奥巴马不得不频频出面向国内民众“喊话”，为国外政要“去火”。然而，比起与奥巴马之间的“恩怨分明”，特朗普与参加本次竞选的民主党候选人、前国务卿希拉里之间的“恩怨情仇”，则真可谓是“剪不断、理还乱”。

9.1 特朗普与奥巴马的那点事

2008 年美国总统大选，贝拉克·奥巴马成功当选为美国第 44 任总统。他是历史上第一位具有非洲血统的美国总统，并且在 2012 年总统选举中获胜，于次年开始其第二任期。

2009 年 1 月 20 日，奥巴马宣誓就任第 44 任美国总统

早在2010年10月，奥巴马入主白宫不到两年时，特朗普就明确表示将会考虑参与2012年的总统选举。随着大选的临近，考虑以共和党身份参选的特朗普，多次就出生地问题向寻求连任的“对手”奥巴马发出挑战。

虽然在其首次参选总统之时，奥巴马已就自己的出生地作出了说明①，并且获得了多数美国民众的认可。但是，有关该问题的讨论在美国社会中却并未停止。特朗普自2011年来在此问题上坚持不懈的“追问”，使得这一问题再度成为媒体焦点，甚至逐渐演变成了他与奥巴马之间的一道“梁子”。

2011年3月起，身为潜在候选人的特朗普就公开质疑奥巴马的出生地，指责后者不愿进一步公开出生证明的详细资料。而2011年4月7日，在接受美国全国广播公司《今日秀》节目采访时，特朗普不仅重申对此问题的疑虑，更是强调他已经派出专人奔赴夏威夷实地调查，而且依据调查进展，他本人愈发坚信奥巴马的出生地问题可能存在“猫腻”。

尽管随着2008年大选的尘埃落定，对于奥巴马出生地问题的争议已趋淡化，甚至包括一些共和党高层在内的昔日“反对派”也不愿在此问题上再做文章，但是特朗普在此问题上的旧事重提，还是迅速引发了美国媒体的广泛报道，在其后的几周时间里，“总统出生地”又一次成为诸多媒体的头条。

由于特朗普在此问题上的持续发声，以及媒体报道所引发的关注，

① 根据美国宪法第二条第一款规定，美国总统必须为“生为合众国公民或在宪法采用时已是合众国公民”，尽管长久以来，对于此条规定的具体理解一直存在争议，但是在历次总统选举中，出生地一直是候选人所要面对的问题，由此问题引发的争议也是媒体关注的焦点。2008年，奥巴马竞选团队已经公开了一份出生证明材料，并且获得了多数民众的认可。但是，仍有一些人还是对此表示怀疑，质疑材料的真实性和完整性。

美国白宫于2011年4月27日出示了完整的奥巴马出生证明材料。文件显示：奥巴马于当地时间1961年8月4日下午出生于夏威夷的火奴鲁鲁。而总统本人也在当天发表声明，表示不能把时间浪费在这种“愚蠢”的事情上，并对有关人士在过去两年在此问题上的炒作感到“茫然”和“困惑”。即便如此，特朗普依旧表示，对于自己在促使总统出具“详版”出生证明材料中的作为深感荣幸与骄傲，与此同时，还对于材料的真实性保持怀疑。

几天后，在一年一度的白宫记者协会晚宴上①，奥巴马总统在上千位记者及华府政要名流面前，就出生地问题向台下的特朗普作出了当面回应。奥巴马先是提到有关争议，并且在大屏幕上放出一段《狮子王》里辛巴出生的画面，称之为自己的出生录像。紧接着他又调侃到，特朗普在近期播出的《飞黄腾达》里的评判让他印象深刻、彻夜难眠。最后，奥巴马向在场观众展示了如果特朗普当选总统后白宫里的变化。此时，现场大屏幕显示，比基尼美女出现在了白宫外的豪华泳池旁，而由粉红色霓虹灯装点的白宫俨然变成了一个声色犬马的“特朗普”大赌场。在奥巴马数分钟的发言时间里，现场观众多次报以热烈掌声，而坐在会场中间的特朗普，则在众人的注目下略显尴尬，不过他还是努力保持微笑，并向奥巴马挥手示意。

进入2012年后，尽管特朗普暂时放弃了对于总统宝座的角逐，不过他依然对于奥巴马的出生地问题执着不已。

2012年10月24日，就在距离总统竞选投票不足半个月之时，特朗

① 白宫记者协会晚宴是华盛顿社交圈里的盛事，不仅是因为会有众多的政要名流出席，而且总统本人也将会在现场登台演讲。相对于其他严肃场合，总统在该晚宴上的演讲通常更具娱乐性。而奥巴马自其就任以来在该晚宴上的历次演讲，更是屡屡被媒体奉为“经典”，而他本人也因为在此晚宴上的表现而被广大网民封为“段子手”。

2011 年 4 月 30 日，奥巴马在白宫记者协会晚宴上发表演讲

普又透过视频网站 YouTube 抛出了对于奥巴马出生地问题的新一轮“炸弹”，他表示，如果奥巴马能够出示其护照与学历材料的有关文件[①]，他将会立即向奥巴马家乡芝加哥市的福利机构奉上 500 万美元的捐款。不久之后，特朗普又将捐款数额追加到了大约 5000 万美元。

值得一提的是，在 10 月 24 日发布视频前两天里，特朗普先后透过不同渠道为自己的“重磅炸弹”做铺垫，宣称自己即将公布的消息“影响巨大，很可能改变总统选举的局势”。

2014 年 5 月下旬，特朗普在出席全国记者俱乐部活动时，被问及是否对过去就奥巴马出生地问题发表的一系列言论表示后悔，他表示：“对此，我不感到一丁点儿后悔，我为什么要后悔呢？”随即，特朗普在此问题上进一步发挥，指出还存在另外一种可能性。他声称即便奥巴马确实出生于美国，也不排除他可能为了进入美国大学，获取资金援助，而谎称自己出生于肯尼亚。特朗普还强调，尽管许多美国人对于他在此问题上的刨根问底已经感到厌烦，但是依旧有人要求他把事情弄个水落石出。

纵观特朗普长期以来对于奥巴马出生地问题的“纠缠”，基本上是形式大于内容、呼声高于实质，不论是关于出生材料“真伪性”的怀疑，还是对于奥巴马入学“合理性”的批判，特朗普一方始终未能给出具有信服力的意见与证据。尽管如此，特朗普在此问题上的长期“炒作”还是为他赢得了不少媒体的关注，特别是作为 2012 年总统选举共和党方面的潜在候选人，特朗普的频繁“曝料”不仅使他成为了总统出生地问题上最为高调的质疑者，同时也在一定程度上帮助他获得了一些对此问题始终持保留意见的共和党选民的支持。虽然特朗普最终

① 特朗普之所以要求奥巴马出示有关文件，是因为这些材料通常包含个人的出生信息。

并未投身2012年总统选战，但是他在此问题上的“坚持不懈”已经为他的参选做好了铺垫。

从某种角度而言，对于总统出生地争议这个被广泛认为是“阴谋论”的话题，不少公众人物都试图撇清关系，不愿有更多牵连，然而特朗普却“迎难而上”，进而把该问题变成了自己的“杀手锏”。他在这一问题上一系列的行事作风，也多少“预示”了他在本次总统选举中不同寻常的竞选方式。

随着2015年新一轮美国总统选举的开始，正式参选的特朗普逐渐成为了竞选舞台上的主角，和所有的共和党候选人一样，特朗普对民主党总统奥巴马展开了不遗余力的批评。而身为总统的奥巴马，则多次在采访或是其他场合中就特朗普的竞选言论与前景发表看法，更是数次直言特朗普“不会当选”美国总统。

2015年7月21日晚，奥巴马作客脱口秀栏目《每日秀》，在被主持人乔恩·斯图尔特（“囧司徒”）问到有什么建议要留给“未来总统”特朗普时，他调侃称，特朗普现在这么“火”，共和党一定很“受用”。而就在不久之前，特朗普因为墨西哥移民、共和党大佬麦凯恩“不算英雄”等言论被媒体推上了风口浪尖。

一周后，在与埃塞俄比亚总理出席新闻发布会时，面对记者关于特朗普言论的提问，奥巴马表示，民众对于特朗普的有关言辞感到愤怒，甚至连共和党也感到震惊，而特朗普之所以能够信口开河，一定程度上是因为这种言论在美国一直被纵容。奥巴马还强调：“美国现在需要的不是这种领袖。”而特朗普则在稍后的电视采访中回应了奥巴马的评论，称后者为“历史上最差的总统”。并且批评了早前奥巴马政府与伊朗所达成的核协议。

2015年10月11日，在哥伦比亚广播公司播出的招牌栏目《60分

2015 年 7 月 21 日，奥巴马在《每日秀》节目中与主持人乔恩·斯图尔特对话

钟》里，奥巴马分别点评了两党的部分候选人。在谈到特朗普时，奥巴马表示，特朗普“非常善于做宣传”，而且利用了共和党内真实存在的反移民情绪，并且说道：“他懂得如何获得关注，他是经典的电视真人秀人物。”在被问及他预计特朗普是否会从竞选舞台上消失时，奥巴马回应道，这一问题应该留给权威人士决定，而他则认为特朗普“不会当选美国总统”。一天后，特朗普即通过福克斯新闻网对于奥巴马的“点评”作出回应，他声称奥巴马在节目中表现“糟糕”，而且“全都是负面的”。

在 2015 年的最后两个月里，面对媒体采访，奥巴马多次对于特朗普的竞选方式与不当言论作出了批评，特别指出特朗普是在煽动与利用国民的不满与不安，而他所提出的大规模驱逐非法移民不仅是不现实的，也不是作为美国人所“该做的”。而特朗普则继续在竞选过程中抨击奥巴马及其施政，在 2015 年 12 月的一次竞选活动中，当被问到会对奥巴马说些什么的时候，特朗普甩出了他那句闻名全美的“You are fired（你被炒了）!”赢得了支持者们的一片欢呼。

进入 2016 年以后，随着初选的渐入高潮，特朗普对于奥巴马的抨击也更加频密。他在包括伊斯兰国、国情咨文等问题上接二连三地展开“炮轰”。而面对由于特朗普竞选言论所导致的国内社会的不安，身为总统的奥巴马越来越多地通过一些更具象征性或是“指导意义”的言行来表达自己的立场。

2016 年 2 月 3 日，就在特朗普发布“全面禁止”穆斯林言论一个多月后，奥巴马作为国家元首首次访问国内的清真寺，并且发表演讲。同一天，特朗普在福克斯新闻台的节目中表示，奥巴马到访清真寺或许是因为“他在那儿会感到蛮自在”。事实上，特朗普此前曾多次隐晦暗示奥巴马是穆斯林。

2016 年 2 月 3 日，奥巴马到访一所位于美国巴尔的摩的清真寺

2016 年 2 月 15 日，奥巴马在加利福尼亚州的一场新闻发布会上再次谈到了他对于特朗普竞选前景的看法。当被问到如何看待初选选情时，他说道：“我仍然相信特朗普不会成为下一届美国总统，原因在于我对于美国人民有着极大信心。我认为他们明白担任总统是一个严肃的工作。这不同于主持脱口秀或是真人秀，这也不是做推广、搞销售。”一个月后，面对早前在特朗普竞选活动中所发生的暴力事件，白宫发言人欧内斯在记者会上，再次强调总统奥巴马对于“特朗普不会当选美国总统”的信心。

如果说造访清真寺、向民众“喊话”，奥巴马主要还是面向国内安抚民心、呼唤民智的话，那么，随着特朗普在初选中“越战越勇”，并且不断在核武器、北约等外交事物方面抛出自己的独特主张，身为总统的奥巴马不得不在众多外交场合，向被特朗普言论“惊到”的国外媒体与领导人们奉上“定心丸”与“镇静剂”。

在 2016 年 4 月 1 日的第四届核安全峰会上，面对记者关于特朗普建议日韩“拥核”的提问，奥巴马回应道：“发表这一观点的人，对于外交政策、核政策、朝鲜半岛，乃至于整个世界都知之甚少。”奥巴马并且强调美国对于日韩两国的核保护伞是“美国在亚太政策的基石”。

几天后，在奥巴马与北约秘书长斯托尔滕伯格所举行的联合记者会上，记者就早前特朗普所提出“解散北约”的言论发问，奥巴马虽然拒绝回应特朗普，但却明确表示，与北约的联盟关系是“美国国防的关键”。

而几乎在奥巴马就北约问题向外界“去火”的同时，特朗普对于美墨边境“修墙论”的资金来源又给出了新的解释。随后奥巴马面对记者提问，表示关于特朗普的问题已经令他不胜其烦，坦言自己不得不多次向外国领导人解答有关特朗普等候选人言论的问题，而后者的系列言论已然造成了美国政府的外交困境。

除了向国内民众与国外领导人作出姿态，奥巴马也数次就“特朗普现象”对共和党与媒体提出批评，指出正是共和党的混乱与媒体的一味“吸睛”为特朗普的崛起提供方便，进而导致美国的国家形象受到质疑。

2016 年 4 月 30 日，奥巴马出席他任内的最后一次白宫记者协会晚宴。在这次晚宴上，“段子手”奥巴马不负众望，完成了他的“封箱演出”。在演讲的前 20 分钟里，奥巴马调侃了包括前纽约市长、亿万富翁迈克尔·布隆伯格，民主党候选人桑德斯，共和党候选人克鲁兹在内的多位人士。然后，奥巴马转而进入“最终”的答谢环节，表情严肃的感谢起宴会的主办方。而正当现场观众们以为最后一次以总统身份出席晚宴的奥巴马就要开始告别的时候，他抖出了全场藏得最深的一个包袱。他说到：“得了，我只是逗你们呢！你们知道我肯定要谈谈特朗普的嘛。拜托，我们怎么可能就这么结束呢。”其后，奥巴马在众人的期待中调侃了特朗普在共和党初选中的表现，并且委婉地批评了媒体在特朗普崛起中的“正面”作用。从某种意义而言，这恐怕是身为总统的奥巴马自 2015 年下届总统选战开启以来，少有的如此轻松地评点特朗普。

进入 2016 年 5 月之后，特朗普基本确定赢得共和党方面的总统提名，而身为总统的奥巴马又数次对于两党选情发表了自己的看法。在即将到来的总统竞选中，奥巴马之前对于特朗普“接班”的种种担心或将演变为现实，而二人之间可能的“工作交接”将会是 2016 年底最大的看点。

9.2 特朗普与希拉里：友谊的小船说翻就翻?

比起与现任总统奥巴马之间的恩怨分明，特朗普与前任国务卿希拉里之间的恩怨情仇可谓是“剪不断、理还乱”了。

希拉里为美国第42任总统比尔·克林顿的夫人。20世纪90年代，她就已经作为美国的第一夫人闻名世界。而进入2000年后，希拉里在政治舞台上的表现不仅多次书写了美国女性的历史，而且她两次参选总统，更有望成为美国历史上的第一位女性总统。

2000年，在丈夫克林顿的总统任期尚未届满之时，希拉里即开始竞选联邦参议员。在当年纽约州的联邦参议员选举中，希拉里以55%的得票率成功获选，这不仅使她成为美国历史上第一位竞选并获得公职的第一夫人、纽约州历史上的第一位女性参议员，同时也开启了她以独立身份在政治舞台上的传奇旅程。

2006年，希拉里以近七成的得票率成功连任参议员。

2007年1月20日，希拉里在个人网站上正式宣布参加2008年美国总统选举。在其后的近一年时间里，拥有丰富经验与强大筹款能力的希拉里在民主党的多位候选人中，始终处于领先位置。然而，进入2007年的最后几个月，随着民主党内另一位候选人奥巴马的迅速崛起，希拉里的优势逐渐缩水，最终于2008年6月7日正式宣布退出选举。尽管希拉里最终未能赢得当年的民主党总统提名，但是她在初选中的优异表现还是为其政治生涯写下了浓墨重彩的一笔。

2009年初，希拉里正式就任奥巴马政府的国务卿。在随后的4年任期里内，希拉里走访了112个国家，行程近100万英里。2013年1月

2009 年 2 月 2 日，希拉里在丈夫克林顿和女儿切尔西的陪同下宣誓就任国务卿

其卸任前，在《华盛顿邮报》与美国广播公司的联合民调中，希拉里的支持率达到 67%，创历史新高，而在民主党内部这一数字更是高达 90% 以上。对希拉里在任国务卿期间的表现，美国媒体大都给予了正面评价，而国务院官员更是称赞其为“劳模”国务卿。

2013 年 2 月起，希拉里不再担任奥巴马新一届政府的国务卿[①]。尽管希拉里离开了政治舞台的中心，但是她的影响力却并未减弱。早在她还未卸任国务卿之时，呼吁其参加 2016 年总统选举的声音就不绝于耳。而随着她的离任，支持其重新争取总统大位的呼声更是愈加强烈。

① 奥巴马在 2012 年总统大选中成功连任，其第二任期于 2013 年 1 月正式开始。约翰·克里接任希拉里，成为新一届政府的国务卿。

2015 年 10 月 13 日，希拉里与桑德斯在民主党候选人辩论中

2015 年 4 月 12 日，希拉里正式宣布参加 2016 年美国总统选举。尽管面临着早前“邮件门”事件带来的不利影响[①]，但是希拉里在民主党内，仍旧以六成左右的支持率大幅领先于包括副总统拜登在内的其他潜在候选人。

2016 年初选投票开始后，虽然另一位民主党候选人桑德斯在新罕布什尔、密歇根等多个州取得意外胜利，并长期对希拉里造成压力。但是，凭借在民主党内的深厚积累与其他多个州的优势，希拉里在选票方面始终处于领先地位，并被广泛认为将会成为民主党方面的提名人。

---

① 据美国媒体报道，希拉里在担任国务卿的四年时间里，频繁使用个人邮箱收发邮件，涉嫌违反美国《联邦档案法》，而由这一报道所披露与引发的事件被称为“邮件门”。2015 年 3 月初，这一消息曝光后，迅速引发了美国媒体与共和党方面的关注，特别是共和党一方直指希拉里的行为涉嫌泄漏国家机密，并且对此穷追猛打。而希拉里则多次作出回应，并于半年后出面道歉。该问题自 2015 年上半年起持续发酵，并一度导致希拉里的支持率创历史新低。

早在希拉里还是第一夫人之时，特朗普就试图与当时的第一家庭建立联系。当克林顿身陷“拉链门”丑闻而面临弹劾之时，特朗普面对美国有线电视新闻网的采访，直言不讳地说道：“他或许是我见过‘抗压能力最强’的人，我认为他是个了不起的家伙”。1999 年，面对《纽约时报》的采访，特朗普更是表明自己对于克林顿的欣赏，称如果不是因为性丑闻，后者可能成为一个“伟大的总统”。

当克林顿的总统任期结束之际，特朗普向克林顿夫妇推荐起了自己旗下位于曼哈顿的摩天大厦，希望对方能在那里定居，其后又提议克林顿夫妇能够到他位于佛罗里达州棕榈滩的别墅度假。而当克林顿在加入纽约州的一家高尔夫球俱乐部遇到麻烦时，特朗普则宣扬到，他欢迎前总统到他旗下的特朗普国家高尔夫球俱乐部打球，而那里距离克林顿的家只有五分钟车程。特朗普还不忘夸赞克林顿的是个“出色的君子，优秀的高尔夫球手，同时也是个不错的家伙”。

2005 年 1 月，希拉里出席了特朗普于佛罗里达州举办的婚礼。在特朗普与第三任妻子梅拉尼娅的婚礼仪式上，希拉里于前排就座。克林顿尽管没有出席婚礼仪式，却在稍后的婚宴庆典上露面，并与特朗普夫妇谈笑风生。

也就在这一时期，希拉里成为了特朗普政治捐款名单上的常客。据美国联邦与纽约州捐款记录显示，特朗普及其儿子小唐纳德·特朗普分别在 2002 年、2005 年、2006 年、2007 年向希拉里方面捐款。此外，特朗普也向克林顿基金会这一非营利组织捐款至少 10 万美元。

2012 年 3 月，面对福克斯新闻台的采访，特朗普表示：“我认为希拉里是一个了不起的女性。”特朗普还补充道：“我认为她真的工作努力，并且做的不错。”特朗普还一如既往地表达了他对于克林顿夫妇的欣赏。事实上，这并不是特朗普第一次公开称赞希拉里的工作，早在

2007 年希拉里宣布参选总统之时，特朗普就表达过对她的力挺。

在 2012 年 8 月的采访中，特朗普再次重申了他对于希拉里的肯定。展望未来的美国总统选举，特朗普表示他很确信希拉里会赢得提名①，而共和党则很难击败她。特朗普还强调，在他看来希拉里甚至要比奥巴马更加难以战胜。

然而，随着 2016 年总统选举的临近，特朗普与希拉里之间“友谊的小船却说翻就翻”。据《华盛顿邮报》报道，就在宣布参选的三周之前，特朗普还专门与克林顿进行了电话沟通，并从对方那里获得了鼓励，但是随着选举大幕的开启，特朗普与前总统夫妇的友谊就开始“急转直下”。

在 2015 年 8 月 6 日共和党第一场辩论中，面对主持人关于自己政治捐款的提问，特朗普直言不讳地说道：“关于希拉里·克林顿，我告诉她来参加我的婚礼，她就出现在我的婚礼上”。特朗普补充道：“她没有选择，因为我向基金会（指克林顿基金会）捐了钱。”

除了将自己与希拉里的个人友谊浇上冷水之外，特朗普对于前国务卿的业务能力更是展开了不遗余力的抨击。

2015 年 7 月 8 日，在宣布参选不到一个月时，特朗普在接受美国国家广播公司的采访中就直言：“希拉里是美国历史上最糟糕的国务卿……那届政府或者说她担任国务卿期间，就没有过一件好事。”而当被问到希拉里是否会成为一位好总统时，特朗普回应道：“她是我们国家历史上最糟糕的国务卿，为什么她会成为一个好总统？我认为她将会是一个很糟的总统。”

① 2012 年的总统选举中，在任总统奥巴马作为民主党的候选人参加总统大选。而特朗普在这里对于希拉里竞选前景的展望是指四年后的 2016 年总统选举。

2015 年 12 月中旬，在接受福克斯新闻台采访时，特朗普重申了自己对于希拉里是“史上最糟糕国务卿”的看法，并表示前国务卿希拉里与总统奥巴马这“两个天才”把伊拉克搞得“一团糟”。

2016 年 3 月 16 日，特朗普的竞选团队在网络上推出了一条意在抨击希拉里在对外政策上不利的视频，引起了广泛争议。

如果说上述这些言辞，多少还可以理解为参选者对于潜在对手在政治层面展开攻击的话，那么，特朗普自 2015 年以来在不同场合针对希拉里个人的一些言辞，则完全超出了政治人物的话语范畴，甚至可以说是不堪入耳。

在 2015 年 12 月 21 日位于密歇根州的一次竞选集会上，面对在场的数千名支持者，特朗普对于两天前希拉里在民主党第三场辩论中的短暂缺席展开抨击[①]，在随后谈到 2008 年希拉里在民主党初选中输给奥巴马时，特朗普使用了一个限制级的词汇来描述希拉里的败选。

事实上，早在 2015 年上半年，特朗普就曾经陷入过以不雅言辞攻击希拉里的争议之中。2015 年 4 月 16 日，特朗普的推特账户上转发了一条涉嫌讽刺希拉里夫妻关系的推文，尽管随后特朗普方面很快删除了该条信息，并且声明该条推文并非由特朗普本人所发，但还是在网络上引发了众多批评。

相对于特朗普长期以来对于自己的先高调追捧、后无情炮轰的态度，希拉里对于特朗普的言辞以及双方关系的回应则显得节制得多。

2015 年中期，特朗普于参选伊始即抛出引发广泛争议的反移民言论。面对美国有线电视新闻网的采访，希拉里表示她对于特朗普的言

① 在当场辩论的广告时间，候选人依照惯例离开辩论舞台短暂休整。但是，希拉里因为去洗手间而晚于规定时间回到辩论现场。在她返回时，辩论程序已经按照既定时间开始，希拉里也向现场观众致以歉意。

2015 年 9 月 16 日，希拉里在一档娱乐节目中与扮演特朗普的主持人法伦通话

论、以及共和党方面未能就此做出有力回应而感到失望。

2015 年 9 月 16 日，在参加美国全国广播公司的《今夜秀》节目中，希拉里在与主持人吉米·法伦的互动环节中接过对方的话题，调侃特朗普的头型就像是雪糕，而这是希拉里少有的主动“评论”特朗普。

2015 年 12 月下旬，在特朗普讽刺希拉里于 2008 年选举中不敌奥巴马的不雅言辞曝出后，希拉里竞选团队的发言人在其社交账户上以“我们不是在回应特朗普，但是每一个明白这种语言有辱女性人格的人都应反击”来做为对于特朗普言辞的回击。而其后希拉里对于特朗普有“性别歧视”倾向的批评则招来了后者的一连串炮轰，特朗普“警告”希拉里不要打“女性牌”，包括克林顿的私生活等都被他作为了反击的“弹药”。

在 2016 年 2 月初流出的《人物》杂志报道中[①]，希拉里正式说明了她与特朗普之间的“友情”。在采访中，希拉里直言“我们不是朋友”。而谈到特朗普自竞选以来的争议言辞，希拉里则表示，她并不在乎特朗普对于自己的抨击，她能够应付；她更担心的是被特朗普攻击的移民与穆斯林人群，因为这些人没有话语权与发声的平台。

2016 年 4 月中旬，在特朗普抛出了他对希拉里的绰号之后[②]，希拉里照例拒绝对此做过多评论。在稍后面对美国广播公司的采访中，希拉里表示：“我不会回应特朗普与他对我的侮辱言辞”。她再度强调自己真正忧虑的是特朗普对于女性、穆斯林、移民等群体的言论“正在破坏国内的团结”，并且指出特朗普正在削弱美国的价值。

进入 5 月，希拉里尽管依然受到另一位候选人桑德斯的压力，但是

① 有关采访的报道于 2016 年 2 月 3 日流出，但是采访的具体时间并未说明。

② 在竞选过程中，特朗普对于共和党的候选人卢比奥与克鲁兹都给予绰号，如“小马克”、“爱说谎的泰德”等。

她已基本锁定了民主党总统提名，而特朗普早在5月初就已确定将会获得共和党方面的提名。随着最终的总统竞选阶段的到来，特朗普对于希拉里的攻击只会更加猛烈。而如何应对特朗普，不仅将会成为希拉里此番决战的首要考量，甚至或将会决定下一届美国总统的归属。

值得一提的是，据美国媒体报道，希拉里的女儿切尔西与特朗普家的大小姐伊万卡，这对在此次总统选举之前互称好友的下一代，也因为双方家长在选举期间的“恶斗”而彼此回避。相信她们所面临的，绝不会是因为政治而造成的长久疏离，而只不过是由于形势所迫、不得不面对的短暂分别。

10. 被特朗普“撕裂”的美国

4年一次的美国总统竞选，是为这个国家选定一位值得信赖的领导人，然而，特朗普的参选却使得今天的美国四分五裂，冲突不断。选民与选民之间、记者与选举团队之间，各种前所未见的对抗，甚至是“全武行”一再上演。而从当初送特朗普出征的共和党，到诸如索罗斯、扎克伯格这样的业界大佬，甚至与特朗普同为亿万富翁的前纽约市长布隆伯格，都在以各自的方式“防止”特朗普的当选。

10.1 抗议活动接二连三

天空飘来一行字，“特朗普真恶心”。

据美国有线电视新闻网报道，2016年1月1日，在加利福尼亚州举行的玫瑰花车巡游活动中，伴随着最后一辆巡游花车的出现，飞机在数以万计的人群头顶写下了几行字，分别是“美国很伟大，特朗普真恶心”“任何人，除了特朗普”等。而其中一名围观者在接收媒体采访时，直言道：“我太喜欢这些了！”

在这一场并不以竞选为主题的公众活动中，关于特朗普的“头条”成为了全美的大新闻。事实上，早在 2015 年下半年，就已经发生了数起针对特朗普的抗议活动，并且造成了一定影响。

2015 年 11 月 7 日，抗议者在位于纽约的美国全国广播公司大楼外抗议特朗普

2015 年 11 月初，特朗普第一次作为总统候选人，客串主持美国全国广播公司的《周六夜现场》节目。就在特朗普于摄影棚内侃侃而谈的同时，200 多名的反对者正举着写有英语或西班牙语文字的纸牌在节目现场外抗议，这些标语包括“特朗普：种族主义的面具”等。曼哈

顿警方专门派出警力来维持秩序，同时避免抗议人群与特朗普的“粉丝们”发生冲突。

2015 年 12 月 10 日，就在特朗普抛出“全面禁止”穆斯林言论 3 天后，在位于首都华盛顿的“特朗普酒店”外，一批反对者手持着“停止种族主义”等标语举行抗议。尽管这次抗议活动的规模有限，但还是引发了媒体的广泛关注。

进入 2016 年后，针对特朗普的抗议活动在全美多地频繁上演。

1 月上旬，特朗普到民主党候选人桑德斯的大本营佛蒙特州举行竞选造势活动，演讲期间频频受到反对者的抗议，特朗普随即号召工作人员将抗议人员“请出”活动场地。而在有关人员维持现场秩序的同时，特朗普向支持者表示：“这不是很有趣吗？”并且补充到，如果参加希拉里的竞选活动“那会闷的要命”，而杰布·布什的竞选活动，则“让人昏昏欲睡”。类似的场面在特朗普后续的竞选活动中又多次出现，而抗议者们被“请”出竞选活动的画面也一而再的出现在各大媒体的报道中。

进入 3 月后，随着特朗普在共和党内领先优势的不断巩固，越来越多反对特朗普的抗议者们，以示威游行的方式出现在了美国各地。

2016 年 3 月 11 日晚，因为抗议者们的大量聚集，以及与特朗普支持者爆发严重冲突可能性的不断上升，特朗普在芝加哥的竞选造势活动被迫取消，随即引发了活动现场的进一步混乱。场馆内部，抗议者与支持者的情绪变得更为激动，双方挥舞各自的标语，互相喊话，而其中一名抗议者冲上讲台高喊反对口号，随后被多名工作人员强行带走。而在活动场馆外，原本等待入场的支持者与前来抗议的反对者之间也发生了拉扯等肢体冲突，场面相当混乱，更有多位涉事者被警察逮捕。

这次险些酿成大规模冲突的抗议事件，被认为是历次“反特朗普”

2016 年 3 月 11 日，特朗普的支持者与反对者在竞选活动现场互相“喊话”

活动中规模较大、影响也最为深远的一次。全美各大媒体均对事件给予了报道，并且认为以这次事件为标志，特朗普的竞选活动已经“超出了正常的水平”。美国白宫也在稍后对于系列事件表示关注，并且呼吁竞选活动能够有序进行。

一天后，在位于密苏里州堪萨斯的特朗普竞选活动场地外，抗议者们试图如法炮制前一天在芝加哥的所取得的“成功”，并再次与特朗普的支持者们形成对峙局面，当地警察不得不采用胡椒喷雾来驱散部分情绪激动的“倒普”与“挺普”群众。

2016 年 3 月 19 日，在特朗普“发迹”的纽约市，也爆发了一场颇具规模的反特朗普游行。

2016 年 3 月 19 日，纽约市，“反特朗普”大游行现场

据福克斯新闻台报道，这次游行活动从中午 12 点左右开始，持续了近 5 个小时。数千人的游行队伍举着有“移民让美国伟大”、“美国不需要第三次世界大战”、“把墙建在特朗普周围”等标语的纸牌经过特朗普国际酒店等特朗普旗下的多个物业。与历次对于特朗普的抗议活动一样，在反特朗普游行进行的同时，沿途也有不少特朗普的支持者，他们举着诸如“USA for Trump”之类的标语在游行队伍不远处表示抗议。

事实上，就在纽约市“反特朗普”游行的前后几天，包括邻近美墨边境的亚利桑那州等地，也爆发了多起抗议活动。在亚利桑那州的抗议活动中，几辆挂着“垃圾特朗普”“闭嘴特朗普”标语的卡车截住了通往竞选活动地点的一条高速公路。而在卡车被拖走后，抗议者们又组成一堵人墙。在当地警察逮捕了几名抗议者后，交通堵塞才得到缓解。而特朗普在当地的竞选活动因为这一抗议被迫延后了一小时。

随着共和党初选的继续，特朗普的选情不断走高，但是，这并不妨碍特朗普抗议者队伍的壮大。2016 年 4 月以来，针对特朗普的抗议活动又在多地发生，而随着他即将获得共和党内的总统提名，类似的场面又在加州等地频繁上演。

然而，值得注意的是，特朗普本人对于长期以来的抗议活动并没有表现出强烈的“抵制”，正如他多次在遭受抗议时所声称的那样，这一系列富有冲击力的示威抗议活动已经成为了他竞选历程中的“热点”，在即将到来的总统竞选中，针对特朗普的各类抗议活动必将成为此次选举中的一道独特“风景”。

10.2 暴力事件层出不穷

如果说针对特朗普的系列抗议活动，已然成为其竞选活动中主要

“看点”的话，那么发生在特朗普竞选过程中的一连串暴力事件，则更是成为了特朗普竞选中独一无二的“特色”。

2015 年，自特朗普竞选伊始，就不断有抗议者出现在他的竞选活动中，并且数度与其支持者发生冲突。而进入 2016 年以后，随着特朗普在竞选之路上越走越远，越来越多的抗议者出现在其竞选活动或是示威游行中，并且发生了多起影响恶劣的暴力事件。

2016 年 3 月 9 日，在特朗普于北卡罗莱纳州的一场竞选活动中，一名黑人抗议者在被警察带离现场的过程中，受到一名特朗普支持者的暴力袭击。这名年过七旬、头戴牛仔帽的特朗普支持者，在抗议者由警察跟随经过其身旁时，不由分说即朝对方面部打去，而紧随抗议者的警察很快控制了局面。事后，当被问及为何打人时，这位年近 80 的“老炮儿”对着镜头强调：“如果下次再碰到，我们可能会杀了他”。该打人者在事后被警方拘捕，并面临指控。

2016 年 3 月 19 日，在特朗普位于亚利桑那州的一场竞选活动中，暴力事件再度上演。一名白人抗议者在竞选现场手举特朗普照片，并高喊“撒谎”，随即这名抗议者被带出场地。而在他走出现场的途中，一名特朗普的支持者冲出人群，对着抗议者先是一通猛拳，之后又在对方倒地后连续蹬踏。其后，打人者被警察逮捕，并将面临指控。事后有媒体报道，被打的白人抗议者或为白人激进分子。

而除了普通民众之间的“互掐”，在特朗普的竞选活动中，包括记者等专业人士也陷入了暴力事件之中。

据《华尔街日报》报道，在 2016 年 2 月底于弗吉尼亚州的一场造势活动中，30 名左右的抗议者进入场内。他们在特朗普的演讲过程中，数次高喊口号，特朗普随即敦促现场工作人员将这些抗议者赶出场地。而在现场摄影的《时代》周刊记者克里斯托弗·莫里斯试图拍下这一场景，却在试图跨越媒体围栏时，与负责活动安保的特工人员发生冲突[①]。尽管这次“打斗”并未导致严重的身体伤害，但还是引起了美国媒体的普遍关注。事后，特朗普竞选团队、美国特工部门、《时代》周刊等方面，也都分别作出了声明。

无独有偶，2016 年 3 月 8 日，女记者菲尔德斯在佛罗里达州的一场竞选活动中，试图上前向特朗普提问，遭到其团队竞选经理莱万多夫斯基的阻拦。随后，菲尔德斯在其个人社交账户上晒出其左臂上的淤青照片，指控对方的粗暴行为。特朗普一方在事件曝出之初即作出否认，声称并未触碰过该名女记者。其后，在当地警方调取监控画面后，特朗普一方的口气有所软化，但依然坚持菲尔德斯在“夸大其辞”。

上述几起事件只是特朗普竞选活动中系列冲突的代表。而对于这一系列暴力事件，不论是共和党内的竞选对手，还是民主党的候选人都对特朗普做出谴责，直指其煽动仇恨，应对暴力事件负责。美国白宫也数度表示关切，总统奥巴马更在不同场合提出批评。然而，作为事件主要关系人的特朗普，不仅并未采取有效行动进行制止，相反，他在不同场合公开“鼓励”类似行为的发生。

早在 2 月份一场位于拉斯维加斯的竞选活动中，当被抗议者打断演讲后，特朗普首先呼吁有关人员将抗议者“请”出场地，随即他向支持者们喊话，表示他怀念那些老时光，因为那时候“他们（指抗议者）会被担架抬着出去”。稍后，特朗普补充道，“我真想一拳打在他脸上”。而据美国媒体报道，在当月初的一场活动中，特朗普曾向支持者表示，如果有人因此惹上官司，他会负担律师费用。

---

① 根据美国有关法规，作为候选人，特朗普将获得数名特工处特工人员的保护，而诸如竞选集会等大型活动则是这些特工人员履行职责的主要场合。

2016 年 3 月 12 日，试图冲上特朗普讲台的男子被控制后带出场地

在 2016 年 3 月份多起暴力事件发生后，特朗普表示自己不应该对于有关事件负责，而且声称责任应当“归咎于”活动中的抗议者。特朗普还坚持宣称民主党候选人桑德斯要对系列暴力事件负责，他指责后者煽动抗议者到自己的竞选现场闹事，并且威胁要“以牙还牙”。其后，有多家媒体指出，特朗普对于桑德斯的指控并无多少根据。

此外，特朗普还多次将矛头指向了媒体，声称媒体“夸大”有关事实。而特朗普在竞选过程中对于新闻媒体，特别是现场记者的一贯炮轰，也被认为是对有关人员粗暴对待记者的潜在“鼓励”。

值得一提的是，尽管特朗普坚持自己不该对于暴力事件负责，但是他本人也曾险些成为攻击的对象。2016 年 3 月 12 日，在俄亥俄州的一场竞选活动中，一名男子试图冲上讲台，而就在他靠近特朗普之前被现场特工人员制服。

据媒体报道，2016 年 3 月 30 日，3 名肯塔基市民正式向法院提起诉讼，状告特朗普“煽动骚乱”“引导”其支持者使用暴力，对原告造成伤害。而这是特朗普自参选以来，首次因其竞选活动中的暴力现象被告上法庭。

然而，不论是来自党内、党外的批评声，还是源自普通市民的起诉，都不能阻止暴力事件在特朗普的竞选活动中继续出现，在 2016 年 4 月以来的竞选活动中，更大规模的暴力事件再次上演。而随着特朗普基本锁定共和党提名，并将参加最终的总统竞选，类似事件或将愈演愈烈。

10.3 各界大佬纷纷抵制

2016 年 3 月初，共和党资深人士米特·罗姆尼（Mitt Romney）方面宣布其将在犹他州发表一场有关此次总统选举的重要演讲。罗姆尼是 2012 年总统选举中共和党的提名人，在大选中与寻求连任的总统奥巴马进行最终对决。而在当年的选战中，罗姆尼曾经获得过特朗普的公开支持。

2016 年 3 月 3 日，罗姆尼在犹他大学发表演讲。他指出：“据我所知，特朗普就是一个骗子。他的承诺就如特朗普大学的学位一样毫无价值……他把美国民众骗得团团转，他想通过占便宜入主白宫，我们最终得到的将会是一名捣乱者。他的国内政策将会把美国推向衰退，他的外交政策将让美国与世界更不安全。”罗姆尼还表示特朗普并非当总统的材料，指称特朗普既没有做总统应有的气质，也缺乏做总统应有的判

2012 年 10 月 22 日，罗姆尼与奥巴马在当年的总统竞选辩论中

断力，如果特朗普获得共和党的总统提名，那将促使希拉里赢得大选，也必将对于共和党产生毁灭性后果。罗姆尼还呼吁共和党选民不要投向特朗普，而要在卢比奥、卡西奇、克鲁兹这3位候选人中间选择一位支持者。

此外，罗姆尼也对于特朗普的商业能力提出质疑，他声称特朗普的生意是继承而来，并非自己创造。同时，罗姆尼还列举了特朗普航空、特朗普大学、特朗普杂志等特朗普旗下的“失败案例”来抨击特朗普的商业才能。

演讲结束后，罗姆尼还在自己的推特账户上补充，如果特朗普4年前也像这次一样发表关于3K党、墨西哥人的争议言论，他将不会接受特朗普的支持。

罗姆尼的演讲被认为是此次选举以来，共和党方面在个人层面上对于特朗普最为正式、也最为高调的“狙击”。虽然早在2015年下半年，就有包括共和党2008年总统提名人麦凯恩在内的多位党内大佬对于特朗普提出批评，但是都不及罗姆尼的正式表态更受关注。多位政治评论家指出，罗姆尼的“主动出击”或许将是共和党精英“最后一次”可能阻止特朗普直接赢得提名的机会。尽管如此，这次演讲并未对于特朗普的选情造成太大影响。一天后，随着共和党另一位候选人本·卡森的宣布退出，特朗普优势更为明显。而罗姆尼的表态也很快就被特朗普在后续选举中的强势表现所淹没。

而几乎就在罗姆尼发布“反特朗普”演讲的同时，共和党方面近百位资深人士在媒体上发布联名信，宣布抵制特朗普。

以小布什政府时期的副国务卿、前世界银行行长罗伯特·佐利克，前国土安全部部长迈克尔·切尔托夫，前国务院顾问、约翰霍普金斯大学教授艾略特·科恩为代表的90余名重量级人士，在外交政策网站

担任世界银行行长期间的罗伯特·佐利克

“战争边缘”（War on the Rocks）上发表联署，表示反对特朗普成为美国总统。公开信声明：“特朗普的言论让我们相信，如果他当选总统，他将运用手中的权力使美国不再安全，并将削弱我们在世界中的影响力”。美国外交学会军事历史学家、共和党人马克斯·布特的表态更为直接，在接受沃克斯网站采访时他说：“比起特朗普，我认为希拉里更合适（当美国总统）。”

以罗姆尼的公开演讲与近百位重量级人士的联名信为代表，共和党对于特朗普的联合抵制在 2016 年 3 月初达到一个高潮。而之所以选在这个时候发动对于特朗普的“围攻”，很大程度上是因为自初选开始以来，特朗普的优势在 3 月 1 日第一个“超级星期二”的初选中获得了极大的巩固，原本对于特朗普的选情还持观望态度的部分共和党人士在 3 月 1 日后，不得不改变了原有的估计。而在 3 月份的其后几周里，还将有约20个州举行初选投票，特别是在3月15日第二个“超级星期二”，将会有包括佛罗里达在内的多个州同时投票。与此同时，仅仅依靠共和党其余候选人的个人力量，已经很难阻止特朗普领先优势的继续扩大。因此，共和党建制派们试图通过这一阶段的联合“狙击”来影响特朗普的选情，进而改变本次选举的进程。也就在这一时期，众议院议长保罗·瑞恩、参议院多数党领袖米奇·麦康奈尔等共和党头面人物也对于特朗普提出了谨慎批评。

如果说来自共和党内的抵制声音或许还带有党内斗争色彩的话，那么来自政府部门甚至是军方的“反对”，则多少说明了整个政治系统对于特朗普当选的“忧虑”。

美国前中央情报局（CIA）局长迈克尔·海登在2016年2月26日的一档电视访谈节目中声称，如果特朗普当选总统并且兑现竞选承诺，美国军队有可能会公然违抗总统命令。在早前的竞选活动中，特朗普曾经公开表达过他对于“水刑”的支持，并声言如果当选，将会考虑恢复水刑等手段以对付“伊斯兰国”等恐怖组织。而水刑往往被归做“酷刑”，为多项国际法规所禁止。在海登看来，美军士兵或将拒绝执行这类“不合法的命令”，否则将会违反国际法。

当包括共和党在内的政界人士都纷纷宣称抵制特朗普之时，索罗斯、扎克伯格等多位商界重要人物也透过实际行动对于特朗普表示“反对”。

2015年12月，索罗斯就曾在英国《卫报》上发文，批评以特朗普为代表的部分共和党候选人的言论正在煽动极端情绪，威胁美国的“开放社会”。2016年1月下旬，在参加达沃斯冬季论坛时，索罗斯再次对特朗普有关言论提出批评。他指出，特朗普的竞选是在“贩卖恐惧”，恰恰是在帮助恐怖主义。3月初，《纽约时报》报道，索罗斯和其他出资者筹集资金上千万美元，展开一场鼓励拉丁裔与移民参与投票的运动。索罗斯的这一决定被广泛认为是对特朗普等人的“反移民”言论的回击，尽管以往他曾经向特朗普提供过数额巨大的商业贷款。

早在特朗普发布“全面禁止”穆斯林言论之时，FACEBOOK 创始人马克·扎克伯格、亚马逊创始人杰夫·贝佐斯均透过网络对于特朗普的言论作出回应。前者的表态得到了包括土耳其总统埃尔多安在内的广泛赞誉；后者则在自己的推文中建议把特朗普“扔”出地球。

2016 年 4 月中旬，就在纽约州初选投票前几天，扎克伯格在出席 FACEBOOK F8 开发者会议时，再度表示了他对于特朗普有关言论的反对。扎克伯格虽然并未“点名”，但是在其演讲中明确表示了对于“筑墙”制造隔离这一恐惧文化的批评，重申了他个人以及社交网络的开放立场。

此外，来自华尔街的一些投资者还专门成立了反对特朗普的外围政治组织，其目的就是要反对特朗普赢得提名，甚至成为总统。

而特朗普之所以能够给商界带来如此之大的“震动”，除了因为有关人士对其“修墙论”“全面禁止”穆斯林等争议言论的反对外，另一个主要原因则是特朗普自竞选以来所展示出的不可预测性，例如，他所宣称过的要发动针对中国的贸易战，可能要对富人加税，或将干涉美国联邦储备委员会的货币政策等，这些都是以华尔街为代表的商界人士所忌惮的。正如一些美国商界人士所指出的那样：“他（指特朗普）吓坏市场，有很大的不确定性，而市场不喜欢不确定性。”

相对于上述政商两界人士对于特朗普的“狙击”，前纽约市长迈克尔·布隆伯格（Michael Bloomberg）针对特朗普的“抵制”或许更显悲情。

布隆伯格是全美知名的亿万富豪，也是全球知名财经资讯公司布隆

担任纽约市长期间的布隆伯格

伯格新闻公司（即彭博社，Bloomberg News）的创始人。早在特朗普还活跃在电视屏幕之时，布隆伯格就已经成为纽约市长。而据《福布斯》杂志披露，他的个人财富高达300多亿美元，数倍于特朗普。多年来，志存高远的布隆伯格一直寻求能够参加总统选举，并曾在前两届美国总统选举中引发媒体热议。

2016年1月，布隆伯格表示有意“自费”10亿美元，以独立候选人资格参加总统选举。而据《纽约时报》报道，布隆伯格还与副总统拜登、英国首相卡梅隆等政要商讨过自己的计划。就在2月份初选投票开始之前，他还曾派人在数十个州进行民意测验，甚至在个别州设立竞选办公室。然而，3月7日，布隆伯格正式对外宣布，将不会以独立候选人身份参加总统选举。

对于放弃参加总统选举的原因，布隆伯格在其公开信《我不能冒这个险》中给予了明确说明。他指出，他的参选极有可能不仅无法获得足够的选举人票，甚至还有可能会造成选票的分散，致使民主党、共和党两党的候选人都无法获得过半数选票。而在那样的情况下，总统的归属将会由国会决定①。布隆伯格指出："在共和党控制参众两院的情况下，很有可能导致特朗普或是克鲁兹最终当选总统。"他强调："我爱我们的国家，不希望因为我的参选而导致选出一位破坏团结、危害国家未来的候选人"。在文章中，布隆伯格还痛批了特朗普的竞选活动，称："这是我印象中最为分裂与蛊惑人心的竞选，他在利用人们的偏见与恐惧"，并对特朗普遣返移民、"全面禁止"穆斯林等言论逐一批驳。在公开信的最后，布隆伯格表示，不能通过摒弃那些成就美国伟大的价值观，来"让美国再次成为伟大的国家"。

对于布隆伯格的"退选"，美国的媒体给予了广泛关注，并且人都转引了他的公开信，特别是其中避免特朗普等共和党候选人"坐收渔利"的部分。

进入 2016 年 4 月以后，尽管特朗普在共和党初选中的优势已经无法阻挡，但是，包括麦凯恩、罗姆尼以及总统奥巴马在内众多人士还是屡屡对于特朗普的当选表示出负面看法。

虽然特朗普的选情一路看好，并且他在基本锁定共和党提名后，也在竞选方式上有所调整，但是他是否能够真正打消党内、党外对于他的疑虑，破解社会各界对于他的抵制，将会成为他能否顺利走进白宫的关键所在。

---

① 根据美国宪法第二条第一款的规定，在总统竞选中，如果参选的候选人均未能取得超过半数的选举人票，那么将由众议院投票选出总统，即总统人选的最终决定权将由选民"转移"到国会手中。这样的情况在历史上有过先例。

第三部分

特朗普外交

11. “划时代”的外交主张

特朗普在国内政策上的表态已经让美国“乱了套”，而他在外交事务上的主张或将让世界“翻了天”。从扬言重新审视盟友关系，到不反对日本、韩国拥有核武器，特朗普“总统”的大外交或将彻底改变世界的现有格局。虽然是否能够入主白宫还未可知，但是特朗普式的外交思想必将影响美国的未来。

11.1 引人注目的外交表态

在历次的美国总统选举中，候选人的外交政策不仅是其吸引国内选民支持的重要方面，同时也往往受到外国媒体，甚至是政府的普遍关注。然而，通常情况下，在整个选举过程之中，外交政策的重要影响主要体现在总统竞选阶段，而在两党选出各自总统提名人的初选时期，外交政策所占有的比重则相对有限。

一方面，这是由于在初选阶段，候选人的首要任务是在竞争激烈的党内混战中“杀出重围”，而对此具有关键影响的政策议题大多集中在医疗、教育、税收等民生或经济方面。因此，在这一时期，尽管外交政策也能吸引媒体、选民的注意，但却往往很少能够成为决定性因素。

另一方面，自20世纪中期，美国已经基本走出了“孤立主义”的束缚，“踌躇”之中迎来了属于自己的霸权[①]。表现在竞选中，就是尽管每个候选人都会有自己对于外交事物的不同理解，但是在大的方向上很难形成影响巨大、并且号召广泛的分野。特别是冷战格局确立以来，鉴于美国在世界舞台上所扮演的重要角色，使得候选人很难在历次初选中，能够通过一些颠覆性外交政策的提出而获得本党选民的足够支持[②]，从而改变竞选走向，甚至赢得选举。

然而，自2015年总统选举的大幕开启以来，特朗普却以他“不按常理出牌”的一系列表态，成功地把与外交政策有关的议题塑造成为了他赢得党内初选的一个个“秘密武器”。并且，特朗普的这些外交政策主张在美国内外都引发了广泛关注。

在2015年6月的参选演讲中，特朗普就抛出了他关于墨西哥移民的有关言论，而且他所主张在美墨边境“修墙论”话题的持续发酵，成为了其整个竞选过程之中的主要争议之一。

也是在参选开始，特朗普就表现出他对于中国的“复杂感情”。一方面，他惊叹于中国在基础设施建设等领域所取得的惊人成就；另一方

---

① 北京大学历史系王立新教授在其著作《踌躇的霸权》中，对于美国在20世纪上半叶作为一个崛起的大国，逐渐摆脱孤立主义，进而成为世界领导者的历程有过严谨的描述与分析。

② 1964年共和党候选人巴里·戈德华特（Barry Goldwater）凭借其在内政、外交方面的一系列极端主张，颇为意外地赢得了共和党的总统提名。但是，他的外交主张尽管强硬，但却并非对于“主流”外交思想的彻底颠覆，而且外交政策也只是他赢得党内提名的一个方面。值得一提的是，尽管戈德华特在当年的总统竞选中大败于民主党候选人林登·约翰逊（Lyndon B. Johnson），但是他的政治理念还是为保守主义的复苏铺就了基石，并为共和党于20世纪60年代以来在美国南部地区的版图扩张做出了重要贡献。

2015 年 6 月 16 日，特朗普发表参选演讲，提出“修墙论”，并谈及中美贸易等

面，他却在货币、贸易等众多领域把中国视为了主要“敌人”。

2015 年下半年，特朗普还多次表达了对于俄罗斯总统普京的“欣赏”，并且与后者“隔空”互动，成为了他在外交事务方面的又一个“亮点”。

2015 年 12 月，特朗普在早前一系列有关穆斯林言论的铺垫下，正式推出了自己“全面禁止”穆斯林的政策主张。虽然有关政策并不是纯粹意义上的外交事务，但还是引发了自“修墙论”以来又一波来自多个国家的批评浪潮。

进入 2016 年以后，尽管共和党初选投票正式开始，特朗普却并未停止他在外交政策方面的不断“放炮”。一方面，他在美墨双边关系等问题上继续发挥，使得这些话题持续成为热点；另一方面，通过几番对于自身外交政策的正式阐述，特朗普也试图把自己由“外交个体户”的形象，向一位有理念、有抱负、有团队的“总统提名人”方向靠拢。

2016 年 3 月 21 日，特朗普专程到访《华盛顿邮报》编辑部，并在当天采访中，首度就外交理念与外交团队等问题做出了较为全面的说明。

在谈及伊朗核问题时，特朗普再度批评了国务卿约翰·克里与伊朗达成的协议。

在回答对于里根时期美国政府向全世界推广民主与自由理念的看法时，特朗普表示，在他看来今天的世界已经不同当初，而美国不再需要进行意识形态建设。面对记者的追问，特朗普强调今天的美国已经在“崩塌”，应该把更多的精力、财力投入到诸如巴尔的摩、底特律这样的美国城市中去。

在论及北约与美国的诸多盟国时，特朗普则通过一连串的质问表达了他对于美国代替德国等其他国家承担责任的不满。他表示，一方面，美国甚至在冒着与俄罗斯爆发第三次世界大战的危险而“出头”，而且如今美国的自身状况与建立北约之时相比已经大不如前；另一方面，诸如德国、沙特、日本、韩国这些国家却都在“搭便车”，并且其中一些国家则根本“不差钱”。

而说到对于“伊斯兰国”的问题，特朗普则强调自己并没有说过要派出数以万计的地面作战部队，但是，他支持消灭对方，并且主张通过为有关国家提供空中支援来协助其与“伊斯兰国”作战。

特朗普还回答了记者有关处理与中国关系的问题，他表示美国对于中国拥有贸易优势，但他不认为应该为了其他国家而与中国发动第三次世界大战。而他还声称自己对于中国“非常了解”，中国的抱负之高“难以置信”。其后，特朗普再一次“怒赞”了中国的基础设施建设，并且指出：“当（指中国的 GDP 增幅）下降至 7% ~8% 时，就好像一场国家灾难”，而美国的 GDP 增幅“本质上就是零”。特朗普还针对中美贸易与“钓鱼岛问题”发表了自己的看法。

对于美国的海外基地，以及在太平洋地区的部署，特朗普声言日本、韩国应该承担更多的费用，而美国则作为负债国，却把钱花在了其他国家身上，甚至在中东等地把大量的装备“给了”美国的敌人。

此外，特朗普还在这次采访中，首度公开了外交团队的信息。不过，特朗普所公布的名单并未获得广泛的认可。稍后美国一家知名政治类网站在介绍特朗普的外交团队时，就援引了斯坦福大学学者沙哈克的评论，他表示：“对于这些人一无所知”，而“即使是一流人才在国家安全上都很难干好，用三流人才几乎完全不可能完成这个任务”。

虽然特朗普在《华盛顿邮报》的这次采访中，较为详细地介绍了自己的外交理念，但是还有许多美国媒体指出，特朗普的表态并没有让人对于他的外交政策变得放心。

几天后，特朗普又在《纽约时报》的采访中，对于自己的外交政策做了进一步的阐释。除了在北约问题上继续强化了自己的观点，强调北约是一个“过时的”组织，而美国应该重视检讨有关关系外，他还在核武器问题、叙利亚问题等方面表达了看法。

在谈及朝鲜核问题时和被问及是否允许日本、韩国拥有核武器以抵抗朝鲜可能的核攻击时，特朗普表示对此持开放态度。他还补充，如果日本、韩国不能承担更多的美军费用，他将考虑从两国撤出驻军。

在谈及叙利亚与反恐问题时，特朗普批评了奥巴马政府同时打击“伊斯兰国”与叙利亚政府的做法，表示前者才是“大问题”，而奥巴马政府的做法是“疯狂和愚蠢的”。

在此次采访中，特朗普还表示了他或将考虑停止从沙特购买石油，因为长期受到美国保护的沙特应当在打击“伊斯兰国”等问题上承担更多的责任。

此次《纽约时报》的采访，尽管仍旧未能打消媒体与民众对于特朗普外交政策的疑虑，并且因其在日韩“拥核”方面的表态而引发了从美国总统奥巴马到日韩两国的一系列反应，但是，通过此次采访，特朗普也向外界传递了一个重要信号，就是他的外交理念将会秉持“美国优先论”，并且强调付出与收获应当对等。

以 2016 年 3 月下旬的这两次采访为标志，特朗普自参选以来所抛出的一系列外交言论逐渐被整合。虽然这些乍看起来有悖美国长期外交传统的“奇谈怪论”在美国内外均引发了广泛关注，甚至是大范围的批评与抵制，但是不得不承认，特朗普通过他近一年时间的持续“放炮”，已经逐渐勾勒出了一副具有“颠覆性”意义的外交图景，而且这些外交政策在饱受争议的同时，也在一定程度上成为了特朗普在初选中高歌猛进的重要因素。

11.2 “美国优先论”

2016年4月27日，受美国智库国家利益中心的邀请，特朗普在华盛顿发表了他自参选以来最为正式的一次外交政策演讲。在共和党初选中已经取得了压倒性优势的特朗普，在之前《华盛顿邮报》《纽约时报》问答采访的基础上，面对受邀的外交精英们，对于自己的外交理念作出了一番全面、系统的阐释。值得一提的是，特朗普在此次演讲中，罕见地使用了提词器，这也从一个侧面反映出了他对这次演讲的高度重视[①]。

演讲开始，特朗普就指明了他对外交政策的基本原则，即“用目的性代替随意性、用策略代替意识形态、用和平代替混乱”，并且指出“美国优先”是他的外交政策及未来政府的主要主题。

随后，特朗普简短回顾了美国在二战、冷战这两个时期所取得的成就，并且对于冷战后美国的外交政策展开了猛烈的抨击，直指这一时期对外政策中的“逻辑已经被愚蠢与傲慢所取代”，并且“导致了外交政策的一个又一个灾难”。特朗普特别指出了“伊斯兰国”的出现与壮大这一事实，正是在美国不遗余力的向其他国家强行推广民主制度，进而导致这些国家分崩离析的情况下发生的。

---

① 提词器，是在公开演讲或电视直播中使用的一种电子设备，主要作用是向发言人显示讲话内容。在此次总统选举中，绝大多数的候选人在竞选活动中都使用提词器，以保证在面对选民或者接受采访时，能够言之有物，而且不至于忘记重点。而据美国媒体报道，特朗普自参选以来，不论是竞选造势活动中，还是接受媒体采访时，都很少使用提词器。

2016 年 4 月 27 日，特朗普在华盛顿发表外交政策演讲

在回顾了美国外交政策的过去之后，特朗普转而进入正题，指出了现行美国外交政策中的5个主要弱点：第一，美国的资源被过度使用；第二，美国的盟友没有负担公平的费用；第三，美国的盟友开始认为美国不再能被依赖；第四，美国的对手已经不再尊重美国；第五，美国已经不再拥有对于自身外交政策目标的清晰认识。而在关于上述这些问题的陈述中，特朗普列举了包括美国经济衰退、中东局势动荡、核问题持续困扰、“伊斯兰国”日益壮大等例子，并且以此来批评克林顿政府、奥巴马政府在外交政策上的错误，特别是“缺乏一个连贯的外交政策”。

其后，特朗普表示如果他成为总统，将会塑造一种“新的、理性的美国外交政策”，集中最优秀的人才，获得两党的共同支持。特朗普指出他所认为的美国外交政策的主要目标，包括抑制激进伊斯兰势力的扩张与蔓延，重建美国的军事与经济，形成以美国利益为基础的外交政策。而在详细讲述这些外交政策目标的过程中，特朗普也不忘向“伊斯兰国”喊话，声称如果自己当选总统，对方将“非常、非常迅速地被消灭”。与此同时，特朗普也就贸易、移民、就业、退伍军人等问题发表了自己的看法，并且强调不能忽视美国的核心利益。

在其后的演讲内容里，特朗普逐条说明了他成为总统后在外交政策方面的工作重点。除了在之前的采访中屡次提及的打击恐怖主义、重振美国经济，以及重新审视与欧亚地区的盟国关系外，特朗普在美俄关系、中美关系方面提出了积极的看法，他指出：“并不一定非要成为对手”，而应当寻求能够共赢的“共同基础”。关于美俄关系，特朗普认为他会“试试看”能不能与对方达成一个有利于双方的“伟大协议”。关于中美关系，特朗普则表示：“修复与中国的关系是另一项重要举措”，而这将“真正建立一个更加繁荣的时期”。

在演讲的最后，特朗普重申了他所秉持的外交政策与未来政府的重要主题，即“美国优先”。他表示不论是在贸易、移民，还是在其他外交政策方面，美国自身的利益将成为他的首要出发点，而“将不再把这个国家或人民交给全球化的虚假赞歌”。特朗普强调必须“让美国再度伟大”，而这样才可能使得本世纪成为“有史以来最为和平、最为繁荣的一个世纪”。

纵观特朗普此次具有里程碑意义的外交政策演讲，不难发现，那些他早前在竞选过程中所抛出的煽动性言论已基本消失，而那些耸人听闻的口号也被颇为理性的政策论述所代替，这一方面是由于此次演讲所面对的是华府的政治精英，而非广大的草根民众；另一方面，也是因为那些五花八门的外交议题已经被特朗普在他系统化的外交理念中进行了广泛的整合。

在这次外交政策演讲中，“美国优先”是“特朗普牌”外交政策的核心要义。尽管从来没有哪个美国总统或总统候选人不曾表示过类似的看法，但是特朗普却通过此次演讲给出了自己的“独家”解读。“美国优先”并不意味着“美国领导”，而是应当在制定与实施外交政策时以美国自身的利益为第一考量，而非不计成本维护盟国利益或是费力不讨好的推广民主制度。

此外，淡化意识形态是特朗普此次外交政策演讲的另一个主要特征。不论是论及“伊斯兰国”的崛起，还是说明如何维护中东秩序，特朗普都强调美国不应过多地输出意识形态，而应该“打败恐怖分子、推进地区稳定，而非导致剧变”。

然而，尽管强调“美国优先”以及淡化意识形态，但并不意味着特朗普的外交政策就是一味的“孤立”或“收缩”。一方面，在重申务必检讨北约与亚洲盟国关系的同时，特朗普也指出，与盟友一起重振西方的价值观与制度是他的工作重点之一，而且“加强与促进西方文明及成就，将会比军事干预更能促进世界的积极变革”；另一方面，从特朗普之前的采访表态也不难看出，他所谓的重新定义北约与盟国关系更多是出于一种现实利益，甚至是经济利益的计算，并且特朗普不止一次的在他关于日本、韩国、沙特的政策论述中表示如果对方增加军费承担，或是出兵打击恐怖组织，那么一切还都“有的谈”。简言之，与其说特朗普的外交主张是“孤立主义”的代表，还不如说他的外交政策是一种带有孤立主义色彩的“商人式的实用主义”理念。

2016 年 4 月 27 日的这次外交政策演讲，在特朗普的整个竞选过程中具有重要意义。它不仅使得特朗普长期以来饱受媒体与政策圈诟病的政策“小白”形象得到较大改观，而且更为重要的是，它基本确立了特朗普以“美国优先论”为核心的外交政策路线。而随着特朗普在共和党初选中的基本出线，以更为系统、更具感召力的内外政策赢得更多选民的支持，成为了他在后续选举中最为重要的任务，而“美国优先论”或将成为特朗普在最后的总统选战中，与民主党候选人“PK”的最主要“旗帜”。

11.3 特朗普“总统”？世界有话说！

自特朗普参选以来，他在外交政策有关问题上的一系列主张，不仅在美国国内掀起了轩然大波，而且在世界范围内引发了从欧美到亚太，从官方到民间的广泛“热议”。

作为最早在特朗普的竞选过程中受到牵连的国家，墨西哥几乎是从特朗普参选之初，就开始对其一系列的“辱墨”言论作出回击。包括墨西哥的总统们（前任和现任）在内，墨西哥政坛对于特朗普的抨击长期延续。而在墨西哥民间，特朗普也成为了“知名度”最高的美国总统候选人。

如果说特朗普由于“修墙论”等话题引发的“热潮”还主要集中于以墨西哥为代表的拉美国家的话，那么在其后的竞选过程中，随着他在穆斯林、北约、核武器等问题上的一系列表态，以及他成为下届美国总统可能性的日益增大，特朗普则受到了从加拿大到欧亚多国政府的普遍“关注”。

据法新社报道，加拿大外长斯特凡·迪翁在2015年12月8日出面表示，加拿大不能接受特朗普早前有关穆斯林的极端言论，并指出“我们从未离美国如此遥远”。迪翁还补充到，特朗普所呼吁的政策决不允许出现在加拿大，而多样性是加拿大之所以强大的主要原因之一。

2016年3月，加拿大总理贾斯廷·特鲁多访问美国。在此次出访前，就有媒体报道，特鲁多对于特朗普的竞选方式与言论颇有微词，而加拿大官方则表示，特鲁多的访问将不涉及有关特朗普的话题。然而，在特鲁多与美国大学生的交流中，特朗普还是成为了关键词。对于有美国民众考虑如果特朗普当选总统或将移民加拿大的问题，特鲁多表示，在历次美国总统选举期间，选民们由于担心选举结果不如所愿而考虑离开美国的情况并不少见。但他同时强调，尽管如此，将移民与政治挂钩还是不够严肃。

2016年3月初，德国总理默克尔接受德国《星期日图片报》采访，在被问及对于美国总统选举的看法时，她对希拉里给予了较高评价。默克尔表示欣赏希拉里丰富的政治经验，并称很享受与其一起工作。而对

2016 年 3 月 10 日，加拿大总理贾斯廷·特鲁多访美并在白宫发表讲话

于曾经批评自己“正在毁掉德国”的特朗普①，默克尔则表示：“我私下并不认识他”，并且声称：“我看不出有什么理由去回应他”。

同样是在 3 月初，德国副总理兼经济部长加布里埃尔也在采访中谈及了特朗普，但是他的表态则比默克尔的冷处理要明确得多。在接受德国《星期日世界报》采访时，加布里埃尔表示，包括特朗普在内的右翼民粹主义者“不仅危及和平与社会凝聚力，还危及经济发展”。他的这番表态被认为是欧洲国家执政党领导人对于美国总统选举担心的最直接表现。

① 特朗普曾于 2015 年 12 月一场位于爱荷华州的竞选活动中，批评默克尔的移民政策，声言默克尔“正在毁掉德国”。特朗普还在同一时期表达了对于《时代》杂志选择默克尔、而非自己作为 2015 年年度人物的不满。

2016 年 4 月下旬，意大利总理伦齐在接受美国有线电视新闻网采访时表示，他坚定支持民主党候选人希拉里，并称希拉里“是一位能够给每一个合作伙伴安全的女性，是一位发出与其他各方合作信息的女性，是一位能够延续奥巴马总统良好政策的女性”。与此同时，伦齐对于特朗普的“恐吓政策”进行了批评。

相对于上述这些国家政要对于特朗普的严肃态度，英国方面对于特朗普竞选方式和言论的评点则显得颇为风趣。

早在 2015 年 12 月，特朗普抛出“全面禁止”穆斯林言论之时，从英国首相卡梅伦到时任伦敦市长鲍里斯，都对其给出了“差评”。而在英国国内，更是掀起了一场“禁止特朗普入境英国”的请愿活动。

2016 年年初，鉴于该请愿活动已经获得愈 57 万人的联署，英国议会对于是否“禁止特朗普入境英国”展开辩论。在该场辩论中，多位英国议员发表了自己对于特朗普入境及其竞选言行的独特见解。有议员提议：“滑稽的人不应受到禁令的呆板对待，而应得到经典的英式幽默作为回应”。也有议员指出：“特朗普是个傻瓜，而想做傻瓜是他的自由”。还有议员表示：“他（指特朗普）是一个‘wazzock’”①。在这场长达数小时的辩论中，几乎在场的每一位议员都表达了对特朗普的看法，并且以批评意见居多。然而，考虑到禁止特朗普入境可能会适得其反，甚至助长他的选情，最终议会并未就“禁止特朗普入境英国”达成一致。

虽然在欧洲大国中，对于特朗普的负面意见占据多数，但是也并非所有国家的领导人都对于特朗普持有负面观感，俄罗斯总统普京就曾对于特朗普赞誉有加。

---

① Wazzock，英国俚语，指“蠢货”，或“讨厌的人”。

2015 年 12 月 17 日，俄罗斯总统普京在年度媒体见面会上

据美国有线电视新闻网 2015 年 12 月报道，在当月 17 日的俄罗斯总统年度媒体见面会上，普京面对记者采访，对于特朗普给予较高的评价。俄罗斯总统表示：“毫无疑问，他（指特朗普）很聪明，而且才能出众”。普京还指出，“特朗普是‘选举中绝对的佼佼者’”。普京的这番表态在美国迅速引发热议，更有专门研究普京的俄裔学者指出俄罗斯总统的这些评论是“真诚的”，并且强调普京与特朗普“在很多方面有着共同之处”。

事实上，自参选以来，特朗普就多次表达过他能够与普京友好相处的自信，并且直批奥巴马与普京“处不来”。在 2016 年 3 月推出的一条旨在攻击希拉里外交政策的竞选广告中，特朗普方面也请来了普京“客串演出”。而透过特朗普于 4 月底所发布的外交政策演讲，未来他与普京的互动被认为是他若当选总统后最受瞩目的看点之一。

相对于欧洲多国对于特朗普或负面、或回避、或点赞的不同态度，亚洲的日本对于特朗普的外交政策及其当选的前景则不仅仅是“关注”这么简单，甚至是显得颇为“恐慌”。

早在20世纪80年代后期，特朗普就曾在《纽约时报》等美国主要报纸上刊登过大幅广告，表达对于包括日本在内部分盟国的不满。而进入到此次选举以来，特朗普更是多次表态将会重新审视美日关系。在涉日问题上，特朗普从日元贬值到美日贸易，从美日安保到考虑撤出驻军的一系列言论引起了日本方面的持续紧张。

2016年3月1日，特朗普在共和党初选的多个州取得胜利，有力巩固了自己的领先优势。从这一时期开始，日本政府与媒体对于他的关注变得日渐频密。

据日本共同社3月2日报道，有日本政府官员表示“无法预测特朗普的言论”。该报道认为，如果特朗普当选下一届美国总统，很有可能给美日关系带来变化，而日本政府也在持续关注美国总统选举的走向。

也就在3月初，包括《朝日新闻》《读卖新闻》《产经新闻》等主要日本媒体均对特朗普的选情及他的竞选风格给予报道。这些报道多半以“危险”“分裂”“担忧”作为关键词，仿佛掀起了一波“反特朗普旋风”。据日本媒体披露，自3月中旬，日本外务省开始以华盛顿的日本大使馆为中心，就特朗普可能成为美国总统的情况进行调研，包括对于潜在的国务卿等重要职位人选，以及特朗普可能推出的政策方针等加紧信息收集工作。

随着3月下旬以来，特朗普在外交政策方面的几次阐述，特别是在核武器以及从日本撤出驻军等问题上的表态，包括内阁官房长官菅义伟在内的多位日本政要先后对于特朗普的涉日言论作了回应。

在2016年3月28日的新闻发布会上，官房长官菅义伟称日本将继续坚持“无核三原则”，这被认为是对于特朗普早前关于支持日韩“拥核”言论的回应。而针对特朗普所称《美日安保条约》的义务分配与可能修改等问题，菅义伟虽然拒绝对于撤出驻日美军一事做出置评，但他也同时强调：“无论谁当美国总统，日美同盟是我国外交的基础。与美国的密切合作完全不会改变。”

2016 年 3 月 31 日，日本首相安倍晋三与奥巴马在美日韩三国首脑会议上

2016 年 4 月初，在接受美国《华尔街日报》采访时，一向回避谈论特朗普的日本首相安倍晋三也就前者所言的撤出驻军一事发表了看法。他表示：“在可预见的未来，出现不需要美国存在的情况是不可想象的”。安倍晋三还强调跨太平洋伙伴关系协定（TPP）的重要意义，而该协定长期以来一直受到特朗普的抨击。

进入5月，日本地方创生担当大臣石破茂、日本驻美国大使佐佐江贤一郎等都对于特朗普的言论表达了含蓄的批评。而前日本运输大臣亀井静香、前东京都知事的石原慎太郎更是在5月19日的一场记者会上，声称已经向特朗普方面发出信函，要求与其会面并给他“补补课”。

日本方面这一系列对于特朗普选情及其言论的“关注”，使得它成为继墨西哥之后，对于本次美国总统大选最为“忧虑”的国家之一。而身为日本近邻的韩国，尽管也屡屡被特朗普点名，更是在撤军、核武器等问题上成为了与日本同病相怜的“小伙伴儿”，但是，韩国方面却基本未对特朗普的有关言论做出过较为正式的表态。在这一点上，两国政府的反应形成了强烈反差。

而除了以上这些国家对于特朗普的选举“有话说”外，值得注意的是，罗马天主教教皇方济各也于2016年2月访问墨西哥期间，对于特朗普在美墨边境“筑长城”的言论作出了委婉的批评。而令人意外的是，对于教皇的提点，特朗普也照样还击。

此外，《哈利·波特》系列丛书作者J. K. 罗琳，以及著名杂志《经济学人》也纷纷对于特朗普的言论与选情表达了负面看法。前者于2015年12月在个人社交账号上表示，与特朗普相比，自己小说中的大反派“伏地魔”还稍逊一筹；而后者旗下智库EIU（The Economist Intelligence Unit）则在2016年3月发布的报告中，将“特朗普当选总统”与“叙利亚引发新冷战”等并列，作为当今世界将会造成深远影响的十大危机之一。而在相关评级中，有关“特朗普当选”的风险指数甚至高于“英国脱欧”，与“伊斯兰国”不相上下。

11.4 特朗普“治下”的中美关系

特朗普从竞选开始，就把中国作为其“关键词”，在他长达近一年的竞选旅程中，对于中国的点评也从未停止过。从一开始就攻击中国的贸易政策，并声称中国方面抢走了美国人的工作，到其后但凡谈到工作岗位或者美国经济，就会拿中国说事儿，可以说，中国成了特朗普竞选过程中最为主要的“涉事国”。然而，随着特朗普在竞选道路上越走越远，其一系列政策主张也在逐渐调整，而对华政策就是其中最典型的代表。

在 2016 年 3 月以来的历次关于对外政策的表态中，特朗普尽管不断重复其在经贸及南海等问题上对于中国的批评，但是其言辞已经有所节制。在 4 月 27 日的外交政策演讲中，特朗普面向华盛顿的政治精英，阐释了其未来的政策蓝图。其中，很重要的一条就是争取与中国共同构建一个“更加繁荣的时期”。可以预见，在即将到来的总统竞选中，特朗普还会说到中国，而考虑到他长期以来对于中国的分外“关注”，其未来的涉华言论或将又有新的主张。

纵观特朗普长期以来与中国相关的政策表述，可以说其对华态度是敌视与重视并存，误会与机会同在。

一方面，特朗普在经贸等议题上对中国存在着严重的误读。特朗普自竞选以来就宣称中国“抢走”美国的就业，甚至是“中国正在‘玩死’我们”，他的这一说法并不靠谱。美国本土工作岗位的流失是缘于自身经济结构调整以及全球化加剧等内外原因，而与中国并无因果关系。近几十年来，众多的美国企业将部分生产环节外包，这是基于合理配置资源、追求利润最大化的正常选择，并不是中国或其他哪个第三国能够左右的。而包括中国在内，世界上的多个国家也与美国一样，既是全球化这一历史潮流的受益者，同时也承担着由此而来的责任和义务。至于特朗普所说的要提高中国商品的关税，不仅从理论上来讲难以实现，而且就算真能达到，其最终的受害者也很可能是美国企业和美国国内的消费者。因此，特朗普在经贸等议题上对中国的抨击，与其说是言之凿凿的批判，倒不如说是出于竞选考量，而有意无意地制造出的噱头。

另一方面，作为一名精明、成功的商人，特朗普在连续炮轰中国的同时，也很清楚中国的重要地位和巨大价值。随着近几十年来的持续发展，中国在经济等多个方面已经取得了长足进步，而且在世界舞台上发挥着举足轻重的作用。在近几次美国总统选举中，关于是否应该继续与中国合作之类的问题已经越来越难以产生太大争议，虽然还有一些候选人对中国持负面看法，但是大多数两党的候选人已经认识到了中国的重要性。而特朗普尽管在就业等问题对中国展开多次炮轰，但是他也充分认识到了中美关系的重要意义以及中国的非凡能量。对于未来与中国可能而且必不可缺的合作，特朗普的态度显然不是拒绝。值得一提的是，特朗普本人就与不少中国企业有着良好的合作关系，而且对来自中国方面的客户，以及中国近几十年来的基础设施建设给予过不低的评价。

展望特朗普“总统”治下的美国对外政策，在有关中国事务方面，或许将会出现一些难以预料的演变。

在意识形态方面，中美之间产生大规模冲撞的可能性将会减少。商人出身的特朗普在他历次的外交政策表态中，多次强调美国应当避免过多地输出意识形态，特别是为此付出不必要的代价。而他在 2016 年 4 月 27 日的外交政策演讲中，也明确表达愿意与中国共创繁荣的意愿。

2016 年 5 月 18 日，特朗普低调到访位于纽约的前国务卿基辛格博士的寓所，此举被认为是向后者寻求在中美关系等重大外交问题上的指点与建议

总体而言，如果特朗普主政，中美双方在意识形态领域的摩擦程度或将有所降低。

在经贸关系方面，中美之间或将产生一定程度的碰撞。虽然特朗普关于关税调整的主张只会造成中美两败俱伤，但是考虑到他一直以来的言论，或许未来“新官上任”的特朗普会在有关问题上有所表示。与此同时，鉴于特朗普长期以来在就业与人民币汇率等问题上对于中国的发难，也不能排除他或将在有关政策上有所动作。不过，从长远来看，特朗普这些可能的调整只会是中美经贸关系不断发展中的小波折。不论是从中美双边的角度而言，还是从世界经济的发展来看，都经不起中美之间大范围的“硬碰硬”。

在地区安全等其他事务方面，中美之间的发展变化将会具有很大的不确定性。

首先，特朗普的一系列外交政策主张都具有划时代的意义，这些主张能否落实将是一个很大的问号。不管在与欧洲、亚洲的盟国关系上，还是对美国以往外交战略的认知上，特朗普的表态都体现出了“颠覆性”的特色。然而，他的这些主张真要转换成政策，不仅要把响亮的口号转变成为具体的行动，而且还要通过与国会、军方以及一系列部门的共同合作，而这些因素在美国对外政策的制订与实施中都发挥着至关重要的作用。以目前的美国政治体系来看，特朗普要实现有关主张可谓是困难重重。

其次，特朗普在包括核武器等问题上的态度，也从侧面体现出他在外交事务上的不成熟，而这种不成熟之中就蕴含着各种可能性。尽管诸如支持日本、韩国“拥核”之类的表态很难最终变为现实，但是可以预见的是，特朗普“总统”的东亚政策或将比较具有“创造性”。而在未来特朗普这种难以预料的地区政策的影响下，中美双方在相关问题上合作抑或对抗的可能都会存在。

综上所述，尽管特朗普自竞选以来就多次在经贸等议题上对中国展开抨击，而且随着选举的深入，他对于中国的点评或将还会有新的“炮弹”，但是中美合作的历史大势是不可阻挡的。不论像里根当政之初在涉台问题上做文章，还是如克林顿主政初期在经贸问题上设绊子，都不会改变中美之间日益交织的密切关系。对于这一点，商人出身的特朗普可以说比其他相当数量的美国人看得更为清楚。然而，考虑到特朗普在内外政策上的不确定性，特别由于他带有强烈孤立主义色彩的“商业实用主义外交”所可能带来的地缘政治变化，不论是中国，还是其他国家，都应当做好各种准备，审慎应对特朗普“治下”的美国外交新政。

第四部分

为什么是特朗普？

12. 天时：长期积累中的美国社会问题

特朗普在这次美国总统竞选中的成功是多方面因素造成的。相对于诸如选举规则之类的制度性安排，或是竞选策略这样的技术性操作，看似不可把握的“时机”却正是特朗普能够在这次总统竞选中走到今天的重要原因之一。近几十年来，由于经济、社会、文化等多方面的发展变化，美国国内很多问题在最近几年已走向一个个重要节点。而就在这一时间点上，“局外人”出身的特朗普，就像当初投资曼哈顿地产项目一样，精准、迅速地抓住了问题的所在，并把它们导向自己所需的方向。

12.1 经济发展

在历次的美国总统竞选中，经济议题始终是最为重要的议题。因为它不仅关系美国国家实力的变化，而且与每个选民的生活息息相关。特别是自20世纪90年代初冷战结束以来，经济议题在美国总统选举中的意义变得更为重要，也更受选民的关注。

虽然美国经济实力长期以来一直居于世界首位，而且依然保持着巨大的领先优势，但是近几十年来，美国国内诸如部分行业工作岗位大幅减少、贫富差距进一步扩大等问题已经给相当数量普通民众的生活造成了较大影响。甚至这些问题在近年内已经接近或者超过相关临界点，日渐成为美国社会的“棘手”难题。

20世纪80年代以来，随着相当数量的美国制造业企业将其部分生产线转移到国外以及生产技术的不断提高，美国国内的制造业工作岗位减少了200多万个；而且自2000年以来，随着全球化的日益深入和高新技术的不断发展，美国国内制造业岗位流失的数量更是超过了30%。这些变化使得相当数量的、长期从事传统制造业的美国人不得不“下岗”[①]。与此同时，尽管包括互联网在内的新经济也创造了一定的工作岗位，但是由于受地域限制、技术水平等因素的制约，部分美国民众很难在新经济领域找到自己的位置。

在部分行业工作岗位不断流失的同时，由于受收入分配不均及其他因素的共同影响，美国国内的贫富差距也在不断扩大。从1981年到2001年，美国收入最低的20%家庭其收入增长率仅为7.5%，收入最高的20%家庭其收入增长率则为59.3%，而收入次低、中等、次高的20%家庭其收入增长率则在上述两个数值之间逐级上升。然而，在

① 需要说明的是，美国制造业工作岗位的流失并不代表美国制造业的“衰落”。相反，由于生产自动化水平的不断提升，美国制造业的生产率在过去几十年有着大幅的增长。与此同时，在整个生产过程中，由于对关键技术或者高利润环节的掌控，使得美国企业的利润率长期处于世界领先水平。

1981 年之前的 30 年，这 5 组家庭的收入增长率不相上下，其中，收入最低的家庭其收入增长率还相对最高。2001 年以后，美国家庭收入差距扩大的趋势并未改观。近十余年内，美国家庭收入的基尼系数更是多年位于 0.45 之上，远高于 0.4 的“警戒线”。2012 年，美国最富裕的 0.1% 家庭所占有的财富，几乎与底层的 90% 家庭所拥有的财富相当。

2011 年 10 月 11 日，“占领华尔街”运动的示威者高举“我们是那 99%”的标语

贫富差距的不断扩大，使得众多美国民众对于个人的生活状况和政府的有关政策感到不满，然而，不论是小布什时期的共和党政府，还是奥巴马时期的民主党政府，都未能对此做出较大改善。更有甚者，在 2008 年金融危机之后，由于税收及其他政策上的“偏袒”，相当一部分原本应当受到金融危机影响的高收入阶层，反倒在收入水平上得到进一

步的巩固；而那些在金融危机之前就面临经济困局的低收入阶层，却日渐成为了被遗忘的人群。2011 年 9 月爆发并逐步席卷全美的“占领华尔街”运动，就是部分美国民众对于这一不公正现象的集体示威。

相对于带有明显愤怒色彩的“占领华尔街”运动，美国国内中产阶级的比例不断下降或许更能说明贫富差距日益扩大的现实。根据美国皮尤研究中心的数据显示，在 2000 年以来的十余年里，全美国 229 个大都市区中就有 200 个以上出现了中产阶级占成年人口比例下降的情况；而包括纽约、洛杉矶、波士顿、休斯敦在内的多个大都市区中中产阶级占总人口的比例已不足 1/2；2015 年，在整个美国社会中，中产阶级占成年人口的比例更是跌至 50%。昔日被视为社会中坚力量的中产阶级正在变为“少数派”，美国社会长期以来以中等收入阶层为主的“纺锤形”结构也正经历着重大改变。

不论是工作岗位的流失，还是中产阶级的萎缩，都表明美国经济发展正经历着一些缓慢但却痛苦的变革，然而，这些趋势在过去十余年里都没有得到有效扭转。经历了“9·11”事件的小布什政府，更多地把精力投入到了对外征讨。而高举着“改变”口号上台的奥巴马①，尽管从上任开始就呼吁“重振美国制造业”，而且也实施了一些有利于缩小贫富差距的政策，但是经过近 8 年的努力之后，他留下的更多还是无耐和失望。

正是在这种相当数量的美国民众对政府感到失望和不满的形势下，美国总统选举的大幕于 2015 年逐渐拉开。长期以来就以商界传奇形象示人的特朗普，则以一个“局外人”的身份高调加入了选战。这位在

① “Change”，即“改变”，是奥巴马在 2008 年美国总统竞选时的主要口号。在当年的选举中，相当数量的选民就是因为受到这一口号的感染，对当时在全国政治舞台上尚且名不见经传的奥巴马寄予了厚望。

过去十多年时常出现在美国电视屏幕上，并以助人寻找一份称心如意的高薪职位而家喻户晓的人物，自竞选开始，就不断向那些失去工作或者对贫富差距扩大等问题感到不满的美国民众喊话，高呼要把流失的就业岗位“带回来”，并且“让美国再度伟大”。

尽管众多的美国民众对特朗普的竞选方式感到不满，但是长期以来积聚于心中的“怒火”以及对于美国政治的失望，还是让相当比例的选民把特朗普视为其唯一的希望，甚至那些明知特朗普的言论有所出格的选民，也会因为特朗普在经济、移民等问题上的痛快直言和明确承诺，而坚定地成为他的追随者。在商业领域拥有独到眼光和精明手腕的特朗普，凭借对于美国经济问题的敏锐洞察以及一系列巧妙的自我“推销”，成功获得了相当比例的中低收入选民以及对于美国经济现状感到不满的选民的支持。

12.2 移民社会

不同于经济议题在美国总统竞选中长期占据着中心地位，移民议题在以往的美国总统选举中很少能够占到中央位置。在这次的总统竞选中，特朗普在移民问题上的一路“发挥”，不仅把这一问题变成了竞选的主要议题，而且也使得他自己凭借在此问题上的极端主张，获得了相当比例选民的支持。

美国从来就是一个移民社会。早在 17 世纪，来自欧洲的移民就开始在新英格兰地区定居，并逐渐勾勒出了未来美国的雏形。18 世纪晚期，美国正式建国，而当时这个国家的主要人口就是早期移民的后代。进入 19 世纪以后，越来越多的欧洲移民来到了美国，而随着大量来自中欧、东南欧“新移民”的涌入，美国社会的构成也愈加多元。20世纪以来，美国成为世界上首屈一指的大国，它对移民的吸引力也更为强大，来自亚洲、拉美等地区的移民日渐成为美国社会的重要组成部分。可以说，美国的历史就是一部移民史，而美国更是一个移民国家。

2015年9月下旬，罗马天主教教皇方济各访问美国。在他9月24日于美国国会发表的演讲中，教皇以“移民的儿子”自居，肯定了长期以来移民对于美国社会的重要意义。事实上，不论是早期被作为奴隶而贩运至此的非洲裔，还是20世纪以来大量涌入的拉美裔，他们都为美国的发展进步做出了不可磨灭的贡献。一方面，正是源源而来的移民，催生出了美国社会丰富多元的文化，形成了美国这个独一无二的“伟大熔炉”①；另一方面，也正是一个个移民对于“美国梦”的追求，促使了美国这个国家的持续强大。

然而，尽管对于移民的包容是美国强大的主要原因，但是纵观美国长期以来的发展历程，也不乏由于移民问题引发的重大争议。其中，最具代表性的就是1882年美国国会出台的《排华法》。

作为最早来到美国的亚裔移民，华裔早在19世纪中期就加入了建设美国的大军。尤其在1850年前后开始的美国西部淘金热潮和铁路建设中，华人劳工更是发挥了重要作用。然而，就在19世纪下半叶，廉价的华人劳工成为了美国国内因经济危机而引发失业问题的替罪羊。1870年以来，以旧金山为主的美国西部多个地区，爆发了数起针对华人的暴力活动，华裔民众遭受了从人身到财产的多重损失。1882年，美国国会通过以“禁止华工入境”和“不准华人归化入籍”为主要内

① 1908年，犹太裔剧作家伊斯雷尔·赞格威尔（Jsrael Zangwill）的作品《熔炉》（The Melting Pot）在美国纽约上演，他在该剧中将美国比喻为“所有的欧洲民族融化与再生的伟大熔炉”，从此“熔炉论”这一说法得到了美国社会的广泛认同，并被沿用至今。

容的《排华法》，并在其后几十年内不断延期，直至1943年才被撤销。《排华法》是美国国会通过的第一个明文规定排斥某单一种族移民的立法，它对美国社会关于华人的认知造成了严重的负面影响，同时也长期阻碍了中美两国之间的交流和联系。直到近年来，关于该法案的道歉议案才在美国参、众两院获得通过。

以《排华法》与19世纪下半叶的排华运动为代表，美国历史上针对外来移民的运动并不鲜见，只是这些运动在历史长河中并未成为主流，从而未能成为美国社会长期以来的“显性”元素。然而，近几十年来，由于少数族裔人口持续增加等因素的影响，移民议题的热度再次上升，并在这次总统竞选中被“炒作”成为一个广受关注的焦点议题。

2010年，美国人口普查的数据显示，美国国内少数族裔人口数量达到大约1.11亿，占到总人口的36.3%，相对于2000年上涨了近6个百分点，增加了2000多万人口①。与此同时，美国国内的白人占总人口的比例则从2000年的69.1%下降到2010年的63.7%，而人口数量只增加了大约200万。根据2010年的统计，加利福尼亚州、新墨西哥州、德克萨斯州、夏威夷州和华盛顿特区等地区，少数族裔占当地总人口的比例已经超过50%。而依据2011年的相关预测，到2050年，美国国内的白人将会成为美国人口中的“少数族裔”，而拉美裔则有望成为美国人口中的主力军。

美国著名政治学家塞缪尔·亨廷顿（Samuel P. Huntington）在2004年出版的著作《我们是谁？美国的国民认同所面临的挑战》中，就表达了在移民比例不断上升、移民文化持续影响下，对于美国社会主流的

① 统计数据中的“少数族裔”概念，是指“非拉美裔白人”以外的所有人口，以黑人（即非洲裔）、拉美裔、亚洲裔为主要组成部分。

2013 年 7 月 2 日，美国纽约市曼哈顿所举行的移民入籍仪式

“瓦斯普”文化日渐“式微”的担忧[①]。而以亨廷顿为代表，近年来已有越来越多的美国人表达了对于自身“身份认同”的顾虑。特别是以拉美裔为代表的非欧洲裔移民人口不断增加，以及这些族群在保留自身语言、文化方面所体现出的“顽强”态势，使得部分美国人认为，今天的美国社会更像是一个色彩斑斓但又很难调和的“彩色拼图”，而不再是一个能够彼此融合并且再度重生的“大熔炉”。2008 年，首位带有非洲血统的美国总统的产生，在开创了美国历史的同时，也在一定层面上加深了部分美国人对于美国未来的“忧虑”。

除了身份认同方面的顾虑之外，近年来在美国国内，移民问题也越

① “瓦斯普”（WASP），即“信奉新教的盎格鲁—撒克逊白种人”，最初是指信奉新教的盎格鲁—撒克逊裔美国人，目前也泛指信奉新教的欧洲裔美国人。

来越多地与就业问题、恐怖主义问题联系在一起。

随着部分行业工作岗位的流失，一些从事传统制造业的美国人失去了原有的工作机会，与此同时，日益增多的少数族裔人口却在美国“落地生根”。虽然工作岗位的流失可能是由于美国企业将制造外包、生产自动化等多种原因造成的，但是新移民却难免被当成“抢夺”就业岗位的“罪魁祸首”——事实上，在这次总统竞选过程中，以特朗普为代表的部分共和党参选人，就极力向那些普通选民传递类似的观点。而与就业问题类似，在社会资源分配甚至社会秩序变化等其他问题方面，移民群体也往往被当成是问题的主要“根源”。

2001 年，以“9·11”事件为标志，恐怖主义袭击登陆美国本土。尽管在随后的几年，美国政府先后发动了针对阿富汗、伊拉克等国家的“反恐战争”，但是恐怖主义势力不仅没被彻底消灭，反倒随着“伊斯兰国”等恐怖组织的兴起而“越反越恐”。在美国国内，随着 2013 年 4 月波士顿马拉松爆炸案、2015 年 12 月加州圣贝纳迪诺枪击案等事件的发生，相当数量的美国民众在对恐怖主义深恶痛绝的同时，也对受上述事件“牵连”的广大穆斯林民众持负面态度。尽管对穆斯林群体的负面情绪在近年来早有酝酿，但是在这次总统竞选中，却被特朗普光明正大地以“‘全面禁止’穆斯林”的言论摆上桌面，而原本就因身份认同、就业等问题而受牵绊的移民议题被进一步地拉进了泥潭。

在这次竞选过程中，特朗普在移民相关议题上先后抛出美墨边境“修墙论”、全面禁止“穆斯林”等出格言论。前者在一定程度上迎合了那些对身份认同、就业等问题感到焦虑的美国人，而后者则回应了近年来部分美国民众对穆斯林世界的“惶恐”。特别自 2015 年竞选开始以来，发生在美国国内的加州圣贝纳迪诺枪击案，发生在法国巴黎、比利时布鲁塞尔的系列恐怖袭击事件，更是在一定程度上为特朗普有关穆斯林的极端主张“背书”。尽管特朗普的上述政策主张能否真正实现还未可知——甚至在他如愿成为下一届美国总统之后，这些政策能否落实还要打上一个大大的问号，但是如同在经济议题上的“对症下药”一样，特朗普在移民议题上诸多看似“不靠谱”的表述，却为他有效地赢得了相当数量的白人选民，以及认为自身生活环境或经济状况受到移民“冲击”的选民的支持。

12.3 “政治正确”

如果说美国人在经济、移民等方面的“怨怒”还可以通过各种渠道得以申诉的话，那么近年来他们在“政治正确”（Politically Correct）方面的“郁闷”却迟迟未能得到疏解。至少，在特朗普参加此次美国总统竞选之前，相当数量的美国人一直在这一问题上“默默承受”。

自20世纪50年代、60年代以来，随着以民权运动为代表的系列社会运动的发展，种族、女权等议题在美国社会中的重要性上升到了前所未有的高度。以黑人为代表的少数族裔、女性、同性恋群体、持不同信仰者以及其他弱势群体的权益更在其后的几十年得到了极大程度的保障和捍卫。从大众媒体报道，到学校课程设置，甚至在普通民众工作、生活的各个领域，保持在上述问题上的“正确”已成为不成文的规定。在美国这种具有社会广泛共识的现象即被称为“政治正确”。

近几十年来，美国社会出现了越来越多“政治正确”式的表达，例如，对于身体肥胖人士，就有以“在水平方向上受到挑战的人”为代表的各种代称；而在媒体的行文和报道中，涉及第三人称时，往往也都要使用“他或她”；2015年年底，美国星巴克推出的圣诞款杯型的设计变化，也被认为由于之前的设计中含有圣诞主题图案，而涉嫌不尊重其他信仰者，因此被迫做出改变。至于在正式表达中称呼黑人为“非洲裔美国人”，更是早已成为美国社会的基本规范。

如果说上述情况多少还有些“鸡毛蒜皮”的话，那么在其他一些公共领域，“政治正确”的影响力则可谓相当巨大。2005 年上半年，时任哈佛大学校长的劳伦斯·萨默斯（Lawrence Summers）就因其对女性的“性别歧视”言论而引发哈佛内外的广泛批评，甚至到 2006 年年后，相关抗议浪潮也并未减缓。为了避免可能被解雇的尴尬局面，萨默斯于 2006 年 2 月 21 日公开宣布将会辞去校长一职。尽管萨默斯的辞职涉及多方因素，但是因为涉嫌对女性的“不敬”，而触碰了“政治正确”的“高压线”，则被认为是其中最主要的原因。

萨默斯的例子只是近几十年来“政治正确”不断升级的一个代表。事实上，不论是普通民众，还是公众人物，都可能因为在这一问题上的“踩线”而受到惩罚。一个从业者可能会因为日常工作中涉嫌侮辱少数族裔而丢掉饭碗；一个公众人物也可能会因为对弱势群体语含不敬而身败名裂。特别是在政治领域，对于“政治正确”的违反，或将导致一个政治人物职业生涯的彻底终结。正如某些评论所指出的那样，从某种角度来讲，“政治正确”正在成为当今美国的“麦卡锡主义”，尽管两者在方向上大相径庭。

也正是鉴于“政治正确”的日益发酵，近年来，已有越来越多的普通民众对此表现出抵触情绪。他们厌倦了在日常生活中凡是涉及相关问题时的小心翼翼，也受够了政治人物在论及相关议题时的“不敢越雷池一步”。可以说，“政治正确”在美国社会已成为一把双刃剑，一方面，它在约束相关言论行为方面确实立竿见影；另一方面，也因为它的“矫枉过正”，引发了众多民众的强烈反感。

2015年6月，“非职业政治家”特朗普宣布参加总统竞选。在参选宣言中，他就毫无顾忌地大谈特谈墨西哥移民话题；在第一场电视辩论中，特朗普更是开宗明义，宣称“这个国家最大的问题就是‘政治正确’”；而在其后的竞选过程中，特朗普在挑战“政治正确”的道路上越走越远，从接连涉嫌侮辱女性，到在穆斯林等问题上的极端表态，特朗普彻底扯下了长期以来存在于美国社会，特别是政治舞台上这块“政治正确”的“遮羞布”。

就如同指出“皇帝的新衣”的小孩儿，特朗普用一次次的“胡言乱语”挑明了不少美国人心中从移民到穆斯林“敢怒而不敢言”的抑郁。而凭借自己长期以来的出位形象和相关议题上的“痛快”阐释，特朗普不仅没有因为“政治不正确”而受到选民的抛弃，反倒是因为他的“敢怒敢言”而获得了众多选民的支持。特别是，在其他候选人的反衬下，特朗普“反‘政治正确’”的态度显得更为有力。与此同时，特朗普的这套“政治不正确”的竞选方式却又“谁也学不会”。

如同美国社会在就业、移民等议题上的演变一样，美国民众对“政治正确”的态度变化，也为今天特朗普的崛起埋下了伏笔。正是经济、社会、文化多方面的“天时”使然，使得找准了上述问题“病灶”的特朗普能够在这次总统竞选中“振臂一呼，应者云集”，甚至或将成为选举的最终胜利者。

13. 地利：从政治文化到选举规则的种种“利好”

如果说近几十年来美国国内在以移民问题为代表的社会、经济、文化等多方面的演变，为特朗普的异军突起创造了可遇不可求的“天时”，那么长久以来美国政治文化的大环境、近年来共和党内的小气候以及初选过程中的具体规则，则为特朗普的崛起提供了“地利”之便。

13.1 独特的政治文化

在美国社会中，民众对政府的不信任由来已久。早在立国之时，美国的建国之父们就本着“以野心对抗野心”的初衷来设计政治框架。从那时起，对于权力的限制和制约就深深扎根于美国的政治文化之中。随着历史的演进，政党和利益集团这两个在美国宪法中只字未提的政治现象产生，并且在美国政治生活中逐渐发挥着不可估量的重要作用。尽管如此，美国民众对于政府的不信任态度始终未变，而且由于以“水门事件”为代表的政治丑闻的出现而使得这种不信任变得更为强烈。

与政府的不被信任相似，长期以来，政治家或者政客，在美国也不怎么被大多数民众“待见”。在大多数美国人眼中，政治家或者政客往往都是与“谎言”“表演”“交易”这些词汇联系在一起。也正是在这种政治文化氛围下，那些不以从事政治事务作为终身职业，而从其他领域跨界进入政坛，参加竞选的“非职业”候选人往往更能受到普通选民的青睐。在相当数量的选民看来，相对于那些在政治圈子里浸润多年的“老油条”，这些半路杀出的“局外人”或许更能打破各种既有利益的藩篱，真正为选民服务。

在美国总统竞选历史上，“局外人”加入选战的情形几乎每次选举都会出现。而最近一次有“局外人”参选并且对于选举造成重大影响的事例就是 1992 年的总统选举。在当年的总统选举中，来自德克萨斯州、曾经为苹果创始人史蒂夫·乔布斯做过“风投”的商界大亨罗斯·佩罗（Poss Perot），以独立候选人的身份参选。在总统大选中，罗斯·佩罗获得了将近 20% 的普选票，从而对选举结果产生了不可逆转的重大影响①。罗斯·佩罗在此次竞选中的成功，就与他“局外人”的身份有着密不可分的关系。

在 2015 年开始的美国总统竞选中，共和党方面更是出现了包括特朗普、知名医生本·卡森、前惠普女总裁卡莉·菲奥莉娜在内的多位“非主流”候选人。2015 年下半年，这 3 位候选人甚至一度包揽了共和

① 由于罗斯·佩罗的“搅局”，原本由共和党提名人，在任总统乔治·H. W. 布什（即老布什）与民主党提名人比尔·克林顿的一对一决战变成了三方混战。而罗斯·佩罗的参选被认为是对于老布什的选情造成了相对较大的冲击，而后者则因为选举失利而未能获得连任。

党民调的前三名，领先于以前佛罗里达州州长杰布·布什为代表的多位职业政治人物。特朗普在此次选举中的高歌猛进，除了他本人在竞选方式上的“特立独行”之外，很大程度上就是受益于这种对于“局外人”另眼相看的政治文化。特朗普本人也从选举开始，就在各种场合强调自己的“局外人”身份，并且通过在竞选中对代表体制内的建制派候选人的“碾压”，强化自己的身份特质。

对于政府的不信任和对于职业政客的负面态度，只是美国政治文化中的部分特征，而长久以来存在于美国社会中的“反智主义”（Anti - Intellectualism）倾向，也是有利于特朗普竞选之路的另一个重要特点。

美国历史学家理查德·霍夫斯塔特（Richard Hofstadter）曾就“反智主义”做过详尽的论述。在他看来，“反智主义”是一种“对于智性生活以及那些被认为代表智性生活的人们的不满和怀疑”。而正如霍夫施塔特所指出的，“反智主义”体现在美国社会生活的多个方面。不论在知识世界，还是在政治领域，“反智主义”所代表的对于智性或知识的怀疑和反对，甚至对于知识分子或者精英阶层的鄙视和反感都有所存在。特朗普在这次总统竞选中之所以受到“追捧”，一定程度上就与美国社会的这种“反智主义”倾向有关。在整个竞选过程中，特朗普所展现出的“简单、粗暴”的竞选方式以及一系列的“浅薄、粗糙”的政策主张，从某种意义上就暗合了“反智主义”的取向。

13.2 变化中的美国政治与群龙无首的共和党

美国社会独特的政治文化为特朗普的“得势”塑造了开放的大环境，而近几十年来，美国政治的变化和共和党的现状则为特朗普营造了有利的小气候。

政治极化是美国政治近几十年来的一个重要变化。20 世纪 70 年代以前，美国民主党、共和党两党在政治理念上的分野并不十分泾渭分明，在不少议题上，两党的观点都有重叠或者相近之处。而在普通民众层面，能够明确指出两党区别的人数，其所占比例也相对有限，大家对于不少问题的看法，也并未达到水火不容的地步。然而，20 世纪 70 年代以后，两党的政治精英日益分化，美国政治在很多议题上，呈现出的自由、保守的倾向逐渐趋于极端化。

一方面，倾向自由主义的民主党尽管在 20 世纪 90 年代克林顿政府时期有过一定程度的中间化，但是在某种意义上，正是这一时期在中间道路上的探寻，导致了民主党内传统自由派的反弹。而且随着奥巴马的上台，民主党的自由主义色彩变得更为浓厚。另一方面，偏重保守主义的共和党自 20 世纪 60 年代以来，就由于美国南方的大幅“右转”（即趋于保守化）而变得更为保守。20 世纪 80 年代里根的上台和 21 世纪初期小布什的执政，则更加巩固和深化了这种强烈的保守主义色彩。相对于民主党近几十年来在政治光谱上的小幅漂移，共和党的变动则显得更为剧烈。

政治的极化导致了美国国内从社会议题到两党政治多个方面的极端化，之前在自由主义阵营和保守主义阵营之间并不明显的鸿沟被明显拉大。近年来，美国民主党、共和党两党在以“奥巴马医改”为代表的多个法案上按党派投票，就充分体现出了极化背景下“党争”的升级。

与政治极化相类似，走向“否决制”是美国政治近几十年来面临的另一大问题。制衡与妥协是美国政治体系中长期以来最为核心的原则。然而，近几十年来，随着利益集团的不断侵蚀，以及精英阶层对于比较复杂的政治架构的持久操纵，美国政治制度被日渐引向了一个错误

2013 年 10 月 4 日，美国民众在首都华盛顿的国会大楼前抗议政府关门

的方向，即由于“否决权”的滥用而导致美国政治走向“否决政体”。在这一趋势的影响下，一种“过度的民主”放大了美国政治制度中的制衡因素，进而越来越难以在有关问题上达成妥协和一致。这种“否决制”的政治倾向和政治的极化相互拉扯，打破了原有的平衡，使得美国政治显得愈加僵化。2013 年 10 月，美国政府的“关门风波”就是上述情形的切实写照。

然而，不论是政治极化的发生，还是“否决政治”的凸显，都在一定程度上为特朗普的“上位”提供了空间。在政治光谱上处于中间偏右位置的特朗普，除了在移民等议题上相对极端化之外，在其他政治议题上，其态度并非彻底的保守派，这让他在极化的政治环境中很容易找到足够自己发挥的位置。而他以“局外人”之姿表现出对于现有政治体制的“不满”，也在客观上回应了普通民众对于“否决政治”的失望。可以说，美国政治的变化让特朗普进入总统竞选的大门更加的敞亮。

除此之外，近年来共和党自身的“混乱”也为特朗普的崛起，提供了一个难得的机遇。2008 年的美国大选中，奥巴马击败麦凯恩成功当选第 44 任美国总统。在此后的 8 年中，共和党经过了一系列的波动和整合。特别是 2009 年爆发的“茶党”运动①，对共和党造成了相当大的冲击。不同于虽然波及广泛但却对于政治体制影响有限的左翼“占领华尔街”运动，组织相对较好的右翼“茶党”运动在此后的几年中，直接左右了共和党的发展。2010 年的美国中期选举，正是“茶党”

① 这里所说的“茶党”（Tea Party），是指 2009 年爆发的“茶党”运动。尽管它与 18 世纪 70 年代波士顿等地民众反对英国殖民当局暴政的“茶叶党”活动名称相似，但却有着很大的不同。需要说明的是，虽然自 2009 年爆发以来，“茶党”时常自诩为一个政党，但从严格意义而言，它更多的还是一场右翼的保守主义社会运动，而它的得名是源自于其政治主张，即“已经缴纳了够多的税”（Tax Enough Already）的缩写。

成员的强势表现，才力助共和党重新夺回众议院；2013年美国政府的“关门风波”，就与共和党内“茶党”成员的坚持有着很大的关系；而2010年以来的历次国会选举中，都出现了共和党内资深议员被名不见经传的“茶党”新锐所取代的情况。可以说，“茶党”对于共和党近年来的发展演化造成了不可估量的影响。

在2015年开启的美国总统选举中，以克鲁兹、卢比奥为代表的多位带有“茶党”背景的共和党人投身选战，使得原本就颇为拥挤的共和党初选阵容更加人满为患。而以杰布·布什为代表的共和党建制派们，则碍于长期以来“茶党”的入侵或者各自的问题，多少显得有些风光不再。此外，还有本·卡森、卡莉·菲奥莉娜这样的“局外人”也加入了选战。在这样一个眼花缭乱的共和党舞台上，特朗普的加入甚至并不显得那么突兀。而随着初选的开始，尽管特朗普的意外表现给共和党内带来了极大震撼，但是即便在特朗普即将“手撕”共和党的情况下，被广泛视作共和党新旗手的众议院议长保罗·瑞恩也拒绝挺身而出。因此，从某种意义上来讲，并不是特朗普“毁灭”了共和党，而是共和党“成就”了特朗普。

13.3 选举规则

如果说近几十年来美国政治的变化和共和党的现状为特朗普的参选大开方便之门，那么共和党的部分初选规则，则为特朗普的“脱颖而出”提供了诸多便利。其中，“超级代表”的比重较轻、初选中多个州采取的“胜者全得”制是其最主要的两个方面。

在民主党、共和党两党中，都有“超级代表”存在，他们与数量较多的“承诺代表”一起组成了党代表的全部阵容。在本次选举中，民主党内大约有 710 位的“超级代表”。不同于由各州推选而来、必须按照本州选民投票结果来投票给特定候选人的“承诺代表”，“超级代表”不仅自动获得代表资格，而且可以按照个人意愿选择所支持的党内候选人[①]。鉴于近几次初选中，民主党内的“超级代表”数量通常占到提名所需代表数的 3 成左右（在本次选举中，提名所需票数为 2383），因此，这部分不受选民制约的代表，在选情胶着的情况下，往往对于本党的初选结果有着重要的影响。

在 2008 年的民主党初选中，就是由于相当比例“超级代表”的转向，而使得在“承诺代表”票数上与奥巴马不相上下的希拉里最终落败。在本次民主党的初选过程中，尽管新近加入民主党阵营的候选人桑德斯，在多个州都给希拉里带来了压力，并且在初选前期，在“承诺代表”的数量上与后者并未拉开巨大差距，然而，正是相当比例的“超级代表”选择投向在党内拥有深厚根基的希拉里，从而使得桑德斯的提名之路难上加难。

而与民主党的情况不同，共和党方面“超级代表”的数量和影响则显得非常微弱[②]。一方面，在本次选举中，共和党内只有大约 170 位“超级代表”，仅占到提名所需代表票数（1237 票）的一成多点；另一方面，这部分代表并不拥有完全的自主投票权，他们通常被认为在很大程度上受到来自本州选民投票结果的影响。因此，“超级代表”在共和党初选中的影响非常有限。也正是基于以上情况，赢得更多的“承诺代表”票，即赢得更多州的选民投票，在共和党初选中具有决定性的作用。

---

① 民主党方面的“超级代表”，主要由曾经在联邦或者州一级担任过重要职务的民主党人士（如总统、州长等）、民主党国会议员、民主党全国委员会成员构成。

② “超级代表”这一概念最初只适用于民主党，近年来，也被用来泛指共和党内的类似情况。

2016 年 4 月 19 日，选民在纽约州的一个投票点进行初选投票

在2016年2月开始的共和党初选中，特朗普一路摧城拔寨，很快确立了自己在代表票数上的领先优势。相对于有着较多“超级代表”，能够在提名方面拥有一定操作空间的民主党，“先天不足”的共和党在平衡民意方面多少显得束手无策。而正是由于在“超级代表”方面的不足，共和党只能“认领”基于选民投票产生的初选结果，哪怕达到提名票数的候选人并非为党内所愿。因此，共和党在“超级代表”方面的制度设计，客观上帮助了特朗普尽早并且不受干扰地赢得提名。

在“超级代表”相对弱势的同时，共和党的另一项初选规则，也大大有助于特朗普的“出线”，即在多个州初选中所采用的“胜者全得”式的得票方式。

“胜者全得”，指在投票中取得多数选票的候选人，在满足一定的条件下，将获得该选区所有的代表票。在此次初选中，共和党方面除了在2016年3月15日前举行投票的数个州采取按比例得票制（即按照不同候选人的实际得票比例来分配该选区的代表票）之外，其后进行投票的多个州基本都采用“胜者全得”式的得票方式。由于这一规则的实施，使得特朗普这种在多个州可能取得选民多数票的候选人，能够有效地把选民票的相对优势转化为代表票上的绝对优势，从而大大拉开了与其他候选人的差距。以2016年3月15日举行的佛罗里达州初选为例，特朗普在该州的得票率为45.7%，而另两位候选人卢比奥、克鲁兹则分别为27.0%、17.1%。然而，由于佛罗里达州采取的是“胜者全得”的规则，使得特朗普将该州全部的99张代表票悉数收入囊中，而其他候选人则颗粒无收。

值得一提的是，虽然美国的选举制度经过了200余年的发展演化，但是包括初选制度在内的很多选举流程和规则是近几十年内才逐渐成形的。与此同时，两党之间，甚至同一个党的每个州之间，在具体细则上还存在很大区别。在此次初选中，共和党采用较多的“胜者全得”式的得票方式在各个州也存在细节上的不同。但是总体而言，这一规则对于特朗普的帮助还是不容忽视的。

此外，共和党初选中在部分州采取的“开门选举”规则——即不拒绝非本党的选民参与投票——也在一定程度上有助于特朗普的竞选。虽然这一规则对所有的候选人都适用，但是考虑到特朗普的竞选吸引了大量的中间选民，因此，特朗普在这一方面相对获益较多。

14. 人“为”：无法复制的竞选方式

毫无疑问，正是美国社会近几十年来的发展、变化以及美国政治的基本情况，为“特朗普现象”提供了“天时”和“地利”。但是，如果没有特朗普在竞选过程中对上述因素的巧妙运用，那么所有有利条件就只能是摆设。特朗普在竞选路线、“操纵”媒体等方面的一系列“人为”表现，是促成他在此次总统竞选中越走越远的最重要的原因。

14.1 民粹色彩的竞选路线

选民的“愤怒”，是此次美国总统选举中所表现出的最主要特征之一。而这一现象的出现，很大程度上就是受到了以特朗普为代表的部分候选人，在有关议题上不断反体制式“摇旗呐喊”的影响。其中，特朗普在竞选路线上的“操作”，是直接导致部分共和党选民及中间选民“愤起”的最主要原因。自参选开始，特朗普就把他的竞选导向了一条与共和党现有的政治精英，甚至是整个美国精英政治的“对抗”之路上。

在竞选演讲中，特朗普就毫不顾忌地批评那些受到利益集团与政治掮客们摆布的“主流”政客，指出他们由于受到金钱或其他因素的操弄，只顾自己的利益与前途，无视普通民众的苦楚与诉求。特朗普的疾呼一方面确实揭示出了美国政治的真实情况，即由于金钱政治与利益集团的影响日益扩大，使得看似相互制衡的政治体系很大程度上只为少数人服务；另一方面，特朗普的言论也在不断激发着普通选民对于现有政治体系的失望情绪，特别是对于所谓“政治精英”们的反感与敌视。

2016 年 4 月 18 日，特朗普在纽约州的一场竞选活动中面对支持者发表演讲

随着总统竞选的继续，特朗普在反精英的道路上越走越远。在“隐形初选”阶段，特朗普的主要竞选表现就是不断表达对于“政治正确”的不满，并且持续抨击以杰布·布什为代表的共和党建制派。特朗普通过上述策略，在充分体现出自己“局外人”身份、“替平民说话”立场的同时，也对于所谓的“党内精英”给予了沉痛一击。到2015年年底，特朗普已经以一个“平民代言人”的形象，稳固地成为了共和党候选人中的领跑者。尽管从个人状况而言，特朗普其实一点儿都不“平民”。而由于特朗普的强势表现以及其他因素的影响，仅在2015年下半年，就有前德克萨斯州州长里克·佩里、威斯康辛州州长斯科特·沃克等数位体制内的候选人被迫退出选举，前者更曾数度批评特朗普“不适合当总统”。

而在不断塑造与强化自身的反精英、反体制形象的同时，特朗普的另一个带有强烈民粹导向的竞选表现就是他对于议题的“操作”。

从参选演讲中针对墨西哥移民问题的不当言论，到2015年年末在穆斯林有关政策上的出格主张，再到对于自由贸易与全球化的高调棒喝，特朗普始终都把自己摆在“大多数”普通民众的位置上。尽管针对上述议题，其他候选人也有各自的论述，但是没有任何一个候选人能够像特朗普这样直接、不加隐讳地把有关议题与普通民众的就业、生活紧密联系在一起。相对于其他候选人形而上、高大全，但却模棱两可的表态，特朗普的“敢怒敢言”，甚至是“信口开河”，则显得更接地气。而他这些看似“不着调”的表达，却正是对于相当比例普通民众不安与焦虑情绪的最好回馈。

事实上，不论是特朗普长期以来反精英、反体制的竞选表态，还是他诸多平民道路的政策主张，都有的放矢地帮他获得了相当数量的忠实选民，而正是这部分选民成为了促进特朗普一路领先的最主要力量。

2015年底，根据《华盛顿邮报》等多家机构的民调显示，在特朗普的支持者中，相对保守的中低收入蓝领白人是其中最为坚定的群体。在政治上，这一群体是同时被民主党、共和党两党长期以来所忽视的部分，不论是亲少数族裔、偏自由的民主党，还是主张小政府，并且越来越多地由白人精英占据话语权的共和党，都有意无意地丢掉了这一部分选民。而在经济上，他们也正是近几十年来美国传统制造业工作岗位流失、贫富差距扩大，甚至是移民比例持续上升等现象最大的“受害者”。

经济上的失利、政治上的失语，甚至是社会地位上的失势，使得这些偏保守的中低收入蓝领白人阶层对于自身生活处境和现有政治体制感到极度的不满，而“政治正确”等问题的演变更使得他们“有苦说不出”。特朗普的出现，特别是他在有关议题上的引导与炒作，为这一群体提供了一个难得甚至是最优的发声途径。尽管特朗普的一些竞选言论有所出格，但是他对精英政治的抨击，以及对于移民、自由贸易等问题的全面攻击，正好满足了这部分人群的“胃口”，并且让他们看到了“抓得住”的希望。

2016年2月初选开始以后，根据多个机构的出口民调显示，年收入在5万美元以下的保守派白人（但非基督教福音派）在特朗普的投票者中占据相当大的比例。可以说，正是特朗普自竞选以来一系列带有民粹主义色彩的竞选言论，使得较为保守的蓝领白人群体把自己的长期以来的不满转化成了“愤怒”，并且通过走进投票站，为特朗普投下自己的一票，成为了这次选举中最具决定性的力量。

当然，仅仅凭借这部分选民的支持是不足以让特朗普获得如此之大的压倒性优势的。在政治光谱上相对靠向中间的特朗普，也由于他在移民以外其他议题上的偏温和立场，吸引了相当数量中间选民的支持，这也是他在此次选举中能够走远的重要原因之一。

值得注意的是，在此次选举中，特朗普并非是唯一一位带有民粹色彩的候选人。在民主党方面，高举“民主社会主义”大旗的左派候选人桑德斯，同样凭借一系列带有反精英、反体制、平民主义色彩的政策主张，获得了民主党方面相当数量选民的支持。即便是在党内建制派旗手希拉里已经基本锁定民主党总统提名的情况下，理想主义者桑德斯依然拒绝退出，从而使得民主党的初选过程变得更为漫长，也让他在此次选举中的现象级表现更加引人注目。

14.2 “掌控”新闻节奏，“独占”媒体资源

早在特朗普初入商海之时，他就表现出了与媒体打交道的优秀天赋。当不少同时代的商人对于媒体唯恐避之不及的时候，特朗普就懂得如何巧妙利用新闻报道，为自己的公众形象和生意扩展提供助益，甚至是通过媒体的曝光来为自己的商业谈判提供有利局面，使其达到理想的结果。相对于绝大多数对于镁光灯“过敏”的商人来说，特朗普可谓是应付媒体的高手。

21 世纪初，已在一系列电影、电视以及其他媒体活动中有过丰富出镜经验的特朗普，正式把自己的事业扩展到了媒体领域。他所担任主持的真人秀节目《飞黄腾达》在美国长盛不衰。而这长达十余年的主持经历，不仅使得特朗普成为了全美家喻户晓的名人，同时也为他积累了丰厚的媒体经验，甚至可以说帮助他成为了“掌控”媒体的行家里手。

2015 年开始的总统选举，对于其他候选人而言，或许是其职业生

2016 年 1 月 4 日，特朗普的一名支持者在亲眼见到特朗普时的激动表情（左侧背对镜头者为特朗普）

涯中最为严肃紧张的时刻，然而对于特朗普来说，这也许只是他在公众面前的又一场“大秀”。从参加选举开始，特朗普就充分发挥出了他在“操纵”媒体方面的非凡才能，并且取得了其他候选人花费数亿美元仍然难以企及的效果。

其中，通过抛出一个个极具争议的爆炸性言论，吸引各方关注是特朗普在此方面的首要体现。

随着以美墨边境“修墙论”、“全面禁止”穆斯林为代表的一系列争议言论的出现，特朗普成功地吸引了包括非共和党选民在内的绝大多数美国民众的注意，并且在媒体曝光率上长期领先于两党的其他候选人。尽管特朗普的竞选方式与言论引发了美国上下，甚至是全球范围内的广泛批评，但是不可否认的是，他长期以来屡屡成为头条、“独占”

媒体资源的现实，还是让他成为了所有候选人中几乎“唯一”的可选项。也正是在这种“一切以特朗普为纲”的舆论环境中，他稳步、踏实地成为了共和党候选人中的领跑者。虽然特朗普自参选以来的诸多惊人表述，并非全都出自于事先的精心设计，但是从客观效果而言，他有意无意的一系列“逆天”表现则把媒体的传播效果发挥到了极致，从而为他的选情带来了不可估量的帮助。

而在通过争议言论博得关注之外，特朗普“掌控”媒体的另一大主要表现，就是他在释放重磅新闻方面的巧妙把握。

2016 年 1 月 19 日，就在距离初选第一站爱荷华州投票只有十余天的时候，特朗普请出了 2008 年共和党副总统提名人莎拉·佩林（Sarah Palin）为自己站台。后者因在当年总统大选中担任麦凯恩的副手，以及在“茶党”运动中的活跃，成为了美国明星式的政治人物。佩林作为“茶党女王”的光环，也让她在保守派选民中颇有影响。而她在这个时间点上宣布支持特朗普，毫无疑问，为即将开始的党内初选投下一枚震撼弹，使得从选民到媒体，都要对于特朗普另眼相看。

2016 年 2 月 26 日，当所有的媒体都在聚焦于即将开战的第一个“超级星期二”时，特朗普把宣布退选不久的新泽西州州长克里斯蒂请上了自己的竞选舞台。刚刚被特朗普在 2 月初的强势表现所震撼的美国舆论，再一次集体发出了惊叹。自参选以来将共和党打的四分五裂的特朗普，居然获得了共和党内昔日领军人物的公开背书，这使得包括共和党高层在内的整个美国社会，都感到极大的震动。而其他多位候选人在 3 月 1 日前抢得先机的努力，都被特朗普的这一招儿轻易的消解于无形。

2016 年 3 月 11 日，第二个“超级星期二”即将到来。在这一天，另一位宣布退选的候选人本·卡森宣布支持特朗普。尽管在共和党内的影响力有限，但是本·卡森凭借多年来在医疗与公共服务领域的卓越表现，在整个美国社会中却拥有非同一般的知名度。而在这个关键时刻，他对于特朗普的力挺立即让舆论哗然，特别是考虑到就在几十天前，特朗普还在竞选活动中对于他冷嘲热讽。而与克里斯蒂的情况类似，本·卡森的“投靠”也迅速成为了各大媒体报道的焦点。在对于整个初选具有决定性意义的 3 月 15 日来临之前，再度扔出震撼弹的特朗普就已经“未战先捷”。

这三次具有标志性意义的背书，为特朗普的初选之路写下了浓墨重彩。尽管特朗普从来不承认有关时间是经过巧妙安排，但是客观上这些表态都因为发表的时机与背景，收到了最理想的效果。而在后续的竞选之路上，尽管特朗普也有过面对媒体时的失误，但是相对于其他候选人而言，他却总能“制造”出一个又一个新闻，从而长期保持独一无二的媒体关注度。

此外，特朗普在以推特为代表的网络平台上的活跃，也是他有效运用媒体资源的一大体现。而这与特朗普对于新闻节奏的“掌控”类似，也为他的选情带来了难以衡量的推动。

已经年届 70 的特朗普长期以来就在自己的社交账号上发文，而随着选举大幕的拉开，他发文的频次与受关注度也出现了显著上升。一方面，特朗普时常经由社交平台发布关于自己竞选事务的最新消息，从而把这里也作为了他竞选活动的主要“战场”；另一方面，一向“口无遮拦”的特朗普也透过社交网络发表自己的各种观点或状态，进而有效拉近了他与普通选民之间的距离，大大提升了他的亲和力。相对于大多数在网络平台上不怎么活跃，或是一本正经的候选人，特朗普堪称对此驾轻就熟。而单就运用网络资源这一条，特朗普远远胜出了两党的其他候选人。

值得一提的是，特朗普在通过上述渠道来“制造新闻”、“吸引眼球”，为自己收获关注、提升选情的同时，他也为广大媒体带来了丰厚的收益。早在2016年初，就有美国知名电视媒体的运营方披露，因为特朗普的参选，该电视频道有关此次初选的新闻收视率屡创新高，而由此获得的广告及其他收益更是不可胜数。该电视频道的情况只是众多追踪特朗普媒体中的一个例子。身为新闻“富矿”的特朗普为媒体提供了丰富的“卖点”，而媒体对于他的“追捧”又进一步促成了他的持续“走高”。可以说，特朗普对于传播之道的熟练运用与媒体对于收视率、点击率、关注度的热切追求，共同促成了此次总统选举中的“特朗普现象”。

2016年下半年，此次总统选举的决战即将上演，已经在政治舞台上活跃了20余年的希拉里，能否从特朗普的手中“抢夺”更多的媒体资源，将会成为左右此次大选结果的关键因素。

14.3 灵活应对，相机而动

民粹色彩的竞选路线，使得特朗普获得了共和党选民中最为广泛的支持；而对于媒体的高效把握，则让他在相关报道中始终成为主角。除此之外，在整个竞选过程中，不论是面对相互竞争的候选人，还是应对不断变化的选举情势，特朗普都展现出了灵活多面、相机而动的技巧，而其有关选择往往都帮助他在竞选之路上更进一步。

在竞选初期，面对在共和党内呼声最高的杰布·布什，特朗普毫不留情的给予对方一连串的猛烈抨击，使得原本被认为很有可能赢得提名甚至冲击总统宝座的后者，在2015年下半年就早早被甩到了身后。而在推倒了杰布·布什这个竞选初期最大的“障碍”之后，特朗普就此开始了竞选之路上的“一路狂飙”。

随着杰布·布什的掉队，特朗普很快又把炮口对准了一度在民调中小幅超越自己的本·卡森。几乎没费什么力气，后者就在特朗普的不断调侃和攻击中，从波峰逐渐滑向了波谷。而更让人惊讶的是，3 个月后，当本·卡森宣布退选不久，特朗普就把这位自己曾经极力恶搞的“敌人”变为了身旁的支持者，成就了此次选举中的一段“奇缘”。

在连续打击追赶者的同时，特朗普也不忘以他特有的方式回击那些并未对自己构成直接威胁的反对者。

2015 年 10 月 7 日，特朗普在爱荷华州的一场竞选活动中发表演讲

前德克萨斯州州长里克·佩里，曾于2012年参加共和党初选，支持率一度居于首位。而在此次选举中，再度参战的佩里尽管没能重现4年前的风光表现，但依旧是共和党内颇有影响的人物。在特朗普参选后，佩里多次就特朗普的竞选方式和出格言论提出批评，甚至在后者攻击共和党大佬麦凯恩之后呼吁其退出选举。面对佩里的抨击，特朗普并未与其“硬碰硬”，而是在竞选活动中以一句佩里“戴上眼镜是为了在人前显出一副聪明相”做出了回应。

特朗普这句看似“不着四六”的调侃正中佩里的“痛点”。4年前以德州牛仔形象示人的佩里在此次选举中戴上了黑框眼镜，从外表到主张都在寻求新的改变。而相对于佩里义正辞严的批评，特朗普的这句“戏言”反倒很快得到了媒体和网民的广泛“转发”。佩里捍卫主旋律、仗义执言的形象迅速被淹没，而他原本有限的人气也由此受到打击。2015年9月11日，二次出山，准备放手一搏的佩里正式宣布退出此次选举。

特朗普对于佩里的“反击”，只是他在竞选过程中回击批评者一个例子，而诸如他对民主党候选人希拉里，由朋友到“仇人”的转变，更是体现出了他灵活甚至是“无常”的竞选策略。随着选举的渐入高潮，特朗普的这种独一无二的竞选战术更是体现的淋漓尽致。

在初选投票正式开始后，随着特朗普的强势表现，他很快成为了其他候选人的众矢之的。不管是曾经哈佛辩论队的队长克鲁兹，还是一向以“小清新”形象示人的卢比奥，都在2016年2月以来的辩论中对于特朗普展开围攻。尽管面对全方位的炮轰，特朗普仍旧不落下风。在严肃议题阐释方面并不占据优势的特朗普，很快通过自己犀利的语言把初选辩论导向了另一种“画风”。而为了跟上特朗普看似随性，甚至是随意的节奏，卢比奥等候选人不得不转变自己的辩论风格，像特朗普一样展开“非议题”的攻击。然而，跟随了特朗普的脚步，却打乱了自己的部署，其他候选人在辩论舞台上的变化不仅没有为自己换来加分，反而还因为一起和特朗普“秀低俗”而受到广泛批评。当辩论舞台重新回到严肃的政策讨论时，已经在选情上具有明显优势的特朗普，也能颇有政治家范儿的与大家一起“坐而论道”。

如果说上述这些表现还只是一些技术层面的调整，那么特朗普在即将赢得提名之后，却展现出了战略层面的运筹。

进入2016年4月以后，特朗普逐渐收起了自己参选以来的锋芒，不仅在相当长的一段时期内没有再抛出什么惊人之语，而且开始调整自己的竞选形象，并向共和党主流伸出橄榄枝。通过4月27日的外交政策演讲，特朗普有效地改变了自己在外交政策方面的“门外汉”形象，并且越来越有“总统范儿”。而5月12日前往国会山与众议院议长保罗·瑞恩等多位共和党重量级人物的会面，则使得他的竞选之路愈发的趋向“正途”。可以说，通过从“隐形初选”到争取提名阶段的长期“炒作”，特朗普已经为自己赚足了人气，也取得了理想的效果。面对即将到来的总统竞选，他“识时务”的调整策略，从而为最后的冲刺做好准备。

纵观特朗普的整个初选历程，仿佛在大多数的重要节点上，他都做出了相对正确的选择，并收到了良好的效果。尽管这些选择也许只能适用于特朗普自己，但不可否认的是，他看似无章可循的灵活多变之后，正是他步步为营的竞选步伐。

随着最终总统竞选阶段的到来，特朗普还将继续调整自己的竞选策略，特别是当他面对曾经的老朋友希拉里，他必将使出自己的“十八般武艺”。而两人之间完全不在一个频道上的对决，将会成为此次总统选举中最大的看点，同时也是最为重大的比拼。

结束语：终极一战

2016 年 6 月 6 日，据多家美国媒体统计，第二次参选总统的希拉里获得了民主党内提名所需的 2383 票，基本确定将会代表民主党出战此次的总统竞选。而在参选之初被广泛视为“打酱油”的特朗普，则早在一个月前就已经成为了共和党的“‘假定’提名人”。2016 年总统选举的“决赛”，将会很有可能成为他们两人之间的对决。

尽管已在各自党内取得提名所需的代表票数，但是摆在特朗普与希拉里面前的问题还是颇为紧迫。

确定各自的副总统人选，是他们两位所要完成的首要任务。对于已经在民主党内经营多年的希拉里，这并不是太大问题。然而，特朗普的选择则显得相对有限。一方面，鉴于其“局外人”的身份，特朗普的副手人选通常被认为应是一位体制内人物。但是，由于自参选以来他对于共和党方面的“碾压”，到 2016 年 6 月中旬为止，明确表态愿意成为其搭档的人士还寥寥无几。另一方面，特朗普的竞选方式与言论也为他的选择设置了障碍。依照正常逻辑，为了在总统竞选阶段吸引更多的中间选民，特朗普或将挑选一位立场相对温和，甚至是少数族裔出身的副手，但是碍于之前的争议表态，他的选择将会面临两难的困境。不同于希拉里在选择搭档上的灵活自如，特朗普面对的局面则颇为尴尬。不

2016 年 2 月 14 日，纽约玩具展上展出的桑德斯、特朗普、希拉里三人的纸板拼图头像（至 2016 年 6 月中旬，尽管初选投票已经结束，桑德斯依旧拒绝退出选举）

过，考虑到特朗普在初选阶段接连请出多位重量级支持者的情况，也不能排除他或将带来“惊喜”的可能。

而除了要尽快选定竞选伙伴之外，两位“‘假定’提名人”同样也都面临着整合党内资源，并优化竞选纲领的重任。将于 2016 年 7 月中下旬举行的两党党代会，不仅要对提名进行最终确认，同时也要通过此次大会，进一步整合全党资源，并且敲定本党在最后阶段的竞选纲领。然而，与挑选副手的情况类似，特朗普所面临的困难远高于希拉里。凭借在党内的深厚根基，希拉里在资源整合方面几乎可以说是轻而易举。而特朗普则直到 2016 年 6 月中旬为止，仍未与共和党方面达成最终“和解”。至于在政策层面上，特朗普的压力则更为巨大。不论是对于一系列争议言论的处置，还是关于面向全国选民的竞选纲领的打造，特朗普一方都是困难重重。在“锁定”提名后的一次采访中，特朗普对于党代会“不开最好”的戏言，也从一个侧面反映出了他的微妙心态。而直到6月中旬，依然有大量的共和党人士表态要借党代会将其取而代之。

展望即将到来的总统选战，以电视辩论为代表的多个因素将会对于未来的选举结果造成难以预料的影响。

首先，在2016年11月之前举行的3～4场电视辩论将是这一系列关键因素中的代表。一方面，电视辩论能够最直接、最有效地展现出候选人的政策、口才、能力，以及形象，而这些因素毫无疑问都会影响选民的判断。另一方面，鉴于此次选举中特朗普与希拉里大相径庭的竞选方式及迥然不同的个人形象，此次的电视辩论也将备受关注：一向以华府政治精英形象示人的希拉里，能否抵挡住“局外人”特朗普“不设下限”的全方位炮轰，或是在政策层面尚显“稚嫩”的特朗普是否招架得住前国务卿希拉里的各种专业挑战，都将会是电视辩论中的焦点。此外，考虑到两人昔日的“深厚友谊”，他们彼此之间的互动也将会颇有戏剧性。而上述这些表现，都将不可避免地影响到选民的投票。

其次，特朗普与希拉里两方是否还会有“猛料”曝出，以及其各自在竞选路线上的可能调整，也将会对总统竞选产生重要影响。

2015年3月“邮件门”爆发以来，希拉里的个人形象受到了相当程度的冲击。至初选投票结束为止，有关调查仍未结束。而进入到最终的“决赛”阶段，如果还会有关于希拉里的“猛料”抖出，那么她的选情或将受到较大影响。值得一提的是，早在“隐形初选”时期，特朗普就曾对于民主党候选人桑德斯不愿在该事上“落井下石”的做法表达过讽刺，他对于后者的君子风范颇为不屑。而相对于希拉里力求完美，同时也经不起太大震动的形象，本来就是“新闻制造者”的特朗普在此方面的“风险”则相对较小。鉴于他长期以来的出位形象，即便真有“新料”曝出，只要不是太过出格，相信都不会对他的选情造成太大影响。

与上述情形类似，自参选以来就不按规矩行事的特朗普，在路线调整方面也拥有更大的空间。由于他之前的“离经叛道”，使得选民与媒体对于他的容忍程度相对较大。而且考虑到他长期以来的“粗糙”形象，只要他能够表现得“更像个总统”，或将都会成为他在未来竞选中的“加分项”。而相比之下，长期被视为建制派最典型代表的希拉里，尽管也需要适当调整以吸引更多选民，但是她的空间则相对有限。

除了电视辩论，以及可能的曝料与路线调整外，未来一段时间内，是否还会有大型突发事件发生也将会影响到此次总统选举的结果。从特朗普与希拉里基本获得提名，到 2016 年 11 月 8 日的总统选举投票，将会是一个历时数月的过程。而在此期间，如果有诸如恐怖袭击或是其他不可预测的事件发生，都将可能对于未来的竞选结果产生难以评估的影响。2016 年 6 月 12 日发生在佛罗里达州奥兰多市的史上最严重枪击案，就再一次触动了美国民众对于反恐、控枪、同性恋，甚至是移民等议题的神经，而总统奥巴马，以及特朗普、希拉里都很快出面发表看法，引发了不同反应。在未来的几个月中，美国甚至是世界范围内，类似或其他突发事件的出现都可能会对总统竞选造成影响。

此外，总统竞选阶段选民结构的变化也将会对候选人的竞选造成重大影响。不同于初选阶段，主要依靠本党的“死忠”或极端选民来赢得党内提名，进入总统竞选后，候选人通常需要着力争取中间选民或摇摆选民的支持，以获得相对多数票，进而最终问鼎大位。而由于选民结构的变化，原本一些可能在本党选民中颇有市场的竞选主张，或将会在其他选民面前成为“减分项”。因此，在即将到来的“决赛”阶段，特朗普与希拉里能否将在本党选民中的优势延续到全体选民之中，或者做出有效调整，将会是决定最终选举结果的关键。

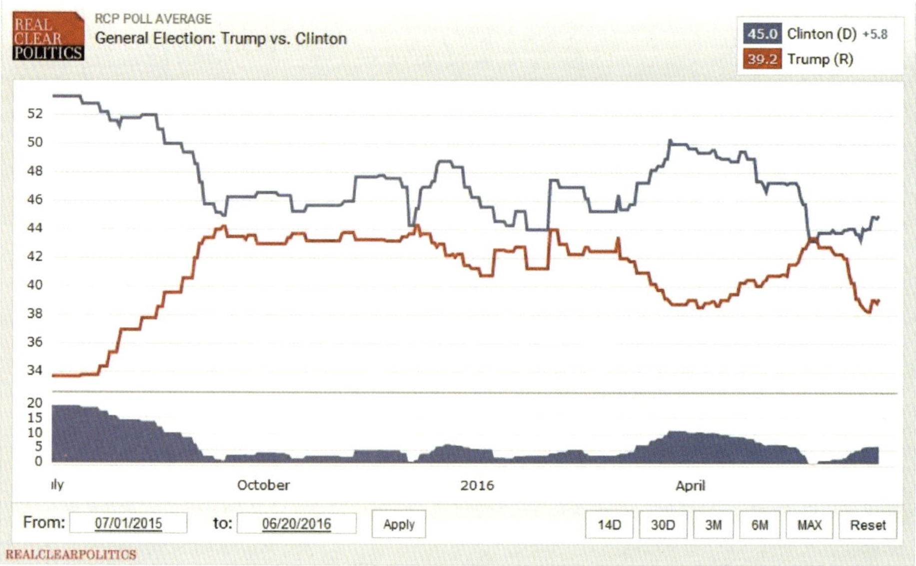

2015年7月1日至2016年6月20日，特朗普（红色）和希拉里（蓝色）的支持率对比（相关数据来自“Real Clear Politics”网站，版权归属该网站所有）

依据多家美国民调机构的数据显示，2016年5月下旬，特朗普与希拉里的支持率基本持平，甚至特朗普还一度保持小幅领先。但是这种胶着态势并未持续太久，到6月中旬为止，双方在支持率方面重又拉开大约5个点的差距，希拉里略占上风。

对于未来的总统竞选，如果从“技术”层面而言，希拉里获胜的可能性似乎更大。一方面，考虑到两党的基本盘，依照近些年来的大致局面，民主党一方获胜的难度相对较小；另一方面，不论是竞选团队的组织与协调，还是有关工作的部署与开展，至6月中旬为止，希拉里方面都完成得更为出色。

但是，考虑到此次选举开始以来，特朗普在“非技术”层面的超人发挥，特别是他在“制造”新闻、煽动民意等方面的有效运作，未来的总统竞选或许还有“‘局外人’逆袭”的较大可能。

2016年的总统大选，必将成为美国历史上具有里程碑意义的选举。不论是被广泛认为将会守护奥巴马执政成果的希拉里，还是宣称将要带来划时代变革的特朗普，甚至是“老夫聊发少年狂”的理想主义斗士桑德斯，都已经在美国总统选举的历史上写下了浓墨重彩的一笔。

然而，不论是谁成为第45任美国总统，如果其不能有效地改变近几十年来美国社会在经济、移民等方面的诸多结构性问题，美国人的“愤怒”仍会继续延烧。而在近年来欧美多国的政治发展都在走向内向化、民粹化的大背景下，美国到底是“再度伟大”，还是“选择衰落”，将会是一个影响到世界发展大势的重大选择。